COUP DE SOLEIL

Jean Hougron est né en 1923, à Caen, de parents bretons. Etudes de droit et de sciences économiques. Professeur à Dreux dans une institution privée où il enseigne l'anglais.
En 1946, se rend en Indochine pour le compte d'une maison de commerce. Il démissionne pour cause d'ennui et s'engage comme chauffeur de poids lourds dans une entreprise de transports. Parcourt le Sud-Est asiatique et se fixe à Paksane, au Laos, afin d'y écrire son premier roman Tu récolteras la tempête. *Il revient à Saigon où il travaille au consulat des États-Unis et à Radio-France-Asie jusqu'à son retour en France en 1951.*
Tu récolteras la tempête, *paru en 1950, a révélé un romancier puissant. L'Académie française lui a décerné en 1953 son Grand Prix du roman pour les trois premiers volumes parus sur l'Indochine.*
En 1965, Jean Hougron a obtenu le Prix du roman populiste pour Histoire de Georges Guersant *(paru en 1964). L'année suivante, il publie un recueil de nouvelles,* Les Humiliés. *Paraissent ensuite :* La Gueule pleine de dents *(1970),* L'Homme de proie *(1974),* L'Anti-Feu *(1977),* Le Naguen *(1980),* La Chambre *(1982) et* Coup de soleil *(1984).*

C'est l'été sur la Côte d'Azur. Un homme qui n'est plus tout à fait jeune, Frank, entre dans un cinéma. Deux jeunes filles, Cécile et Marie-Laure, l'abordent et lui demandent de payer leurs places. Elles ont dix-huit et vingt ans, elles sont jolies, errantes, intéressées et terriblement fauchées. Elles décident, plutôt contre son gré, de s'installer chez lui. C'est le début d'une histoire d'amour que tout vient compliquer : le conflit des générations, leur indépendance, le mélange d'innocence et de cruauté qu'elles distillent en toute inconscience et qui le persécute en l'attachant de plus en plus solidement à elles... jusqu'au jour où tout cela se met à tourner très mal. Roman d'amour, rempli d'action et de suspense, *Coup de soleil* est aussi une passionnante étude de mœurs et de civilisation.

Paru dans Le Livre de Poche :

TU RÉCOLTERAS LA TEMPÊTE.
SOLEIL AU VENTRE.
RAGE BLANCHE.
LES ASIATES.
LA TERRE DU BARBARE.
LES PORTES DE L'AVENTURE.
JE REVIENDRAI À KANDARA.
PAR QUI LE SCANDALE.
MORT EN FRAUDE.
LES HUMILIÉS.
HISTOIRE DE GEORGES GUERSANT.
LA GUEULE PLEINE DE DENTS, Tome I.
LA GUEULE PLEINE DE DENTS, Tome II.
LA CHAMBRE.

JEAN HOUGRON

Coup de soleil

HACHETTE

à ma femme

Il avait eu du mal à garer sa voiture et quand il arriva, la séance était commencée, ce qui l'agaça. Il détestait prendre un film en marche.

Trois garçons en jean palabraient avec la vieille caissière qui secouait obstinément la tête. Il crut d'abord que les deux filles un peu à l'écart les accompagnaient et puis l'une d'elles lui sourit. Il était si peu habitué à ce genre d'invite qu'il jeta un coup d'œil derrière lui. Il ne vit que la petite foule estivale qui descendait vers le port.

Les trois garçons s'en allaient, pas contents, en remuant les épaules. Au passage, l'un d'eux fit un geste brusque vers les deux filles en poussant un cri d'Indien et elles reculèrent avec des sourires contraints.

Il arrivait à la caisse quand la plus grande, qui s'était rapprochée, lui sourit de nouveau et ce sourire était si éclatant qu'il ne put s'empêcher d'y répondre, frappé par sa beauté. La seconde fille qui était restée en retrait contemplait les photos du hall. Il pensa : « Des putes? »

La fille avait fait un pas vers lui, alors il montra l'affiche où se dressait un immense James Bond en tenue d'homme-grenouille. Elle approuva vivement et ses doigts glissèrent l'un contre l'autre. Le geste à peine esquissé était si gracieux, il disait si bien et si gentiment ce qu'elle désirait qu'il leva trois doigts. Elle approuva. Il se tourna vers la caissière qui avait suivi la scène. Elle demanda : « Trois places? – Oui, trois places. »

Elles vinrent aussitôt près de lui. La plus grande qui souriait dit : « J'aime les James Bond, tous les James Bond. Celui-là, c'est le seul que je n'ai pas vu. » Il regardait sa bouche, les dents très blanches dans leur petit coussin de chair rose. Pas possible qu'elles racolent, elles étaient trop belles, trop bien habillées aussi et quand elles sont aussi belles, elles n'ont besoin de personne pour leur payer deux places de cinéma et sûrement pas d'un bonhomme comme lui, la cinquantaine bien dépassée, rien du beau quinquagénaire fringant.

Dans le noir, précédées par l'ouvreuse, elles le suivaient en chuchotant et il entendit la plus grande étouffer un léger rire. Juste avant d'entrer, il s'était détourné et il avait surpris les yeux de la plus petite, qui semblait aussi la plus jeune, fixés sur lui. Elle ne souriait plus et avait un air ennuyé.

La salle était presque vide. Il fit passer les deux filles et s'assit près de la plus grande. Elle s'ébrouait dans son fauteuil, s'installait, ne s'occupant plus de lui, tout de suite absorbée par le film. Sur l'écran, James Bond cabriolait au long d'une dégringolade d'escaliers. Elle murmura quand il surgit en gros plan avec sa belle gueule hyper-virile : « Oh! il me plaît, qu'est-ce qu'il me plaît! » et elle se tourna vers lui, l'éclaboussant de son sourire. Il pensa : « Elle est belle, merveilleusement belle et probablement un peu bête. » Puis : « Qu'est-ce que ça veut dire " bête "? » Il avait à peu près rayé le mot de son vocabulaire. Celui-là et quelques autres. Il avait fini par apprendre que pour le courant les gens sont toujours à hauteur de leur propre vie et que parler d'intelligence à ce propos n'avait pas de signification.

Lèvres entrouvertes, elle était tout aux prouesses du héros. Il se pencha pour voir son amie. Enfoncée dans son siège, il n'en vit qu'un profil au nez court et, sans en être certain, il eut l'impression qu'elle avait les paupières closes.

Il s'enfonça lui aussi dans son siège. Il n'avait pas envie de réfléchir plus avant. Depuis quelques années, il laissait les choses suivre leur cours, une habitude qui lui était venue, parce que pour lui les jeux étaient faits, et puis par curiosité aussi pour aller à rebrousse-poil et peut-être découvrir ainsi un autre aspect des choses.

Il était redevenu attentif au film quand sa voisine s'agita et posa sa main sur son bras nu. Il ne bougea pas, tout au plaisir de cette main fraîche qui se crispa, lui enveloppa les doigts et s'écarta aussi naturellement qu'elle s'était posée. La fille murmura contre son oreille : « Vous avez vu *Goldfinger*? » Il fit : « Oui. » De nouveau la main se posa : « Celui-là est encore meilleur, non? Et... » Il attendait qu'elle poursuive mais elle était reprise par l'écran, se penchait en avant, tant elle était fascinée, le buste tendu, et il voyait la courbe à peine marquée de ses seins. Elle avait lâché sa main, et derrière elle, entre son dos et le fauteuil, il entrevit son amie. Elle avait les yeux ouverts cette fois et regardait l'écran violemment illuminé, avec une expression tendue, presque souffrante. Elle se mordait les lèvres et il ne fut pas sûr que c'était à cause du combat brutal qui se déroulait sur l'écran.

A la fin du film, quand la lumière revint, jaune et un peu poussiéreuse après ces jaillissements de clarté, il les entendit bavarder. C'était la plus grande qui parlait, la voix vive, et la plus jeune répondait d'un mot ou ne répondait pas en laissant errer son regard sur la salle qui se vidait lentement.

La nuit était tombée. Ils flottaient sur le trottoir, chahutés par la foule, dans le vacarme des moteurs lancés. Elles ne s'occupaient plus de lui et il se demanda si elles allaient le quitter, le regretta parce qu'elles étaient belles, en prit son parti et fit quelques pas. Elles le suivirent – il s'en assura d'un coup d'œil furtif – mais pas franchement, comme si elles étaient indécises. Indécises ou timides? Alors il proposa : « Si on allait prendre une glace? » Il en fut remercié par le sourire éclatant de la grande : « Oui, oui, une glace, une grosse au cassis et à la fraise... Et toi, Cécile? » Cécile souriait, pas de son sourire réticent mais heureuse vraiment, les yeux éclairés par la perspective de cette glace. Elle dit même : « Au café et à la vanille », et il fut surpris par sa voix rude, mal contrôlée, celle de certains jeunes garçons.

Ils descendirent vers le port, elles marchaient devant lui. La plus grande parlait avec animation, secouant parfois ses cheveux mi-blonds mi-bruns qui retombaient en nappe brillante sur ses épaules. Il se demanda : « Qu'est-ce que je fais là avec ces deux filles? » Il était amusé, méfiant aussi mais le plaisir, la curiosité l'emportaient et peut-être ce qu'il y avait d'un peu faux dans la situation. Qu'est-ce qu'elles attendaient de lui? De la méfiance encore, son regard soudain plus vif qui les parcourait, elles, leur surprenante beauté, car elles étaient belles, rien à voir avec le tout-venant des petites jeunes filles estivales qui les côtoyaient.

On était encore loin de la pleine saison et devant le port les terrasses étaient presque vides. Ils traversèrent l'avenue, passèrent sur le quai. La plus grande admirait les bateaux serrés coque contre coque. Il y en avait des dizaines, certains somptueux. Elle se détourna vers lui : « Qu'est-ce que j'aimerais en avoir un! J'y passerais tout mon temps, j'irais d'île en île... Celui-là, par exemple, avec ses cabines blanches... »

Il sourit. Il regardait ses jambes minces, ses hanches étroites. Elle était longue et souple, la peau blonde, couleur de miel et ses yeux étaient chauds, presque liquides, des yeux agiles qui glissaient à la surface des choses mais les évaluaient, des yeux pas tout à fait innocents, pas tout à fait accordés non plus à ses paroles, à l'intonation de sa voix, rien de comparable à ceux de sa voisine, qui elle, ne regardait pas les bateaux, ne s'y était intéressée à aucun moment, des yeux d'un bleu presque noir, qui scrutaient la foule comme si elle cherchait quelqu'un, qui revenaient vers lui, l'effleurant pour le quitter aussitôt et il sut qu'elle ne regardait jamais les hommes de son espèce, qu'ils n'existaient pas pour elle.

« ... Je connais une île en Grèce, un rocher plutôt avec quelques arbres. Il n'y a pas une maison, juste une plage minuscule, à peine si on peut y tenir à trois ou quatre mais du soleil, du soleil... » Elle frémissait de plaisir, tendue vers ce soleil imaginaire. Elle lui avait pris le bras tout en parlant et il regardait sur sa peau velue les longs doigts minces aux ongles laqués d'un rouge violacé. Il proposa : « Allons au Tropica. C'est à cent mètres sous les platanes. »

Des touristes passaient par petites troupes, surtout des familles au complet, et il y avait souvent un chien avec eux qui tirait sur sa laisse, peinait à l'avant, aimanté par on ne savait quoi, et puis de grands vides – il était tard, près de minuit –, et on voyait alors le bassin en contrebas, son eau noire où des reflets ondulaient.

Il allongea les jambes et s'étira de bien-être. Il avait chaud. Depuis six mois, il rêvait d'avoir chaud. Il y pensait souvent au bureau.

Il leva les yeux vers le feuillage des platanes que les lampadaires coloraient d'un vert chimique. Sur l'allée piétonne, à une cinquantaine de mètres, une petite foule s'était agglomérée autour d'un orchestre de rock, et on devinait des couples qui dansaient sous les arbres dans la lumière grise.

La plus jeune des filles qui rythmait du bout des doigts sur la table le battement du rock reposa la carte. Elle dit de sa voix rude : « Ils s'emmerdent pas ici. » Debout près d'elle, le garçon sourit aimablement. Il portait de grosses lunettes et avait l'air d'un étudiant, ce qu'il était probablement. Lui aussi accompagnait le rock de la main sur son plateau-tambour et en plus il sifflotait. Il demanda : « On se décide? » Ils commandèrent. La grande dit aussitôt : « On est là à manger des glaces et vous ne savez même pas nos noms. » Il fit un geste d'indifférence. « Moi, c'est Marie-Laure, elle, c'est Cécile. »

Il approuva de la tête. Il était bien. Il n'avait pas envie de donner son nom. Il écoutait l'orchestre et il tapotait lui aussi mais sur les accoudoirs de son fauteuil en lanières de plastique. Il aimait bien le rock, le disco aussi qui était à la mode cette année-là. Il dit : « C'est un bon groupe. – On les a déjà vus cet après-midi. Des Anglais. Il y en a un qui chante. Terrible mais ils ont pété leur micro ou je ne sais quoi. » C'était Cécile. Elle parlait vite en examinant une déchirure au flanc de sa robe qui était réparée avec une épingle de nourrice.

Elle lâcha sa robe et fit : « Ah! » quand le garçon déposa sa glace devant elle. Elle avait pris la plus chère, la plus grosse aussi, une vraie pièce montée, il ne manquait qu'un alpiniste au sommet. A la place, ils avaient planté un petit drapeau. Elle suça le drapeau et attaqua le massif à la base. Marie-Laure riait de plaisir. De temps à autre, elle lui jetait de brefs coups d'œil comme si elle avait attendu de sa part une autre attitude. Il contemplait de loin ses deux boules de glace, pas décidé à y toucher. Il avait envie d'une bière mais l'envie n'était pas assez forte pour qu'il appelle le garçon qui était allé au bord de la terrasse afin de mieux entendre l'orchestre.

Ils restèrent ainsi longtemps sans parler. Cécile avait dévoré sa glace plus qu'elle ne l'avait dégustée et il n'en restait maintenant qu'un petit amas de crème Chantilly qu'elle touillait du bout de la cuiller. Ainsi vue dans la forte lumière, elle paraissait plus jeune mais bizarrement lasse ou usée, des cernes sous les yeux, la peau fragile avec des zones marbrées.

Marie-Laure réfléchissait, deux plis verticaux entre ses sourcils plus sombres que ses cheveux. Elle croisait et décroisait nerveusement ses jambes fines. Elle demanda soudain : « Vous ne nous avez pas dit votre nom. – Frank... » Il répéta : « Frank. – C'est joli. » Il dit oui. Il aimait bien son prénom. Il contemplait les jambes de Marie-Laure. Elle avait les pieds minces, les chevilles étroites et ses genoux étaient deux petits galets polis et pâles qu'on avait envie de toucher. Il percevait les brefs regards qu'elle lui lançait en suçant de ses lèvres pointues les petits morceaux de glace. Il n'y répondait pas. Il savait qu'en ce moment elle avait la langue pleine d'explications et il n'était pas sûr de vouloir les écouter.

Il retint le garçon qui passait en chantonnant et en secouant sa tête bouclée. « Une bière, s'il vous plaît. » Le garçon répéta : « Une bière », et s'en alla en se déhanchant avec bonne humeur.

Marie-Laure s'élançait : « Vous avez dû être surpris qu'on se fasse payer le cinéma. – Le plaisir a été pour moi. – Vous êtes gentil. » Elle découvrit, le regardant soudain avec plus d'attention : « C'est vrai que vous avez l'air gentil. » Puis, parce qu'il se contentait de sourire et détournait la tête pour voir arriver sa bière : « Ne croyez pas que c'est notre habitude de nous faire offrir le cinéma. » Elle ajouta : « Ni n'importe quoi d'ailleurs. » Il lui venait des mines vertueuses et Cécile qui liquidait son fond de glace releva la tête pour lui jeter un regard moqueur.

Cécile demanda, la voix forte : « Je peux en reprendre une autre ? » Il leva la main, débonnaire. « Tout ce que vous voudrez. » Elle lui adressa un sourire sec : « Alors un sandwich jambon de pays. J'en ai vu sur la carte. » Il approuva. Gênée, Marie-Laure décroisa ses belles jambes que la jupe courte révélait jusqu'à mi-cuisse. En se penchant pour tremper ses lèvres dans sa bière, il en profita pour les admirer.

Elle tira sur sa jupe, cacha deux centimètres de

cuisse et dit avec fermeté : « Ce n'est pas tout le monde qui nous aurait payé le cinéma sans poser de questions. Vous savez qu'on était là depuis une demi-heure? » Il dit : « Je te connais pas, je te paie rien. Vous ne croyez pas que c'est un peu bête? » Il le pensait vraiment mais il pensait aussi : « Deux garçons à la place, ils ne seraient pas là en ce moment. » Et juste à cet instant, Cécile qui n'avait plus rien à manger, de sa voix rude de garçon : « Si nous avions été deux barbus, on faisait tintin, pas vrai? Ah! vous me faites bien rigoler tous les deux. » Elle rigola en effet, ouvrit son sac, en retira un paquet de cigarettes qu'elle ne tendit à personne, et se mit à fumer après avoir toussé avec violence à la première bouffée.

Elle se désintéressa aussitôt de la conversation et s'occupa du sandwich et de la glace que le garçon venait d'apporter. Elle ouvrit le sandwich, examina la tranche de jambon et murmura : « C'est des voleurs mais au moins ils pleurent pas la marchandise. Pas comme celui d'hier soir. » Une bouffée de fumée, une bouchée de sandwich, elle y allait à belles dents et le garçon la regardait, des étincelles plein ses lunettes.

Marie-Laure pinçait ses lèvres fines. Elle soupira même et dit d'une voix de flûte : « Si vous saviez l'aventure qui nous est arrivée... »

Il ne l'écouta pas, du moins au début. Il était tout à Cécile. Il n'en revenait pas qu'elle ait mis ainsi les cartes sur la table. Au moins elle était franche. Franche et hostile. Quel âge avait-elle? Dix-huit, dix-neuf ans? Elle était jolie elle aussi avec son petit visage net, son corps mince qu'on devinait à peine sous la longue robe indienne de couleur terne.

« ... Alors il nous a dit : " Descendez. " On a dû lui donner nos sacs. Un salaud, on l'avait pas bien regardé quand il nous avait prises à Montélimar, et des mains! Hein, Cécile, des mains d'étrangleur... »

Cécile s'en foutait. Elle liquidait son sandwich, elle le déchirait comme un ennemi, elle avait même bu les verres d'eau apportés avec les glaces, celui de Frank compris, qu'elle avait empoigné sans cérémonie, et il se demanda à quand remontait son dernier repas. Hop, elle avait fini, elle s'époussetait. A la glace maintenant. Café-vanille. Elle était ferme dans ses goûts.

« ... Qu'est-ce que j'ai dû le supplier pour qu'il nous rende cinquante francs avec nos sacs et nos papiers... »

Cécile intervint, joyeuse : « Te plains pas... Il aurait pu nous violer et nous tuer après, ça s'est vu... »

Interloquée, Marie-Laure resta la bouche entrouverte sur ses dents brillantes, une bouche ravissante, blanche et rose et si fraîche. Elle se reprit, renoua le fil : « Surtout que sous prétexte de prendre un raccourci, il nous avait emmenées dans un coin paumé, pas une maison en vue. On a dû marcher pendant une heure pour retrouver la nationale. – Et vous n'avez pas porté plainte? – Bien sûr que si. – A la gendarmerie? – Oui. – C'était où? – Un village près d'Avignon. Docelle ou Nocelle, un nom de ce genre. – Vous aviez noté le numéro de la voiture? – Même pas. » Cécile rit : « On avait trop la trouille qu'il nous tue. – Et la voiture? – Une grosse bleue, allemande, je crois. »

Il termina sa bière. « Vous veniez juste de quitter Paris? – Oui, on était parties le matin à sept heures. »

Il faillit leur dire qu'elles étaient trop bronzées pour deux filles qui venaient de Paris. Il se contenta de remarquer : « Une chance qu'il ne vous ait pas pris vos bagues. » Marie-Laure en portait deux, une avec une grosse pierre jaune, une topaze, l'autre bleue, de la pacotille, sauf la monture un peu tarabiscotée, du travail d'entre les deux guerres mais cinq ou six grammes d'or, une gentille valeur donc. Il avait l'œil à cause de son métier et, à cent francs près, il savait ce qu'elles valaient.

Cécile répéta avec délectation : « Oui, on aurait pu être tuées et violées. » Marie-Laure enchaîna vivement : « On a écrit un mot à une copine pour qu'elle nous envoie de l'argent mais on ne recevra rien avant lundi. » On était vendredi : « Vous êtes allées au commissariat? Ils vous auraient dépannées. – Vous croyez? ça m'étonnerait. Ils ne sont pas si gentils que ça avec les jeunes. – Des ordures, oui », dit Cécile, et ses yeux bleus flamboyèrent comme si elle faisait appel à un souvenir précis. « Le pire, c'est qu'il ait gardé nos valises avec toutes nos affaires dedans. »

Il approuva. Il aurait bien repris une bière mais le garçon avait disparu. Sur la voie piétonne, les promeneurs étaient partis, il n'y avait plus que deux chiens qui jouaient en se mordillant. La terrasse était presque vide maintenant à part trois jeunes, des étrangers très blonds avec des sacs à dos au pied de leur chaise, qui tapaient dans leur main au rythme de l'orchestre. Cécile fumait, recroquevillée dans son fauteuil, les yeux sur la grosse boîte à musique du bar qui lâchait parfois une rafale de lumières multicolores. Marie-Laure observait Frank, perplexe, et quand leurs regards se croisaient, elle lui souriait.

Il se leva, paya le garçon revenu. Elles le suivirent tandis qu'il se dirigeait vers l'orchestre. Les trois Anglais avaient l'air fatigué et celui qui tapait sur les caisses s'arrêtait parfois pour bavarder avec le guitariste.

Marie-Laure enlaça Cécile et l'entraîna dans l'espace libre où quelques couples bougeaient mollement. Leur arrivée relança l'orchestre. Elles dansaient l'une en face de l'autre, remuant à peine le corps, gracieuses et belles, et tous ceux qui formaient cercle les regardaient.

Elles allèrent ainsi jusqu'au bout de la danse et il les vit chuchoter. Marie-Laure n'était pas contente et il devina qu'elle faisait des reproches à son amie qui riait et tout à la fin, Cécile effleura le visage de Marie-Laure d'un geste tendre.

Il s'éloigna. Il était au bout de la voie piétonne et

allait traverser l'avenue pour passer sur le parking quand il les entendit courir derrière lui. Elles le rejoignirent et Marie-Laure lui posa la main sur l'épaule, s'approchant si près qu'il reçut son haleine chaude. Cécile arrivait sans hâte, balançant sa longue robe soyeuse autour de son corps. Elle marchait tête basse et il l'entendit chantonner. Au loin, sous les arbres, l'orchestre s'était tu après une petite ribambelle de notes de la guitare.

« Hé! Pourquoi êtes-vous parti? Vous ne vouliez plus nous revoir ni même qu'on vous dise merci?

– Mais si... »

Elle le dévisageait avec inquiétude, il pensa : avec détresse.

Ils traversèrent l'avenue. Cécile chantonnait toujours derrière eux. Il hésitait. « Je les largue? » Il n'en avait pas envie. « Tu es imprudent. Des petites salopes peut-être. Probablement même. Il y en a des flopées ici, tordues à mort, et toi vieux con. Un vieux con séduit par leur beauté, leur grâce, par leur jeunesse. » Non, il s'en foutait de leur jeunesse, il n'avait rien à en faire. Enfin, c'est ce qu'il disait.

Près de la voiture, il demanda, indécis :

« Qu'est-ce que vous allez faire? »

Marie-Laure fit un geste fataliste. Puis soudain une note aiguë passant dans sa voix :

« On a plus un rond, vraiment plus un rond. Et la police malgré ce que vous dites... On se voit pas allant au commissariat. » Elle n'expliqua pas pourquoi.

Elle avait soudain l'air découragé. Les mains pendant le long de sa robe, Cécile ne disait rien, indifférente, pensa-t-il.

« Vous seriez mieux chez moi. Surtout que j'ai de la place.

– On vous embête, hein? Si, si, je vois bien qu'on vous embête, vous nous trouvez collantes... »

Il dit, la voix unie, avec cette politesse un peu distante qui faisait penser à de la froideur quand on ne le connaissait pas et qui n'était que l'expression exacte de sa pensée, rien de plus qu'une manière retenue de s'exprimer :

« Non, c'est un plaisir, un véritable plaisir pour moi... »

Il déverrouilla les portières, s'installa au volant. Marie-Laure s'assit près de lui, Cécile à l'arrière. Ils roulèrent en silence. Cécile qui se prélassait et palpait les sièges demanda : « C'est une quoi, votre voiture? Pas une française. Elle sent bon le cuir... J'aime l'odeur du cuir... Une allemande? – Italienne. »

Il mit la radio. Un air de disco déferla. Cet été-là fut l'été du disco. Enfin ce fut le souvenir qu'il en garda. Il était partout, sur la plage, dans les rues, dans les bars, les magasins, aussi présent que l'air qu'il respirait, que la chaleur, hachant et martelant chaque moment de leur vie.

Ils longeaient la plage et au fur et à mesure qu'ils s'éloignaient de la ville, les larges trottoirs sablés devenaient déserts. Les deux filles ne disaient rien. Il pensa : « Depuis notre rencontre, elles ne se sont pas parlé, sauf pendant cette danse sur la voie piétonne. »

Il obliqua pour quitter le bord de mer et, dans le rétroviseur, il vit Cécile qui se retournait pour regarder par la plage arrière. Marie-Laure demanda : « Vous habitez loin? – Assez. » Elle était inquiète. A cause des rues mortes, de son silence aussi. Il se dit : « En somme, elles ne savent rien de moi, elles ont beau ne pas avoir froid aux yeux, elles ignorent ce que j'ai dans la tête. Elles aussi se méfient. Si j'étais un sadique, un... » Il sourit. « Qu'est-ce qui vous fait rire? » C'était Marie-Laure. « Je pensais à l'homme qui vous a prises en stop. » Il vit qu'elle était de moins en moins rassurée.

Il quitta la route, s'engagea dans un chemin de terre qui sinuait entre des buissons et déboucha sur une esplanade encombrée de blocs de ciment et de matériel de terrassement. Il fit encore une cinquantaine de mètres et s'arrêta en face d'un bâtiment moderne qui dressait ses huit étages sur un terrain où poussaient des touffes d'une herbe rare, poudreuse et rousse dans la lueur des phares.

Il rangea sa voiture près d'une dizaine d'autres. Marie-Laure dit : « On croirait que c'est pas fini de construire. » Il perçut de nouveau sa peur. Dans son dos, Cécile ne disait rien.

Il traversa le terrain, poussa la porte de verre, éclaira le hall, révélant le sol dallé et les grandes surfaces de marbre d'un beige presque rose. Cécile s'exclama : « C'est le super-luxe! » Et dans l'ascenseur tendu de velours bleu qui montait sans bruit : « Il y a longtemps que vous habitez ici? – Deux ans mais les travaux sont suspendus. Ils manquent d'argent. Il paraît qu'ils ne trouvent pas d'acheteurs pour les premiers étages. – C'est trop cher? – Oui. – Et vous êtes propriétaire? » Elle y allait carrément, son regard planté dans le sien. Et dans l'appartement, devant l'ampleur de la salle de séjour que prolongeait une terrasse : « Ça a dû vous coûter un max. » Il sourit : « Oui. Tellement même que je n'ai pas encore tout payé. »

Marie-Laure ne disait rien. Debout près d'un fauteuil, pressant des deux mains son sac contre son ventre, elle paraissait fascinée par les armes japonaises disposées sur le mur. « Venez. » Il leur montra leur chambre, la salle de bain. Cécile dit : « C'est beau le fric. Il y a que ça de vrai. » Il la regarda mais son expression n'était ni hostile, ni envieuse, elle constatait seulement.

Il passa dans la cuisine où elle ouvrit aussitôt le réfrigérateur. Elle l'inventoria avec soin, se baissant même pour mieux voir ce que contenaient les étagères du bas. « Vous risquez pas de mourir de faim. Vous êtes un homme prévoyant, ça se voit. » Il sourit. Si elle jouait les fines psychologues, elle était tombée à côté. Il y avait longtemps qu'il ne prévoyait plus. Simplement, il avait fait des provisions à son arrivée, deux jours plus tôt, comme d'habitude. Elle avisa une corbeille de fruits. « Je peux prendre une pêche? » Elle se servit sans attendre sa réponse, mordit dedans.

Ils revinrent dans la salle de séjour où elles se laissèrent aller dans les fauteuils. Cécile dit : « Ce n'est pas un peu grand pour vous? C'est vrai que vous avez peut-être de la famille, une femme, des enfants... Vous êtes marié? – Je l'ai été. »

Il n'avait pas envie de leur expliquer qu'il avait acheté cet appartement pour sa retraite dans quelques années, dans sept ans exactement. A ce moment-là, il le louerait et irait s'installer ailleurs dans un studio. Il avait englouti là ses économies et bien plus encore, s'endettant mais il s'était dit que le jour venu, ça compléterait la médiocre retraite qui lui serait servie.

Il les regardait, blotties dans leurs fauteuils, installées comme chez elles et il regrettait maintenant de les avoir amenées ici. Pas un retour de méfiance, non, mais il était soudain sensible à ce que leur présence avait d'incongru, de faux aussi, et pour un peu, il les aurait ramenées en ville et s'en serait débarrassé avec quelques billets.

Il alla vers sa chambre. « Je vous laisse. Vous trouverez tout ce qu'il vous faut dans la penderie et la salle de bain... Bonne nuit. »

Ce ne fut que dans sa chambre, tandis qu'il se déshabillait qu'il s'étonna de l'attitude bizarre de Marie-Laure. Elle n'avait rien dit, observant chaque chose de ses yeux chauds avec une espèce de stupeur, de timidité aussi, pensa-t-il. C'était cependant elle la plus gaie, la plus bavarde. Quand il les avait quittées, elle rêvait, les yeux posés sur les sabres et les katanas japonais, son sac à main pressé contre elle.

Il passa dans la salle de bain, se contempla dans le

miroir et se traita de vieil imbécile, lui, ses rides, ses cheveux manquants, ses deux bridges dont l'un l'irritait, et ses cinquante-huit ans, et puis parce qu'il croyait que les choses ne sont souvent que ce qu'on veut qu'elles soient, il haussa les épaules et alla se coucher. En éteignant la lumière, il pensa : « Pourvu qu'elles ne fichent pas le camp en douce pendant la nuit en emportant les sabres japonais, et mes kobakos », mais cette idée n'alla pas jusqu'à le faire se relever pour prendre la clef de la porte d'entrée et la remiser sous son oreiller. Le visage contre le drap, il étouffa un petit rire, presque d'accord, comme d'un juste châtiment, que les deux filles puissent lui jouer un si beau tour.

Il avait les yeux clos et ne dormait pas encore quand il devina une présence dans la chambre et, aussitôt, il reçut contre lui le poids d'un corps entièrement nu, la caresse de deux mains fraîches jusqu'à en être froides. A son tour, il caressa cette chair soyeuse, ses mains glissèrent sur les flancs, sur les hanches à peine saillantes et il répondit aux lèvres qui cherchaient les siennes.

Ils firent l'amour et quand il fut dans son corps, elle s'agita avec fureur, griffant ses épaules en poussant de petits cris, alors il sut qu'elle n'éprouvait rien, ses halètements mécaniques le lui disaient et aussi son sexe sans vie, petite méduse froide et à peine humide qui s'était ouverte pour le recevoir, indolente et pleine de complaisance.

Elle le laissa aller au bout de son plaisir qui fut vif cependant puis elle replia ses longues jambes, poussa un interminable soupir, un faible gémissement mélodieux plutôt, à peine sonore, au seuil de sa voix très haute. « Ah! tu m'as épuisée! » Elle rit, ses lèvres contre sa joue, respirant encore avec force comme après un grand effort mais sous son sein, il percevait les battements tranquilles de son cœur.

Il alluma la lampe de chevet. Surprise, elle fit un petit bond pour se retrouver à plat ventre, cuisses jointes, son charmant visage tourné vers lui. « Eteins. » Il posa la main sur ses reins creusés. Une jolie, une ravissante couleuvre lisse et sinueuse, une couleuvre qui devait se dorer entièrement nue car elle ne gardait la trace claire d'aucun maillot de bain. Elle pria encore : « Eteins » et se pressa contre lui, inondant son visage de sa fourmillante chevelure.

Il éteignit. « Ça n'a pas marché avec ta femme? – Non. – Pourtant... » Elle semblait dire qu'il aurait fait un bon mari. Il caressait ses cuisses interminables, nichait sa main close contre la toison très bouclée de son pubis, glissait ses doigts dans son sexe et elle frémissait à peine, son souffle sur sa joue ne changeait pas de rythme, elle était toute à ses pensées ou peut-être un peu endormie.

Il alluma la lampe de chevet et cette fois elle ne protesta pas. Il se leva, alla jusqu'à une table et prit un petit cigare. Il se détourna pour jeter un coup d'œil à sa voiture. Il s'arrangeait toujours pour qu'il puisse la voir d'une des fenêtres de l'appartement. L'esplanade était vide et les quatre lampadaires découpaient dans la nuit claire de grandes cages de lumière que rayait le vol de gros insectes. A cette heure de la nuit, tout était silencieux, déconnecté.

Il regarda Marie-Laure. Elle bâillait, une main dans ses cheveux, les yeux éclaircis par un reste de sommeil. Elle était belle, très belle. Plus belle que ces filles avec qui il avait couché depuis vingt ans, beaucoup plus par exemple que celle qu'il avait rencontrée dans un bar du front de mer il y a deux ans. Il l'avait amenée ici. Celle-là lui avait tout de suite fait sentir qu'il était vieux. Cependant, elle n'était pas frigide comme Marie-Laure, elle avait pris son plaisir mais ce plaisir ne les avait pas rapprochés. Elle ne lui avait pas demandé d'argent, ni montré de quelque manière qu'elle attendait quelque chose de lui. Et lui, par dépit, ne lui avait rien proposé, rien offert. Le lendemain matin, elle était partie sans qu'il ait vraiment compris pourquoi elle était venue. Il l'avait revue une fois en ville. Elle lui avait fait un sourire et un petit bonjour de la main. Elle ne s'était pas arrêtée. Elle était jolie, très jeune et pourtant il gardait un souvenir pénible de cette aventure.

Celle-ci était plus belle, beaucoup plus belle, moins habile aussi. Pourquoi était-elle venue? Pour lui faire plaisir? Pourquoi pas. Elle était gentille. Un mot qu'elle affectionnait et qui en disait long. Mais elle mentait, elle n'avait pas cessé de mentir depuis la première minute. Elle était sur la Côte depuis combien de temps? Quinze jours? Plus? A la couleur de son bronzage, il aurait dit quinze jours.

Elle se levait, rejetait de la main sa chevelure et entre ses jambes closes il y avait un espace vide. Elle était mince, élégante, moins parfaite nue qu'habillée mais sa grâce restait intacte. Elle dit : « Quand je pense qu'à cause de ce sale type on sera probablement obligées de rentrer à Paris... » Il faillit lui dire que ce type n'existait pas mais il se contenta de hocher la tête, quelle importance, dans quelques jours, elles seraient sorties de sa vie.

Elle vint à lui, prit son visage entre ses mains et posa ses lèvres sur les siennes. « Je te laisse. A demain... » Il la serra contre lui. Il avait de nouveau envie d'elle, palpa presque brutalement sa chair tiède. Elle vit son désir, rit : « Tu es insatiable, un vrai jeune homme », mais elle s'écarta, l'embrassa encore vivement et s'en alla, s'enfuit plutôt sur la pointe des pieds, lui présentant son petit derrière serré.

Il ouvrit la fenêtre et demeura un moment, le regard fixe en direction de la mer. On ne la voyait pas mais seulement la courbe des lumières en chapelet qui s'en allaient vers Saint-Tropez. Il leva les yeux. Les étoiles étaient vivantes et plus proches. Demain il ferait encore chaud. Il en fut content.

Il alla boire un verre d'eau à la cuisine et vit que Cécile avait mangé les trois pêches qui restaient dans la corbeille. Elle avait laissé les peaux et les noyaux sur la table. Si elle était venue à la cuisine tandis qu'ils faisaient l'amour, elle avait entendu. Il en fut amusé. Ce n'est pas Cécile qui l'aurait rejoint. Elle manquait visiblement de cette « gentillesse » qui tenait tant à cœur à Marie-Laure.

Il regagna sa chambre en souriant, respira sur l'oreiller l'odeur amère des cheveux de la jeune fille, son corps tout entier avait cette odeur amère qui n'était pas désagréable et il se demanda encore ce qui s'était vraiment passé pour qu'il les ait ainsi trouvées, sans rien, dans le hall du cinéma. Il y avait dix explications, peu de chance de trouver la bonne et, décida-t-il, c'était sans grand intérêt.

LES deux filles étaient déjà debout. C'est vrai qu'il était tard. Il avait mal dormi. De la salle de bain où il fit une courte toilette mais ne se rasa pas, il les entendit qui parlaient d'un certain Jean-Paul qu'elles ne semblaient pas porter dans leur cœur. Il écouta puis le transistor de la cuisine se déchaîna, couvrant leurs voix.

Dans sa chambre, en achevant de s'habiller, il vérifia si son argent était toujours là. Il y était, ce qui ne l'empêcha pas de compter les billets. De la fenêtre, il jeta un coup d'œil à sa voiture. Demain, il la ferait laver.

Il n'était pas pressé de les revoir. Pour être franc, il aurait même préféré qu'elles ne soient pas là, autant l'une que l'autre. La nuit avait passé et cette aventure lui semblait maintenant un peu ridicule. Mieux valait qu'elles partent. Tout à l'heure il les reconduirait en ville. Il avait envie d'être seul. Il se sentait bien quand il était seul.

Elles étaient assises à la table de la cuisine, devant leur tasse vide. Cécile fumait. La musique et la lumière de juillet baignaient la pièce qu'il perçut comme un gros cube pétillant où le soleil levait d'objets très ordinaires des centaines d'étincelles fixes.

« Bonjour! Vous voulez du café? »

C'était Marie-Laure, souriante. Cécile lui fit un petit

salut. Elle ne souriait pas, elle, et l'observait de la tête aux pieds avec une expression critique. Elle avait toujours des cernes sous les yeux et son air de prendre la vie à regret.

« Du lait? »

La musique couvrait sa voix. Marie-Laure baissa le son, répéta : « Vous voulez du lait? » Elle était à peine vêtue et sa tenue était comme l'affirmation de leur intimité de la nuit. Il regardait sa longue silhouette claire. Il n'était pas ému, gêné plutôt et pour un peu il lui aurait dit d'aller s'habiller mais elle évoluait devant eux avec tant de naturel qu'il garda le silence. Cécile portait sa robe indienne qui paraissait un peu sale dans la lumière crue.

« Il n'y a pas de pain. On voulait aller en chercher mais c'est isolé ici.

– Il y a un centre commercial à trois cents mètres derrière le petit bois. »

Il goûta au café qui était tiède.

« Je ne pensais pas vous retrouver là, ce matin... »

Il but une autre gorgée.

« Je croyais que vous seriez parties après avoir vidé mon portefeuille. Vous n'auriez pas fait fortune avec ce qu'il contient... »

Il avait lancé les mots gaiement. Il y eut un silence. Marie-Laure le couvait d'un regard si embarrassé qu'il regrettait ce qu'il venait de dire. Cécile eut un petit rire.

« Figurez-vous qu'on y a pensé mais qu'est-ce qu'on pouvait faire avec cinq cent cinquante francs et un chèque de la Sécu à votre nom?

– Ainsi... »

Cécile approuva d'un signe de tête, l'œil joyeux. Marie-Laure dit :

« N'exagère pas... Il faut toujours qu'elle exagère. »

Il acheva sa tasse de café. Marie-Laure expliqua :

« De toute façon, ça n'aurait été qu'un emprunt... »

Cécile éclata de rire. Ainsi, tandis qu'il dormait, elles étaient entrées dans sa chambre et sans gêne aucune elles lui avaient fait les poches. Il demanda à Cécile :

« De quoi aviez-vous peur hier soir? Qu'on vous retrouve? La police?

– Qu'est-ce que ça peut vous faire? »

Elle faisait front, le regardait en face, et tassée sur son tabouret, dans sa robe beige et brune, elle ressemblait à une petite chouette malveillante. Elle dit de mauvais gré :

« Puisque vous voulez tout savoir, j'espérais retrouver des amis. Ils nous auraient dépannées... »

Des amis qu'elle cherchait par la lunette arrière de la voiture. Il repoussa sa chaise : « Je vois », et quitta la cuisine. Qu'elles fichent le camp et qu'on n'en parle plus. Il les avait assez vues, Cécile en particulier, une de ces petites paumées comme il en poussait des milliers entre les pavés depuis quelque temps.

Il se rasa. Il était mécontent de lui, il prenait les choses trop à cœur. Ce n'étaient que deux gamines un peu plus belles qu'elles ne le sont d'ordinaire, rien d'autre. Il connaissait l'espèce, très rapace, sans scrupules, et les petits mâles arrogants qui les accompagnaient ne valaient pas mieux. A Paris et ailleurs, il en avait vu des dizaines et leur âpreté à prendre, à vivre à leur guise, sans jamais se soucier des autres les rendait toutes semblables. Il les évitait, à peine s'il les regardait. Qu'est-ce qui lui avait pris hier soir? L'euphorie des vacances? Ou la sale manie qu'il avait toujours eue de rendre service, de faire passer la satisfaction de l'autre avant la sienne? Une manie d'homme faible et un peu bête qu'il traînait depuis son enfance et qu'il combattait brutalement depuis quelques années. Marie-Laure avait raison, gentil. Gentil et con, oui. Il se coupa juste au-dessous du nez et grommela de colère. Dehors les petites jeunes filles, dehors!

Elles étaient dans l'entrée et elles rirent toutes les deux en voyant le carré de papier gommé qu'il s'était collé sous le nez pour arrêter le sang. « Vous vous êtes coupé... » Il grogna, déconcerté. Tout seul devant le miroir, il les avait transformées en petites diablesses voraces et pleines d'arrière-pensées alors qu'elles n'étaient que deux jeunes filles rieuses, rien dans la tête probablement, qui prenaient la vie comme elle venait, pourquoi pas, faucheuses, menteuses, oui, et après, il ne mentait pas, lui? Et Marie-Laure, son corps très gracieux, un mensonge? Et puis, qu'est-ce qui les obligeait à avouer qu'elles lui avaient fait les poches?

Il se vit, vieillissant, pas beau – il ne l'avait jamais été –, son carré gommé sous le nez, l'air grognon avec trois tonnes de petite morale sur les épaules et il se mit à rire, ce qui relança leurs rires à elles.

« On a pensé que jusqu'à lundi, on n'aurait pas d'argent alors on s'est dit que peut-être... »

C'était Marie-Laure, sa ravissante bouche et sa voix légère qui allaient si bien ensemble. Il fit : « Oui, oui », il avait compris.

« On dormirait ici, on vous gênerait pas, et en attendant vous nous donneriez un petit peu d'argent. On vous le rendrait lundi... »

Cécile approuvait, plus du tout dédaigneuse. Marie-Laure conclut, plutôt timidement : « Voilà! » Il lui sourit.

« Pourquoi pas? Ça me semble un arrangement très convenable. »

Il prit les billets dans sa poche.

« On aura peut-être besoin d'acheter deux ou trois choses, on n'a plus rien... »

Il tendit deux billets à Marie-Laure et brusquement ajouta les trois autres et le billet de cinquante francs. Volé ou pas, ça revenait au même maintenant.

« C'est trop! Et vous? Il ne vous reste plus rien.
– J'irai à la banque. »

Marie-Laure retira deux billets et les lui poussa dans les mains, et sur le pas de la porte elle lui posa un baiser inattendu sur la joue. Même Cécile lui fit au revoir du bout des doigts.

« Pour aller en ville?
– En bas du chemin. Il y a un bus toutes les demi-heures. »

Il referma la porte, dit à voix haute : « Pauvre pigeon, quand on ne te vole pas tes plumes, tu te les arraches », mais il alla à la fenêtre de sa chambre pour les voir traverser l'esplanade. Elles ne levèrent pas la tête vers l'appartement. Marie-Laure parlait en secouant ses cheveux longs. Elle riait et, au mouvement de ses épaules, il devina que Cécile aussi riait. De lui? Il l'avait bien cherché. Cependant, elles avaient oublié de lui demander les clefs et si elles rentraient ce matin ou dans l'après-midi, elles trouveraient porte close, ce qui le fit sourire. Après tout, il ne leur avait promis que le logement et encore pas pour longtemps. Il alluma un cigarillo. Il s'en accordait quatre par jour et rarement le matin. Il savait qu'il n'était pas tout à fait sincère et qu'on est toujours désarmé, déséquilibré en tout cas, par la beauté, la grâce et leurs délicieux chantages.

Il apprécia la solitude de l'appartement, son calme revenu. Il avait un peu menti. S'il l'avait choisi si vaste, si luxueux, c'est parce qu'il avait longtemps vécu dans des logements médiocres. Au moins en profiterait-il quelques années et avec un peu de chance, peut-être ne serait-il pas obligé de le louer.

Elles n'avaient pas fait leur lit. Il regarda les draps froissés, le traversin jeté à terre et fit la grimace. Elles étaient bien telles qu'il les imaginait, sales et paresseuses. Il en était vaguement satisfait. Il pensa : « Tu aimes avoir raison même si ça ne te plaît pas. Tu es sûr que tout se tient. Tu es bien un minuscule bourgeois, toujours à te chercher des justifications. Autant dire que tu doutes. » Oui, il doutait, un doute, un malaise plutôt qui s'étendait à sa vie entière, mais ça, il n'avait pas besoin des deux filles pour le savoir.

Vers onze heures, il descendit, salua le couple de gardiens. Ils avaient vu les filles. D'habitude, il n'en amenait qu'une, ce qu'ils réprouvaient déjà mais deux c'était trop, ça se voyait à leurs tronches en biais. L'homme lui avait tout de suite tourné le dos pour arroser à la lance la bordure de fleurs qu'il avait plantées le long du mur. Frank se dit, joyeux : « Le peuple est le dernier rempart de la morale, et comme le peuple finira par gagner, tout le monde le dit, la morale triomphera. Si j'étais plus malin, je parierais sur des lendemains vertueux, et je regarderais de haut cette grande vague d'émancipation qui les secoue tous. » L'idée l'égaya. L'ennui, c'est qu'il n'avait jamais pu regarder de haut. Au mieux, il se tenait à l'écart. Et puis ça l'amusait que le monde ait changé, à son âge, ça tournait à la distraction.

Il traversa la ville qu'il aimait bien depuis dix ans qu'il y venait. Elle avait déjà son bariolage de vacances, cet emmêlement de couleurs qu'y apportaient les touristes. Il savait qu'au fil des jours elle pousserait son déguisement baroque jusqu'au délire d'août, et à partir de là se décolorerait peu à peu pour finir en kermesse un peu ratée, et ça aussi il aimait.

Il flâna au marché comme tous les matins à cette heure-là, acheta des tomates, des aubergines américaines, celles qu'il préférait, d'un mauve très pâle, rondes et côtelées comme des melons. Sous la halle aux poissons où les pêcheurs venaient vendre leur prise de la nuit, il examina un bar assez gros pour quatre personnes, faillit l'acheter tant il était vif et brillant et puis en ce début de saison les prix étaient encore modérés. Finalement il se rabattit sur une petite daurade juste assez grosse pour une personne. Qu'elles se débrouillent! et puis rien ne disait qu'elles seraient là ce soir.

Vers midi, il alla prendre un pastis près du marché. Il était allé à la banque où il n'avait retiré que ce qu'il prenait d'habitude pour la semaine et il avait acheté le journal qu'il lisait en buvant. Il ne pensait pas aux deux filles, bien qu'il les eût cherchées du regard une ou deux fois. Il n'y pensa que sur le chemin du retour et ce fut seulement au corps de Marie-Laure.

Il les avait imaginées assises côte à côte sur la dernière marche de l'escalier. Elles n'y étaient pas. Il en fut plutôt soulagé et prépara son déjeuner en sifflotant. Il aimait faire la cuisine et, à Paris, il n'allait jamais au restaurant le soir. Il avait acheté des livres de recettes et recommençait jusqu'à ce qu'il les réussisse.

Après le déjeuner, il fit la sieste en lisant un manuel sur les armes japonaises de la période Meiji. Il s'endormit avec les derniers coups de feu d'un feuilleton télévisé qui traversait la cloison et à quatre heures, comme chaque après-midi après la douche, il était sur la plage. Il nageait un peu, pas assez, se reprochait-il, et revenait vite sur sa serviette de bain qu'il étalait toujours au même endroit, si bien qu'il avait fini par connaître ceux qui l'entouraient, des fidèles qui avaient choisi ce carré de plage et s'y cantonnaient. A Paris aussi il rencontrait toujours les mêmes gens en allant au travail. Le rapprochement l'arrêta quelques instants comme une critique qu'il aurait portée sur sa propre nature.

Il les vit plus tard en ville dans l'ombre d'un café, Marie-Laure penchée sur un jeu électronique, abattant avec allégresse ses flottilles d'engins extra-terrestres, les mains soudées aux manettes, sa jolie taille élégante frétillant de plaisir. Cécile parlait à un grand garçon, un punk, aux cheveux en crête, des cheveux teints d'une couleur orange. Il se demanda si elle connaissait le garçon qui balançait très haut sa tête d'oiseau. Ils avaient l'air intimes mais ça ne voulait rien dire aujourd'hui. Ce qui était sûr c'est qu'elle ne paraissait ni dédaigneuse ni hostile. Pas joyeuse non plus, plutôt excitée, tout à l'histoire qu'elle racontait au grand sifflet qui faisait parfois tourner avec vivacité sa petite tête en périscope, sa crête de cheveux laqués accrochant des reflets métalliques.

Il ne les attendait plus mais elles vinrent pour le dîner, s'annoncèrent à grands coups de sonnette. Il venait de griller son petit poisson. « Ça sent bon », répétait Marie-Laure en posant ses achats sur un fauteuil. Elle avait faim, voulait passer tout de suite à table, proposait ses services. Cécile était de bonne humeur, elle aussi. Elle avait ouvert le four pour mieux voir la daurade, pas consciente du tout qu'il l'avait achetée pour lui seul. « Du poisson, disait-elle, j'adore le poisson.

– Je vous ai pris deux pizzas... »

Un remords qui l'avait saisi au dernier moment. Qu'est-ce qui leur ferait plaisir, si...? Ils aimaient tous la pizza dans cette génération, ça faisait partie de leurs habitudes alimentaires. Lui, il la détestait. Il en avait pris deux portions, la pâte épaisse, du pain, et dessus pas grand-chose, comme ils la faisaient ici pour les jeunes pendant la saison.

Il ne s'était pas trompé, elles en criaient de bonheur. « De la pizza! » elles qui en rêvaient justement.

Il les laissa disposer la table, couper le pain. Et comme boisson? Du vin. Non, elles préféraient l'orangeade. Par chance, il en avait une bouteille, pleine de bulles, hélas! Ça fait rien, s'exclamaient-elles, au contraire, elles aimaient encore mieux quand il y avait des bulles. Elles en liquidèrent un grand verre, assoiffées, essoufflées ensuite tant elles avaient bu avidement. Marie-Laure dit :

« On voulait s'acheter des maillots et deux ou trois affaires de plage, on avait pas assez d'argent. Ils pratiquent des prix de dingues ici pour les fringues... En plus qu'il y a surtout des articles pour mémère, tu as remarqué, Cécile? »

Cécile approuva, la bouche pleine de pizza, les coudes solidement plantés sur la table, les cheveux au ras des paupières. « Tu as vu le deux-pièces noir et rose? »

Il n'écoutait plus. Il n'avait pris qu'un minuscule morceau de daurade, la moitié d'un filet. Elles se partagèrent le reste. Elles ne s'étaient même pas aperçues de sa ridicule portion. Mais il était sans rancune, il souriait, captivé par leur grâce, pas celle qu'elles apportaient à dévorer, sûrement pas, mangeant n'importe comment, les doigts dans la nourriture, la faisant passer à grands coups d'orangeade, Cécile surtout, Marie-Laure encore quelques petites manières, faisant gaffe aux arêtes mais expulsant des miettes en pouffant à propos d'un vieux qui leur avait proposé de les emmener dîner, il avait bien soixante ans. Il rit du bout des lèvres, il avait deux ans de moins et il ne voyait pas pourquoi elles ne faisaient pas le rapprochement, sauf Cécile peut-être qui le lorgnait en mastiquant, une lueur pas si gentille que ça dans le regard.

Après le yaourt qu'elles dégustèrent avec un grand bruit de cuiller sur les pots de verre, et qu'elles comparèrent à d'autres yaourts, un bon cru celui-là, dirent-elles, vous vous gâtez, il en reste pas d'autres? Non, il n'y en avait plus, elles avaient bouffé les quatre, il les laissa et passa dans la salle de séjour pour voir les informations.

Face à l'écran, il pensa à sa fille, ce qui lui arrivait rarement. Quel âge avait-elle maintenant? Vingt-sept, vingt-huit ans? Il ne s'en souvenait jamais. Une autre race, une espèce déjà périmée. La dernière fois qu'il l'avait vue, elle avait seize ans. Il ne l'aimait pas et elle non plus. En fait, ils ne s'étaient jamais plu et cependant elle ne ressemblait pas du tout à sa mère, Véronique qui appartenait à la variété maigre et vive. Eliane, elle, était plutôt grasse. Grasse et pincée, vite fronceuse de sourcils aussi. Ce père-là ne lui disait rien qui vaille et elle tenait à ce qu'il le sache. Elle avait de grandes qualités, prétendait sa mère. De ces qualités, pensait-il, dont on n'a rien à foutre. Un échec, oui, qu'il avait fini par oublier mais qui lui était resté longtemps en travers du cœur et lui donnait encore aujourd'hui de la mauvaise humeur et du parti pris.

Marie-Laure défaisait ses paquets.

« On a surtout acheté des affaires de toilette... »

Elle les lui montrait, les fourrait sous son nez plutôt, et presbyte, il devait reculer pour les voir distinctement. Il revenait au carnage sur l'écran, aux corps ensanglantés qu'on emportait sur des civières.

Cécile regardait elle aussi en fumant un petit cigare, un des siens, découvrit-il. Elle écoutait l'interview d'un frisotté véhément qui hurlait sa haine et sa colère. Elle remarqua :

« Ça n'a pas l'air de vous toucher beaucoup... C'est loin, hein? »

Il haussa les épaules. Elle le prenait vraiment pour un demeuré.

« Un jour ça arrivera ici... »

On aurait dit qu'elle le souhaitait : je suis mal dans ma peau, qu'on fasse sauter la planète. Il dit :

« Qu'est-ce que ça peut bien leur faire, mes sentiments? Et surtout qu'est-ce que je peux y changer?

– On dit toujours ça. En somme vous vous en lavez les mains, vous ne vous sentez pas responsable... »

Non, il ne se sentait pas responsable, oui, il s'en foutait. Il le dit à Cécile, pas content de lui ni d'elle qui lui faisait dépasser sa pensée. A ce jeu de l'hostilité, on finit toujours par tomber dans l'outrance. Elle insista :

« Je suis sûre que vous vous foutez d'un tas de choses... Vous voyez de quoi je veux parler... »

Il voyait. Il lisait les journaux, il avait la télé. En fait il les voyait tellement, les nouveaux problèmes, qu'il n'aurait plus vu qu'eux s'il ne leur avait pas claqué la porte au nez.

« Et je parierais que vous votez à droite... »

Elle le cherchait. Il dit non, que dans sa jeunesse, il votait à gauche, qu'il avait eu tort et qu'aujourd'hui il ne votait plus. Depuis quinze ans. Qu'ils continuent à jouer sans lui.

Elle le couvait de son regard bleu. Irrécupérable. Elle le lui dit, écrasa son cigarillo, en faisant éclater la cape, le tournant rageusement dans le cendrier, et qu'elle en connaissait des dizaines comme lui, que c'était trop facile, qu'ils l'attristaient, oui, ils l'attristaient. Ils la dégoûtaient aussi et elle fit une belle grimace pour montrer l'ampleur de son dégoût. A deux pas, Marie-Laure se passait de l'eau de toilette sur l'avant-bras, frottait activement, flairait, une portée de plis sur le front. Elle conclut :

« J'aurais dû prendre Guerlain, c'est plus cher mais ça tient mieux... »

Puis :

« Qu'est-ce qu'on fait? On va pas rester ici à se faire la télé... »

Et tournée vers Frank :

« Vous nous emmenez? Il est pas pratique, votre autobus, il s'arrête tous les cent mètres pour prendre des vieilles. Ce matin on a mis une heure pour aller en ville... On nous a parlé d'une boîte sur la route de Cannes, le Pélican, vous connaissez? »

Il connaissait. Un caisson retentissant avec des amplis à faire sauter la toiture. Elle lui fit sentir son parfum sur son avant-bras qu'elle lui poussa sous le nez. « Pas fameux, hein? » Cécile dit : « Allez, venez. – Je vous déposerai simplement. » Elles firent oui oui en rigolant. Cécile ne lui en voulait plus, elle parlait de sa robe pas pratique, dit : « Marie-Laure l'a recousue mais c'est pas ça, je trouve en plus qu'elle commence à puer. Vivement qu'on reçoive un peu de fric. » Avec un coup d'œil vers Frank qui consultait les programmes de la télé. Feuilleton, culturel et chansonnettes. Rien à son goût sinon il les aurait plantées là.

Il avait un peu faim, il prit une banane, la seule qu'elles avaient laissée, trop mûre, avaient-elles dit, et il les suivit en l'épluchant. En bas, Marie-Laure s'arrêtait sur un pied pour ajuster la bride de son soulier, s'accrochait à son épaule pour garder l'équilibre, repartait, lui souriait au visage, glissait sa main sous son bras, se serrait contre lui, comme se serraient les filles quand il avait vingt-cinq ans, et lui déversait à l'oreille un flot de paroles mêlées de rires, des paroles sans importance, la chaleur, un orteil qui lui faisait mal, l'odeur des pins, le petit souffle d'air qui venait de la mer et lui ne sentait que le souffle chaud de sa bouche contre sa joue, la musique hachée de sa voix, les yeux sur Cécile qui marchait devant eux, et sans raison balançait ses épaules à grands coups comme une gamine de dix ans, alignant soudain ses pieds l'un devant l'autre, jouant pour elle seule à il ne savait quel jeu, les lèvres bourdonnantes.

Ils roulaient sur la corniche, à la sortie de la ville. La radio parlait encore du Liban entre deux musiquettes, vingt-trois morts cette fois, ça faisait cent huit pour la semaine, disait le speaker, la voix lugubre, et Cécile qui était à l'arrière, comme la veille, hurla soudain :

« Tu les vois? »

Elle passait son bras entre leurs deux épaules, pointait le doigt vers la voiture qui venait de les doubler, une belle allemande décapotable gris acier, des chevaux plein le capot.

« C'est eux, Marie-Laure, c'est eux! Ah! les salauds! »

Marie-Laure les reconnaissait à son tour, poussait un vrai cri.

« Tu as vu les deux filles? »

Des estivantes, très jeunes. Il accéléra pour se rapprocher. Non, pas si jeunes, vingt-quatre, vingt-cinq ans.

« Qu'est-ce qu'ils vous ont fait? »

Les deux hommes avaient son âge, un peu plus même, très bronzés. Ils sentaient l'argent, le vrai luxe, le corps soigné, poncé, le cheveu sculpté, rien à voir avec lui. Ils allaient bien avec la voiture.

Elles se taisaient maintenant, regardant de tous leurs yeux. Elles n'avaient pas répondu à sa question. La voiture déboîta et fila, son énorme clignotant rouge s'enfonça dans la nuit tombante. « On lui dit? » C'était Cécile, pas Marie-Laure qui haussa sèchement les épaules. Cécile se pencha :

« Hier après-midi, on les a rencontrés. On était devant la gare, on se demandait ce qu'on allait faire. On en aurait pleuré tellement on était fauchées. Même pas de quoi nous payer un Coca. Ils sont passés avec leur voiture. Ils doivent draguer autour des gares. Nous on s'est dit, des vieux mecs, ils vont nous dépanner... Tu penses!... Ils nous ont emmenées chez eux, à dix kilomètres d'ici. Tenez, juste dans la direction où ils sont partis... » Elle se tut.

« Et alors?

– Alors quoi? »

Elle cria.

« Deux ordures, on vous a dit! Ils ont obtenu ce qu'ils voulaient. Des vicieux, en plus. Et vous savez ce qu'ils ont fait après? Ils nous ont ramenées vers la ville et ils nous ont balancées à trois kilomètres, sans un rond, sans rien. »

Marie-Laure dit : « Oui, rien, pas un rond. Avec mes talons aiguilles, et une chaleur! On aurait bien fait du stop mais on osait plus monter dans rien après un truc pareil... »

Frank se mit à rire.
« Vous trouvez ça drôle?
– Oui, c'est bien fait pour vous.
– Vous ne manquez pas de souffle. Et vous hier soir? »
C'était Cécile.
« Je ne ressemble pas à ces vieux play-boys de luxe. Et puis j'étais tout seul. Innocent... »
Il répéta :
« Innocent... C'est vous qui m'avez cueilli. Je ne vous demandais rien, moi... »
Et brusquement son humeur changea, il cessa de plaisanter. Il lui vint même une grimace. Ça le dégoûtait que Marie-Laure ait fait l'amour avec un de ces deux-là, peut-être avec les deux. Il n'était pas jaloux, non, écœuré. Il jeta un coup d'œil à Cécile. Elle aussi. Et parce qu'elle était plus jeune, gardait quelque chose d'enfantin, il en fut plus touché.
Cécile dit, la voix décidée : « J'aurais eu un flingue, je les aurais butés. En plus, ils étaient laids, laids... »
Il se détourna et elle le fusilla de son regard bleu, comme si elle l'englobait dans sa rancune et, à cet instant, elle l'englobait vraiment dans cette rancune. Il pensa : « Petite conne. » Ces deux chevaux de retour, il les aurait flairés à cent mètres. Oui, petites connes qui croyaient que leur cul n'avait pas d'importance ou qu'il en avait trop.
« C'est ça qui vous a donné l'idée de me raconter l'histoire de l'auto-stoppeur qui vous a fauché vos bagages et vos économies?
– Non, celui-là aussi, c'était vrai... »
Mais elle avait parlé sans conviction, la voix lasse, et s'était rejetée contre le dossier de la banquette arrière. Marie-Laure se taisait. Elle regardait la mer qui s'étendait à leur droite, grande masse sombre qui bougeait mollement, parcourue de petits tortillons blancs.
Il n'insista pas. Marie-Laure était triste, loin d'eux

en ce moment, et Cécile, repliée sur elle-même, s'était enfouie dans sa grande robe, les mains serrées sur son ventre, le visage clos. Et tandis qu'il conduisait, les yeux posés sur les feux arrière du camion qui les précédait, il éprouva – c'était la première fois – le sentiment bizarre, lui qui avait été un père indifférent, de ne pas être avec des filles de rencontre mais avec ses deux filles à lui. Rien ne transparut de ce fugitif élan de pure compassion, sinon un petit rire de gorge qui fit se détourner Marie-Laure, un sursaut ironique parce qu'en même temps il se moquait de lui-même et de cette compassion déplacée qui s'était si souvent retournée contre lui.

Le Pélican était aussi assourdissant qu'il l'avait prévu. Elles en battirent des mains d'un si puissant vacarme. Plus un gramme de tristesse. Elles avaient tout oublié. Elles sautaient à pieds joints d'un sentiment à l'autre et plongèrent dans la danse et dans le rugissement des baffles comme dans un bain brûlant, chacune à sa manière, Marie-Laure immergée, solitaire, en pleine extase, ses longs pieds minces bougeant à peine, le disco la pétrissant avec une religieuse lenteur, Cécile plus nerveuse, secouée de sursauts légers, la danse pour elle un exutoire, mais la même ferveur sur son visage, « et me fais pas chier », dit-elle à un beau jeune homme qui prétendait mettre ses pas dans les siens, « va remuer plus loin, petit con, m'emmerde pas. »

Malgré quoi, un peu plus tard, elle accepta un maigrichon à grosse chevelure qui en connaissait un rayon et devait s'agiter de la manière appropriée car elle le laissa approcher à moins d'un pas. Il n'en profita pas du reste et pendant la danse, tout à la contemplation de ses baskets qu'il surveillait comme deux petites bêtes très intelligentes, il ne leva pas les yeux ou à peine sur Cécile à qui cette neutralité semblait tout à fait convenir.

Elles revinrent à la table où il sirotait une bière, vidèrent leur Coca, le sucèrent à fond, la tête en arrière, repartirent et revinrent aussitôt, déçues, parce que c'était un slow.

Trois douzaines de couples traînaient la semelle, et chacun avait posé sa tête sur l'épaule de l'autre, comme les chevaux dans un champ par temps chaud. « Vous ne dansez pas? » C'était Cécile. « Pas souvent. » Elle lui tendit la main, l'attira, se nicha commodément contre lui et ils rejoignirent le troupeau somnolent. Sa grande robe flottante la faisait plus volumineuse qu'elle n'était et sous sa main, elle était mince, la taille étroite creusée d'un sillon profond. Elle noua, comme ils le faisaient tous, ses bras autour de son cou et il sentait sa poitrine pas très ferme. Il était surpris par ce contact étroit qu'elle maintenait entre eux, ne savait trop quoi lui dire, finissait par garder le silence, tout à ces fugitives sensations agréables que lui donnait ce jeune corps pressé contre le sien. Elle découvrit brusquement :

« C'est marrant, vous ne sentez pas trop le vieux. »

Il rit, les lèvres dans ses cheveux.

« Qu'est-ce qu'ils sentent, les vieux?

– Le cimetière, les fleurs pourries... ça doit venir de votre after-shave.

– Probablement... J'en mets des tonnes, ça cache bien... »

Elle leva vivement la tête pour l'examiner et il eut ses lèvres près des siennes, de belles lèvres rondes, et ses yeux bleus, plus vastes et plus clairs d'être vus de si près.

« J'avais un vieil oncle qui sentait un peu comme vous. J'aimais bien aller chez lui en vacances mais ça ne plaisait pas à mes parents...

– Pourquoi? »

Il sentit son épaule se soulever sous sa main.

« Ils disaient que c'était un vieux saligaud. Il vivait avec ses canards et ses chèvres... Hé! c'est fini, on va pas rester là plantés comme des cierges... »

Elle prenait sa main et l'entraînait au milieu des couples qui se dénouaient. Elle se retourna :

« Il avait la réputation de courir les petites filles mais je crois que c'étaient des histoires, moi, il ne m'a jamais rien fait, à peine caressé les fesses, mais je voyais bien que c'était gentil, juste pour entretenir sa réputation et faire chier ma mère, que je lui répète. Ce que j'aimais bien c'est qu'il me parlait comme à une grande personne. Il me racontait la vie qu'il avait menée avant la guerre, à la colonie, toutes les négresses qu'il s'était tapées, des Noires je veux dire, lui il disait négresse. C'était un rigolo, un sacré colonialiste aussi qui triquait l'indigène... »

Elle riait au souvenir de l'oncle.

« ... Il se soûlait en leur compagnie à rouler par terre, et même il se battait avec eux quand ils avaient tous trop bu. Il disait : « Leurs femmes, ils n'en font « pas tout un fromage comme ici, ils les prêtent de bon « cœur, pas jaloux. » Du moment que lui leur prêtait ce qu'il avait, sa moto, ses outils, ils étaient d'accord... »

A la table, elle parla encore des négresses du grand-oncle. Elle en gardait un fameux souvenir. Frank la regardait. C'était la première fois qu'elle en disait autant. Marie-Laure demanda : « Il en est revenu riche de son Afrique, ton oncle? – Penses-tu, sans un sou. » C'est à cause de cela qu'elle en gardait un si bon souvenir.

Les trois jeunes arrivèrent un peu plus tard. Deux garçons et une fille, celle-ci aussi grande, aussi musclée que le plus grand des garçons mais belle à sa façon avec ses jambes longues et puissantes, ses épaules de nageuse. Ils tranchaient sur l'assistance par quelque chose de compact, autant dans leur tenue, que par le regard attentif, minutieux qu'ils promenaient sur la foule, comme s'ils espéraient en tirer quelque chose. « Des voyous », pensa Frank. Armés, c'était probable. Il connaissait l'espèce, banale, si voyante, qu'elle avait l'air d'une parodie. Mais dangereuse, il l'avait appris en ville.

Les deux filles étaient figées. Marie-Laure rejetée en arrière, Cécile tendue, les deux mains crispées sur le bord de la table. Il pensa : « Elles le connaissent. » Puis : « C'est eux que Cécile cherchait hier dans la foule. »

Ils s'en allaient vers l'autre bout de la piste, écartant du plat de la main, sans un mot, les couples qui étaient sur leur chemin.

« Des amis? »

Cécile sursauta. Elle regardait toujours dans la direction où ils avaient disparu. Elle ne répondit pas, se tourna vers Marie-Laure :

« Tu vois où ça nous mène, tes idées...

– Si tu crois qu'ils s'occupent de nous. Après tout, on leur a rien fait.

– Comme s'il y avait besoin de... Allez, payez, on s'en va...

– Si vous m'expliquiez? »

Cécile l'évalua, dédaigneuse.

« Il y a rien à expliquer... »

Demain, il les virerait avec quelques billets. Il aurait déjà dû le faire. Qu'elles connaissent ces deux frappes l'avait refroidi. Marie-Laure se leva. Dressée sur la pointe des pieds, elle explorait la cohue.

« Ils sont partis par l'autre porte. »

Elle se rassit, ramena sa jupe sur ses jambes.

« Vous ne voulez vraiment pas m'expliquer? »

Il aurait aimé savoir. Pour les aider. Toujours sa manie de ramener les asphyxiés sur la rive. Le regard noir de Cécile l'arrêta. Elle entraîna Marie-Laure sur la piste et il resta seul, ses mots dans la gorge qu'il fit passer avec une gorgée de bière. Qu'elles se débrouillent. Demain, il les déposerait devant un hôtel, et salut.

Au-dessus de la piste, l'éclairage fléchit, plongeant la foule dans une lumière bleuâtre. La sono se déchaîna, des lumières claquèrent comme des coups de feu, se croisèrent et se mirent soudain à tournoyer, des phares en folie, qui dénudaient les visages comme des masques d'os. Les décharges sonores se succédaient. Elles étaient si violentes, le vacarme si fracassant qu'il porta la main à son oreille. Il s'ennuyait, il n'avait plus qu'une envie, échapper à cette tornade, à ces rafales de lumière hystérique, ce qu'il fit en se glissant entre les couples soûlés de décibels.

Dehors, il soupira, les yeux sur la baie et sa ceinture de lumière. Elles l'emmerdaient. Il avait passé l'âge. Qu'elles continuent sans lui et, tournant le dos à la boîte qui ronflait comme une énorme toupie, il alla jusqu'au bord de l'eau pour regarder les vagues mousseuses qui soulevaient faiblement les barques et venaient saliver sur le sable gris. Les yeux levés, il chercha le Petit Chariot et cette minuscule étoile tout au bas de l'attelage que les guerriers grecs devaient distinguer pour qu'on les reconnût aptes au combat. Deux ans plus tôt, il la distinguait encore mais sa vue avait baissé.

Il fit demi-tour, et voyant sa voiture il eut envie de les laisser là, de partir. Il haussa les épaules. Il rentra dans la salle et avant d'atteindre la table, il les vit. Elles ne dansaient plus ensemble mais avec les deux voyous, Marie-Laure en face du plus grand, Cécile avec le petit, un chafouin très soigné du cheveu. Ils avaient l'air de bien s'entendre, tout à leurs pas compliqués.

Il découvrit la grande fille dix pas plus loin qui boxait le vide au ralenti, aux prises avec un grand blond en pull de cachemire qui travaillait des genoux et manœuvrait des coudes comme un coureur de fond.

Les lumières s'éteignirent, se rallumèrent, clignotèrent follement, la sono s'effondra dans un bruit de vaisselle cassée et les couples se séparèrent, Marie-Laure en glissant de côté, un sourire plutôt raide sur sa belle bouche, Cécile tournant carrément le dos au chafouin qui se mit à ricaner d'un air satisfait.

Elle arrivait à la table, toutes voiles dehors, furieuse. « On s'en va », et puis : « Vous êtes complètement sonné de sortir en abandonnant nos sacs. On vous a pas dit qu'ils fauchent tout ce qui traîne, ici? » Elle raflait son sac, le mettait en bandoulière, ne s'occupait ni de lui ni de Marie-Laure et filait vers la sortie tandis que les deux garçons et la grande fille riaient en bord de piste. Marie-Laure ouvrit son sac pour vérifier si on n'avait rien pris et dit avec reproche : « Elle n'a pas tort. Vous n'auriez pas dû sortir. »

Il approuva et la suivit, se détourna pour croiser fugitivement le regard des trois jeunes. Ils avaient l'air amusé, pas méchants pour un sou. Ils le trouvaient comique, c'était sûr, tout juste s'ils ne lui adressèrent pas un sourire copain, en tout cas il en devina l'esquisse sur les lèvres du plus grand des garçons.

Près de la voiture, Cécile s'éventait avec son sac.Elle piétinait d'impatience pendant qu'il déverrouillait les portières et s'engouffra à l'arrière. « Allez, on file. On les a assez vus, ces deux cons. – Et on n'a pas fini », dit Marie-Laure qui s'était installée plus calmement mais n'était pas contente.

Il attendait la suite. Elles se contentèrent de soupirer à grand bruit, bien d'accord, Cécile penchée sur la lunette arrière, Marie-Laure raide, son sac sur ses genoux serrés.

« Plus vite...

– Ils vous font si peur? »

Pas de réponse. Sur la route, il accéléra. Cécile regardait toujours par la lunette arrière. Marie-Laure dit : « Il faut qu'on vous explique... » Rien qu'à la voix un ton trop haut, il sentit arriver le gros mensonge. « Ce sont deux types qu'on a vus en ville, hier... » Elles avaient vraiment vu du monde ce jour-là. « Ils voulaient nous embarquer dans une combine... » Elle ne dit pas laquelle, à court d'imagination probablement. « On a dit non, mais ce sont des têtus. »

Cécile était toujours à genoux sur la banquette arrière. « ... Enfin maintenant c'est réglé. On leur a dit ce qu'on pensait... – Tu parles! » C'était Cécile qui s'asseyait d'un bond, s'ébrouait dans sa grande robe, sifflait, mauvaise : « Oui, tu parles! Des vrais copains, et cette grande salope qui les excite... – Oh! on n'en parle plus, Cé. »

Elles n'en parlèrent plus en effet, elles s'enfermèrent dans le silence et ce silence était si incongru, si chargé que d'un geste vif Marie-Laure brancha la radio, chercha de la musique rock qu'elle trouva, à partir de quoi, elles s'apaisèrent toutes les deux, petites bonnes femmes qui secouaient la tête et les épaules, se droguaient en douceur, deux paires d'oreilles pas plus, la tête comme une cage pleine d'oiseaux, petites menteuses qui croyaient que ce dont on ne parle pas ou à quoi on ne pense plus finit par ne plus exister.

Dans la cuisine, elles découvrirent qu'elles avaient faim. Il avait peu dîné et il avait faim lui aussi. Ils discutèrent un moment, serrés l'un contre l'autre devant le réfrigérateur dont il tenait la porte grande ouverte. Ils se mirent d'accord sur une omelette aux champignons. Ce fut lui qui la prépara tandis que Marie-Laure disposait les couverts. Cécile faisait couler de l'eau dans la salle de bain. Il dit :

« Ces deux garçons et cette fille... »

Marie-Laure lui passa les doigts sur la nuque, elle rit.

« C'est sans importance. Des pauvres mecs... Moi, je n'y pense déjà plus... »

Elle était sincère. Quand elle ne voulait pas voir

quelque chose, elle tournait le dos pour l'oublier et, telle qu'elle était faite, il était persuadé qu'elle y arrivait.

Elle allait parler des deux garçons, mentir, il le sentit, alors il la prit dans ses bras.

« Plus tard... Quand tu auras vraiment envie de me dire la vérité. »

Elle sourit, se dégagea pour prendre le pain.

« On dirait que tu ne nous crois pas, que tu ne nous fais pas confiance. Ne dis pas non, ça se voit. Ces trois-là, on les connaît à peine, on refuse de les fréquenter et c'est ça qui leur plaît pas. »

Après le repas, Marie-Laure resta à la cuisine pour faire la vaisselle. De sa chambre, il l'entendait qui entrechoquait des assiettes dans le bruit assourdi de la radio et parfois elle sifflait comme un garçon. Cécile l'avait quitté sans un bonsoir. Elle l'avait oublié, tout à ses ongles qu'elle avait vernis et qu'elle tenait devant elle au bout de ses mains pendantes comme un caniche qui fait le beau.

La dernière lampe s'éteignit dans la salle de séjour. Il attendit, les yeux posés sur le voilage de la fenêtre ouverte qu'un vent léger gonflait mais cette nuit-là Marie-Laure ne vint pas le rejoindre.

Leur première querelle éclata le lendemain. Elles avaient volé une caméra et un foulard dans une voiture en stationnement. Elles arrivèrent, ravies de l'avoir fait et le criant bien haut, Cécile en tout cas. « Qu'est-ce que ça peut valoir à votre avis? » Il répondit : « Trois mois de prison », ce qui les fit bien rire. « Mais ce n'est pas du vol, c'est de la récupération, on n'est pas des voleuses. »

Il examinait la caméra, une américaine très perfectionnée. Marie-Laure battait des cils, tous charmes dehors, inquiète quand même. Cécile disait : « On s'est gêné pour tout nous faucher à nous? Et qu'est-ce qu'on a récupéré? »

Elle y tenait à sa récupération, elle en avait les joues roses, elle si pâle d'ordinaire, l'excitation la rendait électrique, très volubile. « Alors vous savez vraiment pas ce que ça vaut? – Et à qui voulez-vous la revendre? – Justement, on sait pas, c'est pour ça qu'on est revenues. » Il lui rendit la caméra. « Vous ne voulez pas l'acheter, vous? Oh! ne craignez rien, c'était une voiture étrangère, suisse, je crois, demain elle sera loin... »

Il la contemplait, ahuri. Celle-là devait harponner tout ce qui lui tombait sous la main. Il pensa à ses armes japonaises, aux inros et aux kobakos au laque d'or qu'il gardait dans un tiroir. Ça lui donna un coup de fouet. « Je devrais vous flanquer dehors. » Cécile haussa les épaules, pas émue. Sourcils froncés, elle tournait et retournait la caméra entre ses mains. « Neuf, ça vaut au moins trois mille. »

Elle lança la caméra sur le divan d'où elle faillit rebondir sur le sol. « On ne peut pas dire que vous soyez compréhensif... Mille francs, elle est à vous, d'accord? Et nous on pourrait s'acheter une ou deux robes, on en a vraiment besoin... »

Marie-Laure était partie vers la cuisine. Après un coup d'œil à Frank, elle avait dû juger le climat trop brûlant et elle avait doucement posé le foulard volé sur le dossier du divan.

Il avait tourné le dos à Cécile. Dans quel merdier il avait mis les pieds! Quand il se détourna, elle avait repris la caméra. Elle dit, déçue : « Qu'est-ce qu'on va en faire? – Je n'en sais rien mais ce que je sais, c'est ce que vous allez faire, vous. » Il prit le foulard, le fourra entre les mains de Cécile. « Allez, fichez-moi le camp toutes les deux! – Maintenant? – Oui, maintenant », et il la bouscula vers la porte, attrapant d'une main son sac qu'il empila sur la caméra et le foulard. « Dehors! »

Elle résistait mais pas trop, plus étonnée que furieuse, dépassée par sa brusque colère. « Moi qui croyais que... Ah! on vous voyait con mais à ce point-là... »

Il la poussa sur le palier, appela : « Marie-Laure! » Elle accourut. Il lui montra la porte ouverte et sur le palier inondé de soleil, Cécile qui serrait son attirail dans ses bras. Elle obéit, sursauta, fit soudain demi-tour, et fila vers le salon pour y prendre son sac qu'elle passa à la volée en bandoulière. Elle dit en repassant devant lui qui attendait les yeux à demi fermés : « Pourquoi vous vous mettez dans un tel état, ah! si on avait su! » et franchit le seuil d'un petit bond, avec un léger cri même, parce qu'il rabattait violemment la porte.

Il se passa la main sur le visage, rentra dans la salle de séjour où il tourna au hasard pendant un moment, l'esprit vide. « Une bonne chose de faite. » Il le dit à haute voix, alla boire un verre d'eau dans la salle de bain où il découvrit dans le miroir ses sourcils tordus d'indignation et le visage un peu rouge qui allait avec.

Il aurait dû être soulagé. Il ne l'était pas. Pire, il s'en voulait. Il avait eu raison, bien sûr, il le savait et il savait aussi – mais c'était moins clair, ça restait un peu enfoui – qu'il s'était conduit en trouillard sans franchise, en hypocrite donc, vieux type prudent qui tient d'abord à sa tranquillité. Qu'est-ce qu'il avait fait d'autre en effet, sinon saisir le premier prétexte venu pour se débarrasser d'elles?

Il se servit un armagnac. De la fenêtre, il les chercha et ne les vit pas. Elles avaient filé comme des flèches. Il se dit : « Bon débarras », mais il n'en pensait pas un mot, juste une manière de se défendre quand on n'est pas fier de soi, et au-dessous du regret, de l'ironie aussi. De l'ironie mais pas abstraite, des souvenirs plutôt qui avaient cette couleur-là, récents, innombrables, pris dans son métier chez le commissaire-priseur, tous ces gens qui volaient dans les salles de vente, pas des gangs organisés, non, ni des voyous, ni des gamines comme celles-ci mais n'importe qui, ils en avaient pris sur le fait, ils en prenaient toutes les semaines, des bourgeois, des gens arrivés, riches à millions, pères de famille, carrés dans leur vie, qui étouffaient un bijou, un coffret en argent, des objets si volumineux parfois qu'on tombait des nues, une statue de douze kilos un jour. C'était si banal qu'ils n'y faisaient plus attention, ils ne portaient même plus plainte, on faisait rendre, pas plus, la routine. Quand on les prenait, bien sûr, c'est-à-dire presque jamais. Gertaux, un collègue qui disait : « Un pays de voleurs. Ils ne rêvent que de chaparder, les riches les pires, ils n'en ont jamais assez, des gloutons. »

Il sirota son armagnac, lui trouva mauvais goût. Et lui qui piquait une rage insensée pour deux filles pas honnêtes! D'autant plus qu'il le savait depuis le premier jour qu'elles étaient faucheuses, il l'avait lu dix fois dans les yeux un peu faux de Marie-Laure. Il se demanda, mécontent : « Et qu'est-ce que j'aurais dû faire? Les sermonner? Rapporter la caméra au commissariat? » Il se voyait mal dans ce rôle. Il entendait déjà les questions. Qu'elles se trouvent quelqu'un d'autre.

Il sortit. Il ne voulait plus penser à elles mais il les chercha en chemin et puis en ville. Il alla même au bar où il les avait vues. Elles n'y étaient pas.

Il dîna sur le port, alla au casino jouer à la roulette, perdit six cents francs en un quart d'heure tant il était nerveux, peu attentif à la table qu'il savait si bien accompagner d'ordinaire et le poil hérissé après avoir bu deux bières dans un cabaret du centre où il s'ennuya, il rentra chez lui, morose.

Elles étaient assises sur la première marche de l'étage, côte à côte, leur sac sur les genoux. Elles se levèrent dans la lumière du palier très éclairé, virent son visage maussade et se mirent à rire. Marie-Laure dit :

« On est revenues. On a jeté la caméra et le foulard. On a recherché la voiture pour les remettre dedans mais elle était déjà partie... »

Elle écarta les mains en signe d'innocence, rit encore et il avait envie, tant elles étaient gracieusement contrites, de les serrer dans ses bras. A la place, il soupira, haussa les épaules et il maintint la porte ouverte pour les laisser passer devant lui. Au passage, Cécile lui fit un clin d'œil moqueur. Elle n'avait pas désarmé, pensa-t-il, simplement elle avait jugé que mieux valait larguer la caméra et garder le gîte et le couvert. A moins qu'elles n'aient rien jeté du tout, ce qui était probable. Il ne manquait pas de petits revendeurs dans les bars et les cabanes du front de mer.

Pendant qu'elles dînaient – elles n'avaient pas mangé, dirent-elles, elles l'avaient attendu – Cécile qui tenait à ses idées revint sur l'affaire : « Vous n'avez jamais rien pris, vous? – Si... quand j'étais en Indochine, dans l'armée. Tout le monde pillait, volait, moi comme les autres. – Vous avez fait la guerre au Vietnam? – Oui. »

Elle le regardait avec commisération. « Tué des gens? » Il hésita, fit un signe de tête. « Torturé? » Non, il n'avait pas torturé. Elle affirma, sévère : « Il y en a qui l'ont fait, je le sais, ne niez pas. » Il n'avait pas envie de nier. Ça l'avait assez écœuré. Autant de la part des Viets que des Français.

Il faillit évoquer un souvenir à ce propos, ouvrit la bouche, la referma, prudent. Comment le prendraient-elles? Et puis aujourd'hui, il n'en était pas si fier, et si c'était à refaire, Lepage serait toujours vivant. Salaud et vivant. « Et après? » Il tombait des nues. Elle dit avec impatience : « Après la guerre, il ne vous est jamais arrivé de voler? »

Il chercha, finit par avouer, plutôt joyeusement : « Un jour, j'ai fauché des outils à un voisin. » Elle souffla. Il répondait à côté. Elle dit : « Voler, c'est pas ce qu'on croit. » Il la regarda. Elle était sérieuse. Il ne chercha pas à approfondir. Marie-Laure qui épluchait sa troisième banane ne les écoutait que d'une oreille et faisait un sourire à Frank chaque fois qu'il la regardait. Elle dit, plaintive : « On va pas en parler jusqu'à la fin des temps... Qu'est-ce qu'on fait? On va pas rester ici... » Cécile trancha : « Moi, je reste, je suis claquée. J'ai tellement marché que j'ai les jambes au milieu du ventre. Et puis il est tard... »

Marie-Laure n'insista pas. Il regarda la télévision jusqu'à la clôture. Il n'avait pas envie de penser à elles ni à lui. Il préférait remettre à plus tard.

Les deux filles s'en étaient allées dans leur chambre.

Elles avaient emporté le transistor mais elles avaient fermé la porte et on l'entendait à peine. A un moment, elles se mirent à rire comme deux folles, elles n'en finissaient pas.

En se couchant, il pensa : « Elles ont gagné et tu es heureux qu'elles aient gagné. » Et parce qu'il se flattait rarement dans le sens du poil, il ne se chercha pas de mauvaises raisons.

Marie-Laure ne vint pas plus cette nuit-là qu'elle n'était venue la nuit précédente. Il y vit un signe d'indifférence. C'est cela, elles étaient indifférentes. Lui ou un autre, c'était sans importance, leur vie et leurs pensées étaient ailleurs.

Il attendit longtemps Marie-Laure, ou plus exactement, bien qu'à partir d'un certain moment il sut qu'elle ne viendrait plus, il resta éveillé. Il était facilement insomniaque, une émotion suffisait à écarter le sommeil. Vers deux heures, las de se tourner et se retourner, bien après que le transistor se fut tu, il prit un somnifère et puis encore un autre une heure plus tard qui le fit couler à pic.

Cette querelle avait changé leurs rapports. D'homme paisible et accommodant, il avait brusquement réintégré son âge, sa génération et ce qui allait de pair, qu'elles détestaient. En pratique, cela se traduisait de l'une à l'autre par une complicité accrue et, à son égard, tout leur comportement signifiait clairement : « Tu es comme tu es, tu n'y peux rien et nous non plus, mais n'espère pas qu'on va te faire des confidences ou te faire participer à notre vie. » Tout cela jamais dit, bien sûr, mais flottant dans l'air et constituant le climat même de leur vie commune.

Il y avait aussi ce coup de téléphone qu'il avait surpris un jour en arrivant sur le palier. On le désignait par « il », on disait – c'était Marie-Laure : « Ne crois pas qu'on fait ce qu'on veut. Il nous ficherait dehors pour moins que ça, on voit que tu le connais pas... Si je te disais qu'il nous a suivies... » C'était vrai. Il aurait juré qu'elles ne l'avaient pas remarqué, mais elles se méfiaient, elles avaient l'œil vif. Quand il avait introduit la clef dans la serrure, Marie-Laure avait aussitôt reposé l'appareil.

Paradoxalement, l'incident avait aussi rendu leurs rapports plus directs et c'était si vrai que le lendemain Cécile, alors qu'il traînait dans l'entrée, à la recherche de ses clefs, lui avait dit de sa voix rude : « Alors, tu viens? » Après l'amour, Marie-Laure aussi l'avait tutoyé mais il lui arriva ensuite – lapsus révélateur – de revenir au « vous » et Cécile fit de même bien que chez elle ce ne fût jamais un lapsus. Quant à lui qui n'était pas de nature familière, à partir de leur dispute, il les tutoya avec naturel.

Elles ne parlèrent plus jamais de l'argent qu'on devait leur envoyer. Il n'en parla pas plus et leur vie commune prit à partir de ce soir-là ce qu'il appelait avec ironie « son régime de croisière », lui allant à ses occupations après leur avoir donné de l'argent, jamais beaucoup, sauf une fois où Cécile lui fit tout un chantage – pas au charme, elle en était incapable, mais à sa manière exigeante – pour qu'il lui achète une robe à volants, la grande mode, cet été-là. Elle avait d'abord demandé une assez grosse somme sans explication. Il avait refusé, puis quand Marie-Laure avait expliqué que c'était pour acheter une robe, il s'était laissé faire, plutôt de bon cœur, et sa gaieté était si évidente qu'à la dernière seconde Cécile faillit lui jeter les billets au visage.

Il allait donc en ville, faisait le marché, passait l'après-midi à la plage – où elles l'accompagnaient quelquefois –, voyait ses amis, elles occupant leur temps il ne savait trop comment. Mais elles rentraient chaque soir pour le dîner et l'invitaient de temps en temps à passer la soirée avec elles, ce qu'il faisait ou non selon son humeur.

Ils ne se voyaient assez longuement que le matin au petit déjeuner où elles paressaient dans l'appartement. Elles arrivaient dans la cuisine à demi nues, ce qui le troublait. Il aimait le corps des femmes, il l'avait toujours aimé et ce goût n'avait pas fléchi avec l'âge. Aussi les regardait-il sans vergogne, par fragments du reste plutôt que dans leur ensemble, la texture d'une peau sur l'arrondi d'une hanche, l'attache d'un bras, cette adorable jonction des cuisses jointes chez Cécile, et ce cou, long et vigoureux, si souple de Marie-Laure. Marie-Laure qui venait parfois le rejoindre la nuit et n'éprouvait pas plus de plaisir qu'au premier jour. Elle continuait cependant, il ne savait pourquoi, à feindre un vif agrément. Il lui avait gentiment dit que c'était inutile, qu'il n'était pas dupe, et elle avait protesté, s'était offensée même. Il n'avait pas insisté, se demandant quelle était la raison de cette comédie, à moins que ce ne fût une habitude prise depuis longtemps – elle ne lui avait pas caché qu'elle avait eu de nombreux amants –, qui faisait partie de son rituel de l'amour.

Cécile, bien qu'elle ne fût jamais venue le rejoindre, se montrait aussi impudique – ou aussi naturelle – que son amie et ne dissimulait rien de son corps qu'il contemplait avec ravissement, de ses chevilles fines à sa poitrine pas très ferme et plantée trop bas, qu'elle ne cachait pas, insoucieuse de ses imperfections, et il avait découvert avec surprise qu'il n'en faisait pas plus de cas qu'elle et finissait par aimer autant ces imperfections que ces jambes parfaites ou ce dos profondément creusé au-dessus des fesses rondes qui le plongeaient dans l'enchantement.

Cependant, alors que Marie-Laure le tripotait et l'étreignait volontiers, lui mettant les bras autour du cou, l'embrassant avec gaieté à propos de rien, Cécile restait à distance et, quand par hasard elle le frôlait, disait pardon et s'écartait, bien qu'il la connût si précisément qu'il eût dessiné la courbe exacte de son ventre et la flèche de poils serrés qui partait de son pubis, et celui-ci était parfois si près de ses yeux qu'il avait l'impression d'en connaître chaque détail, de son renflement très doux avec les petites boucles qui débordaient du maillot – Marie-Laure n'en portait pas toujours et se bronzait nue sur la terrasse – à la ligne très finement creusée des lèvres de son sexe qu'elle portait très en avant, mince sillon en arc si parfaitement épousé par l'étoffe qu'elle n'en dissimulait rien.

Bien entendu, elle était consciente de l'érotisme de

sa tenue et de certaines positions qui la révélaient tout entière. Elle s'éloignait alors après un vif regard qui disait bien ce qu'elle pensait mais il devinait qu'elle lui était reconnaissante de ne jamais tendre la main vers cette chair si perversement offerte. Il est vrai qu'il ne faisait jamais un geste non plus vers la nudité de Marie-Laure et ne se prêtait qu'avec réticence à ses embrassements, refusant même de frotter son corps d'huile solaire comme elle le lui demandait, ce que Cécile, qui l'observait avec curiosité dans ces moments-là quand elle n'en riait pas franchement, n'avait jamais fait.

Mais cette intimité où se glissait quelque chose d'équivoque – entre Cécile et lui, c'était sûr, à cela près qu'elle voulait le décontenancer et non le séduire – ne changeait rien à la nature de leurs rapports. Il aurait pensé que la proximité des corps, ces heures passées ensemble les auraient rapprochés, il s'était trompé. Elles bavardaient, riaient, se querellaient entre elles ou avec lui pour des broutilles mais elles ne disaient jamais un mot de leurs véritables préoccupations ou de leurs inquiétudes, mais peut-être, finit-il par penser, n'en avaient-elles pas.

Il eut la preuve de leur détachement un après-midi à la terrasse d'un bar où elles venaient quelquefois le rejoindre en fin d'après-midi. Elles étaient allées depuis le matin il ne savait où, s'étaient affalées, joyeuses, dans leur fauteuil d'osier, riant encore des propositions d'un estivant qui voulait les héberger dans sa villa à Sainte-Maxime. « Une villa avec piscine, disait Marie-Laure, et il n'était pas plus mal qu'un autre, plutôt bien même, hein, Cécile? » Cécile qui suçait un bonbon – elle mâchonnait presque toujours quelque chose – approuva : « Oui, pas jeune, dans les quarante, mais beau garçon et du fric, ça se sentait, à ne savoir qu'en faire. – Pourquoi ne l'avez-vous pas suivi? »

Elles se regardèrent, éclatèrent de rire, ce qui n'était

pas une réponse. Il attendait. Sincèrement, il ne les comprenait pas. Il le leur dit. Cécile secoua la tête avec impatience. « Vous ne voyez donc pas qu'on veut être libres, libres... qu'on en a rien à foutre des valses-tangos, des sentiments dégueulis et de tout le reste... Ce type-là, qu'est-ce qu'on pouvait en attendre? Rien, la chansonnette habituelle, on couche ensemble, je te présente aux copains, aux copines, tu me plais, on se mélange, ou encore : " Je t'aime ", si c'était le genre à gratter de la mandoline, et au bout quoi? Des emmerdes, la dégueulasserie habituelle, dehors radasse, je t'aime plus... Ah! vous ne comprenez vraiment rien. »

Non, il ne comprenait pas. Il aurait même juré qu'elles n'étaient venues en vacances que pour ça, le soleil, l'argent facile, l'amour. Elles haussèrent les épaules. Il murmura : « Je ne vois pas ce que moi... » Cécile dit : « Cherche pas... » ce qui voulait dire au ton de sa voix : « Tu es plus con que nature. »

C'est peu après, alors qu'elles étaient tout à leurs glaces, dont elles avaient salué l'arrivée comme d'habitude en battant des mains, qu'il mesura à quel point ils parlaient un langage différent. Cela à cause d'un vieux couple qui passait devant la terrasse et qui portait dans la manière dont l'homme et la femme étaient vêtus, le regard doux et soumis qu'ils avaient jeté sur leur table, l'odeur d'un autre temps où les gens étaient résignés, se contentaient de peu et ne jetaient pas sur les autres ce regard d'envie ou de haine qui était la règle aujourd'hui.

Ces deux-là portaient vraiment l'estampille d'une époque révolue. Il dit : « S'ils vivaient encore, mes parents leur ressembleraient. – Qu'est-ce qu'ils faisaient, vos parents? » C'était Cécile qui s'était un peu détournée pour contempler les deux poussiéreuses reliques. « Ils tenaient un magasin en province, une bonneterie. Ils faisaient de leur mieux, pas toujours avec adresse. Ils étaient honnêtes et un peu bêtes. Ils croyaient à des tas de principes, que l'argent ne fait pas le bonheur, qu'on est récompensé du bien qu'on fait, que la vie n'est pas une partie de plaisir et que du moment qu'on a sa conscience pour soi, enfin, vous voyez... »

Elles voyaient, et ça les faisait rigoler, surtout Cécile qui dit : « Des esclaves, vos parents, des exploités... Ma grand-mère avait une servante comme eux. Elle disait qu'elle faisait partie de la famille et cette conne d'Angèle en était toute contente. Des rapports pourris. Je les aurais bouffées toutes les deux... ça ne vous gênait pas, vous? » Si, ça le gênait. La preuve, il était parti, ce qui était une manière de résoudre le problème à son échelle, très individuellement, c'était vrai, il le reconnut.

Pris par ses souvenirs, il se mit à évoquer les années d'autrefois, l'avant-guerre pas désagréable et puis l'occupation qui avait ruiné ses parents, qui n'avaient plus rien à vendre et refusaient de faire du marché noir, les points de textile, les cartes d'alimentation, la faim, les queues pour soixante grammes de viande, la Libération enfin et comment il avait profité de ce grand remue-ménage pour fuir le monde pauvre et ennuyeux de sa famille.

Il s'était engagé. Ils l'avaient tout de suite envoyé en Indochine et quand il était revenu trois ans plus tard, ses parents étaient morts. Ils s'étaient éteints comme des bougies.

Cécile qui nettoyait son fond de glace dit : « A vous entendre, on dirait que vous avez des regrets, de la nostalgie mais c'est mort, tout ça, mort et enterré. Des gens comme vos parents, c'était quoi? Des moutons, des... » Elle se leva brusquement, imitée par Marie-Laure qui bâillait depuis un moment. « Bon, eh bien, on vous laisse! A tout à l'heure pour le dîner... »

Elles s'en étaient allées et après trois pas le fou rire qu'elles contenaient probablement depuis un moment avait éclaté, elles en étaient pliées, Marie-Laure la plus bruyante qui s'accrochait au bras de Cécile.

Il les avait regardées qui s'éloignaient, toujours riant, et de petites ondes de colère couraient sous la peau de ses mâchoires. Il but sa bière d'un trait. « Qu'est-ce qu'il me prend de raconter ma vie à ces deux petites connes. Je tourne décidément au vieux débris sentimental... ». Il essuya la mousse sur ses lèvres, rencontra les yeux attentifs et pleins d'espoir d'un chien qui s'était assis à deux pas. « Elles ne t'ont pas caché ce qu'elles attendaient de toi pourtant. » Quand même, il les méprisait un peu.

Ce n'est qu'ensuite qu'il se moqua de lui : « Si elles étaient différentes comme tu le souhaites, estimables en somme, elles ne seraient jamais restées avec toi, tu ne les aurais même pas connues. » Parfois, comme en ce moment, il les détestait. Il pensa : « Ce monde qui vient ne te plaît pas. Autant dire que tu n'as pas su vieillir. » Mais il n'était pas sûr que les deux choses allaient ensemble ni qu'elles avaient une relation de cause à effet.

Ce fut ce soir-là qu'il fouilla dans leurs sacs. Elles étaient redescendues au centre commercial pour prendre le pain qu'il avait oublié. Elles ne pensaient déjà plus à leur brusque départ de l'après-midi. Elles oubliaient tout de suite ce qu'elles avaient dit ou fait, comme si c'était sans conséquence, que rien ne les engageait jamais, et elles tombaient des nues quand il le leur rappelait, surtout Marie-Laure : « Mais de quoi tu nous parles là, on n'a jamais prétendu ça », et : « Faut remettre dans le contexte, sinon tu déformes, tu dénatures... » – ça, c'était Cécile. Un art qu'elles possédaient et qu'il avait perdu, pensa-t-il, s'il l'avait jamais eu, de se défiler, de jouer les irresponsables afin de mieux vivre l'instant, pas de projets ou juste ce qu'il en faut jusqu'au lendemain, pour le reste, on tourne le dos, le passé est mort, bien mort.

Elles n'avaient pas tout à fait tort. Pour lui aussi,

d'une certaine manière, le passé était mort, un jeu d'ombres, rien en somme, l'émotion, la substance même de la vie s'étaient évaporées et il n'en subsistait qu'un film en noir et blanc très usé. De temps en temps, il en faisait passer une bobine, pas très assuré cependant qu'il s'agissait de lui, de sa propre existence; des fantômes qui bougeaient, des sentiments cendreux, parfois une image plus forte, une humiliation, une étoile heureuse, un bonheur, le plus souvent physique, l'ensemble très banal, décoloré, ça ne l'intéressait plus. Mon passé m'ennuie, pensa-t-il. Il l'avait dit un jour à Cécile. Elle lui avait répondu : « Peut-être était-il ennuyeux. » C'était vrai, il n'avait pas de souvenirs exaltants, tout était tombé pêle-mêle dans la même fosse, une fosse commune, avait-il envie de dire. Ou peut-être, plus simplement, n'avait-il pas de mémoire, ou encore pas de raison d'en avoir, ce qui était plus révélateur.

Il acheva de mettre la table, revint dans la salle de séjour. Elles avaient laissé leurs sacs sur le divan. Il ouvrit celui de Marie-Laure, alla jusqu'à la fenêtre et le vida sur une table. Les menus objets habituels, carte d'identité, rouge à lèvres, crayons de maquillage, une carte orange de transport, des plaquettes de pilules contraceptives et un carnet d'adresses, une liste de prénoms, des numéros de téléphone qu'il lut, un œil sur le chemin qui menait au centre commercial.

Dans une petite poche à fermeture Eclair, il découvrit six billets de dix francs soigneusement pliés. Elle faisait des économies sur le marché. Il la soupçonnait d'être un peu avare. Un numéro de téléphone imprimé sur un carton en gros chiffres qui l'intrigua et des photos, quatre d'elle-même. Il les scruta avec attention, l'une d'elles surtout qui la montrait devant une longue construction dont le crépi se défaisait par plaques et qui lui sembla un bâtiment de ferme. Il fut frappé par l'expression dure et têtue de son visage.

Il remit les affaires dans le sac et explora celui de

Cécile qui était bourré à craquer. Il le secoua au-dessus de la table. Un paquet de cigarettes, des cacahuètes, des bonbons en papillotes, des pastilles de menthe poisseuses et jusqu'à des pâtes de fruit collées en petits cubes où s'étaient incrustés des miettes de pain et de menus débris de tabac. Un sac de gamine de treize ans qui le surprit.

Pas de carnet d'adresses ni de pilules contraceptives, elle devait utiliser un autre moyen, mais dans la seconde poche un briquet en laque à monture d'argent qui le laissa rêveur, il en connaissait le prix, et un carton vert avec un numéro de téléphone, le même que celui qui était dans le sac de Marie-Laure. Il le nota, remit à poignée les bonbons, les cacahuètes et même les grosses miettes de croissant sec qui tapissaient le fond du sac. Il fouilla les deux petites poches. Elles ne contenaient que quelques pièces de monnaie suisse et la photo d'identité d'un vieil homme moustachu, l'oncle sauteur de négresses peut-être?

Il jeta un coup d'œil par la fenêtre et se dirigea vers le téléphone. Il forma le numéro des cartons verts. Après deux sonneries, une voix dit : « Centre Cauderan... Qui demandez-vous? » C'était une femme. Il garda le silence, ne sachant quoi répondre. La voix reprit sans impatience : « Vous voulez que nous venions vous chercher? Donnez-nous l'adresse, nous enverrons quelqu'un... Allô?... » Il attendit encore.

La voix reprit, persuasive : « Dites-moi simplement où vous prendre. Nous n'avons pas besoin de savoir qui vous êtes. N'ayez pas peur, nous sommes là pour vous aider. » Il toussa et la voix se tut. Elle reprit après un silence : « Qui êtes-vous?... » mais elle restait sans impatience, à peine un petit éclat, une écharde, quand elle répéta : « Qui êtes-vous? » Maintenant c'était le silence. Il y eut un bref chuchotis indistinct et la communication fut coupée.

Il reposa l'écouteur. Il était à peu près sûr que sa

correspondante n'était pas loin, dans le département ou dans un autre, limitrophe. Ce qui l'avait intrigué, c'était la douceur de la voix, quelque chose de lénitif, d'insidieux aussi, la voix professionnelle de quelqu'un qui est habitué à ce genre d'appel.

Le lendemain, il passa au bureau de Mataro. « Enquêtes, Filatures en tous genres, Gardiennages », c'était écrit en grosses lettres blanches sur la vitrine. Ils avaient fait ensemble une partie de leur temps militaire en Indochine. Depuis, ils se voyaient sur la Côte où Mataro avait ouvert un cabinet et à Paris l'hiver. Frank se disait parfois que c'était son seul ami, ou ce qui en approchait le plus, ce mot n'ayant jamais eu pour lui beaucoup de signification.

Le bureau était fermé et il trouva Mataro dans l'arrière-salle du café voisin. Il prenait son petit déjeuner. A son habitude, en dépit de la chaleur, il était sévèrement habillé, complet, cravate, chaussures de cuir noir. Il prétendait que cela donnait confiance aux clients. Frank le soupçonnait d'y prendre plaisir. Mataro détestait les façons relâchées de l'époque.

« J'étais à Gênes. Zeila m'a dit que tu avais appelé... »

Ils parlèrent de leurs affaires. Celles de Mataro allaient mal, les gens ne voulaient plus engager de frais. Quand ils étaient cocus ils s'en foutaient et quand on les volait, ils faisaient une croix dessus.

Frank lui tendit un papier. « Je voudrais savoir à quoi correspond ce numéro. » Mataro le glissa dans sa poche. « Zeila m'a dit qu'elle t'avait aperçu avec deux filles. – Elle les connaît? – Non mais elle connaît les garçons qui les accompagnaient. Des voyous... – Qu'est-ce qu'on leur reproche? – Ils cassent quand ils ne sont pas contents. Un vol, mais rien de sûr... » Frank avoua : « Les deux filles sont chez moi depuis deux semaines. – Tsstsé... »

Il n'était pas ému, réprobateur seulement. Il reposa sa tasse. « Le cul? – Plus ou moins... Elles n'avaient plus d'argent. – Il arrive toujours un moment où elles n'ont plus d'argent. C'est là que les ennuis commencent... Ça a un rapport avec ce numéro? – Peut-être... » Mataro se beurra un toast. « Tu ne dételles pas... C'est curieux comme les choses du sexe auront eu de l'importance pour toi. J'aurais cru qu'à ton âge... »

Il leva les yeux : « En somme ça t'aura mené d'un bout à l'autre de ta vie. – N'exagère pas, c'est pas le Pérou. – Reconnais quand même qu'une partie de tes tracas est venue de là... Pour moi, la fesse, ça vaut pas le déplacement. – Et qu'est-ce qui aura eu de l'importance? – Tu le sais bien, deux ou trois idées qui me tiennent à cœur, mon métier, enfin ce qu'il était, et au milieu, toujours les mêmes idées, l'ordre, la justice... » Frank sourit : « La justice mais pas la liberté. – Je n'aime pas la liberté. Ni pour moi ni pour les autres. Je n'ai jamais été comme toi qui négocies, qui tolères. On finit par se compromettre à ce jeu-là, regarde avec tes deux filles... »

Frank tirait sur son cigarillo, les yeux sur Mataro qui se versait une tasse de thé. Il pensait et ce n'était pas la première fois : « Il croit au Ciel et à l'Enfer. Surtout à l'Enfer. Il pense que l'homme est foncièrement mauvais, qu'on doit lui serrer la vis pour le ramener dans le bon chemin. Il ne le sait pas mais il aurait fait un bon communiste ou un bon catholique, ça le ferait sauter en l'air si je le lui disais mais il est comme eux, il passe son temps à remettre le Paradis à demain. »

Mataro remarqua : « Je te connais, tu n'es pas fier

de toi sinon tu serais plus joyeux. » Il examina son ami avec attention, conclut : « On n'est plus tout jeunes... Zeila prétend qu'elles sont très jolies. » Frank approuva. « Tu ne serais pas le premier qui... enfin tu es assez grand... » Frank approuva encore.

Mataro dit en se levant : « Viens lundi, j'aurai ton adresse. On pourrait en profiter pour déjeuner ensemble. Tu me parlerais de tes gamines... » Il y avait toujours eu de l'ironie dans leurs rapports. Pour un peu, Frank aurait dit que cette ironie en constituait le fond, et cela depuis le début, quand ils étaient très jeunes, et il pensait parfois que ce ton, ce manque d'indulgence – ou cette timidité ? –, en fait, marquait la limite de leur amitié. Elle montrait aussi qu'il y avait quelque chose de dur, d'irréductible de l'un à l'autre qu'ils n'avaient pas réussi à faire fondre.

Sur le trottoir, Mataro dit encore à sa manière sarcastique : « L'an dernier, on a signalé la disparition de vingt-huit jeunes filles entre Marseille et Nice. – Quel rapport ? – Le monde est devenu plus mystérieux, bizarre aussi. Même les dingues ne sont plus ce qu'ils étaient, comme si on les recrutait ailleurs ou qu'ils aient changé de dimension, tu n'as pas remarqué ? » Il jeta un coup d'œil à Frank. Et ne crois pas que les vieux types dans notre genre soient à l'abri. De la viande, voilà ce qu'on est pour certains, de la barbaque sur pied, rien de plus... »

Frank demanda : « Tu penses à ces deux voyous ? – Non, je pensais à toi et à tes deux filles. Les situations comme celles-là se terminent toujours mal. » Frank grogna. Mataro ajouta : « Tu sais qu'à ton âge, à part : je te donne mon fric tu me donnes ton cul, il y a rien à espérer. – Non, rien. » Mataro sourit. Chez lui, c'étaient les lèvres qui souriaient, rarement les yeux. « Mais tu veux toujours aller y voir, comme autrefois... »

Il scruta Frank : « Quelque chose me dit que tu n'es pas satisfait. Tu couches avec les deux ? Non ? Une seule?... Alors c'est pas la bonne. » Frank demanda, piqué : « Qu'est-ce qui te fait dire ça? – Quand tout roule, tu bavardes sans arrêt et tu veux tout de suite qu'on organise une bouffe à tout casser avec Zeila. » Il riait : « Allez, raconte-moi ce qui te tarabuste vraiment... » Frank hésita. Il finit par dire : « Plus tard... »

Mataro boutonna son veston. Grand et mince, funèbre et un peu menaçant dans le grand soleil de juillet, il dit : « Méfie-toi... Il n'y a plus de morale, c'est le désordre, la pagaille noire. Tes deux voyous par exemple, on devrait les mettre en taule sans même attendre qu'ils bougent le petit doigt, par principe, juste pour nettoyer, et les filles qui vont avec aussi... Je te fais rigoler? Ça assainirait le décor. S'il n'y avait que moi, je les fusillerais et tous les basanés du coin avec. Ici, ils sont tous racistes. Contre les jeunes, contre les Arabes. Ceux qui l'avouent, comme ceux qui se taisent par trouille. Moi, je le dis, je fatigue, ça doit être le métier, ce que je vois... »

Il débitait ces énormités du bout des lèvres, pas du tout véhément. Frank, un bras dans le prolongement de l'autre, fit la mitraillette « ta-ta-ta ». Mataro dit : « Exact... Ta-ta-ta. » Il tapa sur l'épaule de Frank et s'en alla.

Frank lui cria : « Dis bonjour à Zeila. » Mataro se détourna. Il éleva légèrement la voix pour passer par-dessus une grosse dame qui cahotait en short sous son ombrelle à rayures roses : « Va plutôt la voir. Elle te parlera peut-être de tes deux filles, tu sais qu'elle copine avec la moitié de la ville. »

Frank marcha vers le centre. Il se dit : « C'est curieux, il n'aura aimé que Zeila et d'amour passion, sûrement pas, de désir encore moins. De la tendresse? C'est douteux. De l'estime? Oui, c'est cela, de l'estime. Il aura estimé Zeila. Un sentiment léger à première vue mais il l'estime si violemment que celui qui menacerait Zeila serait en danger de mort. A croire que pour lui la hiérarchie des sentiments n'existe pas et qu'il l'a remplacée par leur intensité, comme s'il fallait que la force de sa nature sorte d'une manière ou d'une autre. Un fanatique. Rien à voir avec moi, donc... » Frank se mit à rire : « Et cependant, de nous deux, c'est lui qui plaît aux femmes, je l'ai cent fois constaté. Il est grand, mince, il a le cheveu abondant, tout ce qu'il faut pour bien vieillir. Du reste, il a mieux vieilli que moi. Un don auquel il n'aura jamais attaché d'importance, que je lui ai souvent envié et que je lui envie encore plus aujourd'hui. »

Le jour suivant, qui était le 14 juillet, ils allèrent sur le port après le dîner. Des milliers de touristes envahissaient le quai, les trottoirs, la chaussée, et il y en avait encore d'épaisses colonnes qui dévalaient des ruelles qui menaient au port.

Marie-Laure lui avait donné la main pour ne pas le perdre et elle donnait elle-même la main à Cécile qui se laissait tirer en riant. Comme chaque année, le feu d'artifice fut raté et en dix minutes, l'affaire bâclée. Même le bouquet final foira lamentablement, lâchant à petite hauteur une gerbe de maigres étincelles accompagnées de craquements si violents que la foule reflua, prise de panique. Marie-Laure et Cécile criaient, emportées dans la bousculade.

Ils se dégagèrent enfin et revinrent sur le front de mer après avoir cherché une place aux terrasses. Elles étaient bourrées et ils finirent par entrer sur l'esplanade d'où on avait chassé les voitures pour y installer une petite foire qui ronflait de toutes ses musiques.

Frank suivait les filles, pas emballé. C'est elles qui avaient voulu entrer. Elles étaient heureuses, voulaient tout essayer, les autos tamponneuses, la Grand-Roue et ses nacelles. Jusqu'au tir où elles firent deux cartons si maladroits qu'elles ne mirent pas une balle dans la cible. Il ne fut pas plus adroit et examina la carabine sous l'œil goguenard du forain, un moustachu à bedaine d'une soixantaine d'années.

Marie-Laure dit : « Vous n'êtes pas plus fort que nous. Votre vrai sport à vous, c'est la cuisine. » Elle se moquait gentiment et comme il souriait, pas vexé, un œil sur le forain qui rameutait le client : « Vous savez qu'en cuisine vous m'en aurez appris plus que ma mère... Elle savait faire que le hachis Parmentier et les pommes cuites au four... » Elle lui prenait le bras, l'entraînait et parlait de refaire un tour sur la Grand-Roue qui l'avait si bien secouée. Cécile approuvait en mâchant un serpent de guimauve rose.

Il les embarqua dans une des nacelles, refusa de monter et s'éloigna. Elles l'avaient déjà oublié, cramponnées à leur siège secoué en tous sens et elles poussaient des cris aussi perçants que les autres.

Il repassa devant le stand et s'arrêta pour observer un jeune homme qui tirait après avoir visé avec application. Il ne mit pas une balle dans la cible et s'éloigna, vexé. Le forain fit un gros clin d'œil à Frank. Il dit, appuyé des deux mains à son comptoir : « Difficile, hein?... Tout le monde se croit bon tireur... »

Frank prit une des carabines, l'examina. Il sourit : « Elle n'est pas un peu coudée? » Le forain fit surgir de sa poche une cible trouée, il la tendit : « Vingt-sept points. Pas mal, hein? » Frank étudia le carton sous l'œil moqueur du forain. « Je donne une bouteille au-dessus de vingt-cinq. Vous voulez encore essayer? »

Frank prit une des carabines alignées sur le comptoir, la logea au creux de son épaule, visa et la reposa, hochant la tête. Impossible de reconnaître au coup d'œil une arme dont le canon a été trafiqué. Il montra les carabines : « C'est avec une de celles-ci que les vingt-sept ont été faits? – Avec quelle autre? Je suis honnête... » Frank prit la première, visa et fit neuf points en corrigeant. Le forain regardait, intéressé. Au troisième essai, il remarqua : « Vous êtes têtu. – Pas spécialement. – Mais pour le tir, si. – Voilà! »

La cinquième carabine était la bonne. La première balle se planta au centre de la cible. L'une après l'autre les suivantes vinrent déchiqueter le premier trou. A chaque tir, le forain faisait oui de la tête. il arracha la cible, la leva devant l'ampoule. « Beau travail... Très beau travail. C'est rare à votre âge. Professionnel? L'armée? – L'armée. – Il faut quand même du don et de la pratique. Vous vous entraînez? – Quand j'ai un moment. »

Il avait tendu le carton à Frank qui l'examinait avec soin. « Bon, eh bien, ça fait cinquante francs... Et voilà le lot qui les vaut bien. » Il posa la bouteille de champagne sur le comptoir. Frank refusa. « Vous avez tort, c'est de l'extra, je ne me moque pas du client. – Merci, je n'aime pas les trucs à bulles. »

Il reposa le carton sur le comptoir. Deux amateurs empoignèrent des carabines et l'un d'eux prit celle que Frank venait d'utiliser. Le forain observait l'homme mais, quand il vit que la première balle avait juste entamé le bas de la cible, il se tourna vers Frank.

Celui-ci était déjà parti, alors il reprit la cible, l'examina encore. Aucune des balles n'avait mordu sur le disque central de plus d'une fraction de millimètre. Où avait-il acquis cette surprenante précision? L'armée, c'est vite dit. Après la première balle, il avait lâché les autres sans presque marquer de pause.

Elles l'attendaient devant la Grand-Roue. Elles n'avaient plus d'argent, lui dirent-elles, sinon elles auraient fait un troisième tour. Il fit la sourde oreille. Ce matin, il leur avait donné deux cents francs. Et puis il avait la tête rompue de la foire, de sa bousculade et de ses musiques criardes. « Je vous paierai une glace. » Elles lui emboîtèrent le pas sans hésiter.

Quand il était en leur compagnie, elles ne le

lâchaient plus, collaient à ses basques, aucune initiative personnelle, elles suivaient, toujours d'accord, de bonne humeur même, ce qui ne les empêchait pas de disparaître pendant des heures. Ça continuait de l'étonner, ces absences dont il ignorait tout. Peut-être suivaient-elles alors quelqu'un d'autre. Mais qui? Le premier venu, comme elles l'avaient fait avec lui? Ça donnait le vertige, une telle idée.

Ils se frayèrent un passage dans la foule qui tourbillonnait sur place, toujours aussi dense. On les regardait, elles à cause de leur beauté, et lui ensuite. On pensait qu'il était le père et on lui enviait ces deux jolies filles rieuses, et parfois quand Marie-Laure se serrait trop tendrement contre lui, il surprenait dans les yeux des gens une lueur de surprise qui l'amusait.

Il entra au casino. Elles l'encadrèrent sagement et guettèrent la boule qui sautillait dans la cuvette. Il misait de petites sommes, gagnait, perdait. Le climat morne, compassé, qui est souvent celui des salles de jeux, les annonces toujours semblables des croupiers, les trois douzaines de joueurs qui avaient tous l'air d'être de corvée, tout cela les ennuya vite. Cécile chuchota : « On va manger des glaces », et Marie-Laure, la main ouverte : « On t'attend dehors. »

Il fit oui, absorbé par la table, donna un billet à Marie-Laure qui lui piqua un baiser sur l'oreille. Il suivait la boule. Le rouge sortit pour la huitième fois. Il attendit, faisant glisser ses jetons dans sa main. Le croupier, un vieux, lançait la boule du même geste régulier en faisant la conversation avec son collègue.

Le rouge sortit encore et puis le noir deux fois. Alors Frank misa au rouge. Il ne s'était pas trompé et la vieille loi joua qui veut qu'après une série longue dans une couleur, quand la boule tourne, ce n'est que pour quelques coups – deux cette fois-ci –, avant de revenir à ses amours. Il se cramponna donc au rouge, gagna sept fois de suite tandis que les joueurs s'exclamaient.

Tous avaient misé sur le noir, espérant une série longue dans la nouvelle couleur.

Il se dégagea, changea ses plaques à la caisse et sortit.

Elles étaient assises sur les marches du casino et léchaient leur cornet de glace, les yeux sur l'orchestre qui à cinquante mètres de là sur la place faisait danser la foule. Elles l'attendaient, patientes à leur habitude.

Il les regardait, deux marches plus haut. De temps en temps elles se lançaient un mot, serrées l'une contre l'autre, deux hirondelles sur un fil, Marie-Laure tressant d'une main sa chevelure de fausse blonde, Cécile en jean, les jambes étendues devant elle.

Il hésita pendant un moment encore, continuant de les observer. Deux garçons passèrent qui les évaluèrent au passage, chuchotèrent puis revinrent sur leurs pas pour les inviter à danser. Elles secouèrent la tête avec ensemble. Un des jeunes insista, tendit la main vers Cécile qui le repoussa sans douceur : « On t'a dit qu'on a pas envie... T'entends mal ou quoi?... Allez, dégage, tu nous empêches de voir... »

Il prit un air effrayé, se protégea des deux mains et partit en riant, pas vexé. Frank pensa : « Curieux. J'aurais juré qu'elles les auraient suivis. » Deux beaux garçons, joyeux en plus, pas du tout déplaisants. Enfin, à son point de vue. Il était parfois déconcerté par leur comportement. Elles acceptaient, refusaient, imprévisibles, avec des critères à elles, Cécile surtout. « Celui-là, disait-elle du gardien de l'immeuble, je ne le salue pas, il peut attendre. » Et de l'indulgence pour sa femme – « Une grosse idiote, une esclave, pas heureuse avec son tyran, et elle, elle est si bête qu'elle n'en sait rien, qu'elle sait juste se trémousser dans ses savates, la pauvre grosse vache, elle bouffe sans arrêt, il n'y a que les gens malheureux qui bouffent autant, les gros, c'est des malades... » Elle avait le culte de la minceur, de la maigreur même et Marie-Laure aussi. Bizarre avec ce qu'elles engouffraient.

Il les appela. Elles sautèrent sur leurs pieds, tout de suite disponibles, gracieuses à leur ordinaire, contentes, semblait-il, de le retrouver, et il y avait des secondes comme celles-ci où il les aurait serrées dans ses bras.

« Je vais vous donner de l'argent. Vous allez miser comme moi, d'accord?

– Et si on perd? »

C'était Marie-Laure qui regardait la liasse de billets, qui la feuilletait de ses doigts aux ongles brillants. « Eh, ça fait une somme! Tu viens de gagner tout ça? » Cécile laissait pendre à bout de bras les billets qu'il lui avait remis et faisait craquer la pointe en biscuit de son cornet de glace. « Et si on gagne? – Ça sera pour vous. » Elles en sautèrent de joie. Marie-Laure découvrit soudain : « On pourrait ne pas jouer et garder ce qu'on a là. On ne te demanderait rien pendant au moins huit jours. »

Elle devait détester le jeu, le risque, tous les risques, petite femelle circonspecte et très pratique. Il dit : « Tu fais ce que je t'ai dit ou bien tu me rends l'argent. – Bon, bon. C'est le tien après tout. » Quand même, elle lui en voulait de gâcher ce bel argent. Cécile proposa : « On y va? Ensuite, on ira danser sur la place. » Elle rythmait des hanches la musique de l'orchestre, s'éventant avec la liasse de billets, les yeux heureux.

Devant la table, Frank attendit. Le noir sortait en rafales et il n'y avait plus qu'une dizaine de joueurs, les autres avaient dû partir, liquidés par les séries meurtrières. Rouge. Une fois, deux fois. Il misa noir et elles en firent autant. Rouge. Leurs billets disparurent, ratissés. Il misa encore sur le noir. Rouge. Cécile chuchota, joyeuse : « On va tout paumer. » Il doubla la mise. Elles le suivirent, Marie-Laure à regret après un regard d'adieu éploré aux billets. Noir cette fois. La table revenait enfin à ses amours. Elle y revint six fois de suite.

Marie-Laure riait, ramassait les liasses. Cécile fronçait les sourcils, un paquet de billets étroitement serré sur sa poitrine. Au septième noir, Frank se retira. « On s'en va. » Marie-Laure voulait continuer. Elle était rose d'excitation, mordait ses lèvres fines. Le noir sortit encore. Elle cria : « Tu vois! » Il dut l'entraîner et tandis qu'il la tirait, elle regardait encore en arrière. Cécile suivait. Elle avait fourré les billets dans son sac, y prenait un gros bonbon en papillote, dépliait le papier et le poussait dans sa bouche du plat de la main.

En haut des marches, Marie-Laure compta ses billets sans vergogne : « Six mille! Six cent mille francs! Et on les garde? Vraiment? C'est à nous? » Cécile ne disait rien. Elle observait Frank en suçant son bonbon, le mâchant plutôt, les yeux à demi fermés, son petit nez froncé par l'attention.

Marie-Laure dit en rangeant les billets dans son sac : « Tous les jours comme ça et en six mois on devient milliardaire. » Cette idée fit briller ses yeux. Il corrigea : « Il faut que la table soit bonne. – Et ça arrive souvent? – Non. – Quand même tu as dû gagner une fortune en jouant. » Il avoua : « Je crois que je suis plutôt perdant. » Oui, il était perdant et en vingt ans il avait dû laisser quelques millions sur le tapis. Il dit : « A la longue, tous les joueurs sont perdants. Le casino, c'est un commerce comme un autre. » Elles ne l'écoutaient pas.

Cécile demanda : « On va danser?... Eh! qu'est-ce qu'on va faire de tout ce pognon? On va pas l'emmener sur la piste, on nous le piquerait... Tu nous le gardes, Frank? »

Elles lui tendirent leurs sacs. Marie-Laure demanda : « Et toi? – Je vais les mettre dans le coffre de la voiture. – Tu reviens? – Plus tard. Je vais aller boire une bière. »

Il déposa les sacs dans le coffre de sa voiture. A elles de jouer maintenant. Plus d'un million, c'était une belle somme pour deux petites jeunes filles fauchées huit jours plus tôt. Elles pourraient s'offrir toutes leurs fantaisies. Elles allaient partir. Elles lui manqueraient. Pas tant le corps de Marie-Laure mais son sourire, leur gaieté, leurs gestes, leurs voix entrecroisées, leurs rires sans raison, leur jeunesse, leur présence enfin.

Il se dit : « C'est mieux ainsi. » Non, ça n'était pas mieux, c'était même mélancolique et d'une certaine manière presque déchirant, mais il faut laisser les gens libres. Il avait toujours attaché beaucoup d'importance à la liberté. A la sienne. A celle des autres tout autant. Pas comme Mataro. Surtout qu'il n'y ait pas d'elles à lui cette contrainte qui dénature les rapports.

Il avait eu le temps d'y penser en haut des marches du casino. Il était sûr qu'il allait gagner. Pour un vieux joueur, il y a des signes qui ne trompent pas. En cours de partie, il avait failli miser à contre-jeu. Sur le rouge. Juste un vif désir méchant. Pour les garder, qu'elles restent encore, qu'elles ne sortent pas brusquement de sa vie, qu'il ait un peu de temps pour se préparer.

Il longea le front de mer, trouva une place près de deux vieilles femmes au bout d'un banc de ciment. Il resta là dans le petit vent doux qui venait de la plage, à rêvasser, plutôt triste et plus conscient qu'il ne l'avait jamais été que certaines choses étaient finies, et s'il était un peu triste, ce n'était pas seulement à cause du départ des deux filles mais de ces instants de bonheur qu'il n'avait pas su saisir autrefois tant sa vie, avec ses prétendues exigences, son réseau serré, fabriqué par lui-même pour mieux tuer le temps, l'avait accaparé.

Il avait vécu pour rien, ou plus exactement à côté, ne prenant pas au passage la belle part des choses, leur délicate substance, celle très volatile, souvent indéfinissable, qui s'en va en fumée avec les heures. Bien sûr, il le savait déjà, on ne reste pas en tête à tête avec soi sans avoir des regrets mais il le savait un peu mieux aujourd'hui.

Il s'attarda près des deux vieilles femmes qui se taisaient. Il pensait : « Je n'ai jamais su oser et ce qui compte quand on regarde en arrière, ce n'est pas ce qu'on a fait, c'est ce qu'on n'a pas eu le courage de faire. Par peur, timidité, faiblesse, paresse, les raisons ne manquent pas, toujours la même en fait, mais dix noms pour la désigner. » Oui, c'est une des rares choses que la vie lui avait apprise, qu'on n'ose jamais assez et que l'échec est sans importance et que même, lui seul peut-être a le goût amer et puissant de la vie.

Il jeta un coup d'œil aux deux vieilles femmes silencieuses. Il se demanda où elles en étaient, elles, ce qui les préoccupait. Rien probablement, elles semblaient tout à la douceur de ce moment et il ne pensait plus aux deux filles sinon comme à des enfants heureuses qui seraient venues chez lui passer quelques jours de vacances.

Il fut surpris quand Marie-Laure se dressa devant lui. « Tu les as bien rangés? » Un peu de sueur brillait sur son visage. Elle tendit ses deux mains, sa taille mince et vivante exactement prise dans le T-shirt bleu ciel : « Tu viens danser?... Qu'est-ce que tu as? Tu n'as pas l'air gai. Pourtant on a gagné une vraie fortune ce soir. Alors, non?... »

Elle fit un geste tendre, prenant son visage entre ses mains tièdes, le caressant. « Tu sais que ça va danser jusqu'à trois heures au moins... Tu es fatigué? » Il lui sourit. « Si tu préfères rentrer, on se débrouillera... – Et Cécile? – Elle danse. » Il la contemplait, élégante et fine. « Bon, j'y vais... repose-toi... »

Il alla boire une bière dans un des cafés de l'avenue. En sortant, il les vit qui dansaient face à deux garçons et il reconnut ceux du Pélican. La grande fille n'était pas là. Marie-Laure qui l'avait aperçu agita la main et le garçon détourna la tête pour observer Frank. Elle dut parler de lui car il se détourna encore, cette fois sans bienveillance, qu'est-ce qu'il fait ici celui-là?

Il marcha le long du front de mer, flâna un peu, enveloppé par l'air frais, les lumières de la baie dans les yeux.

Quand il regagna sa voiture, elles étaient là, assises à quelques pas sur le muret, le dos à la mer. Elles se levèrent aussitôt : « On t'a cherché partout. – Je croyais que vous vouliez rester jusqu'à la fin. » Des bouffées de musique arrivaient jusqu'à eux et sur la place, au-dessous des platanes, brasillait un gros foyer de lumière qui était l'orchestre. « On en a eu marre, ils ne jouaient plus que des vieux trucs. »

Il déverrouilla les portières. « Tu as vérifié si l'argent est toujours là? » Il ouvrit le coffre. Marie-Laure prit son sac, l'ouvrit, vit les billets et leur sourit largement. Elle pressa le sac contre son cœur : « Six cent mille francs », chuchota-t-elle, en extase. Cécile attrapa son sac, ne l'ouvrit pas et le passa en bandoulière. Elle était de mauvaise humeur : « A cause des touristes, rien que des vieux qui réclamaient, ils se sont mis à jouer des tangos, des pasos, une vraie chierie... » Marie-Laure qui n'écoutait pas l'interrompit : « Tu sais ce qu'on va faire, Cécile, on va commencer par se payer un voyage en Italie, Rome, Venise et puis les plages. J'ai connu des Italiens, eux, ils savent s'amuser... »

Elle parla encore avec excitation de l'Italie et des Italiens. Cécile ne disait ni oui ni non. Elle rêvait, tournée vers la mer, une petite chanson au bord des lèvres et ne s'occupait pas d'eux, lointaine, ça lui arrivait quelquefois, elle décrochait, s'envolait, mais où? C'est ce que se demandait Frank qui tirait sur son cigarillo et l'observait à la dérobée tout en approuvant les projets de Marie-Laure qui se souvint soudain : « Hé! Cécile, tu m'as pas dit que tu parlais un peu l'italien? » Cécile tomba de son nuage, elle rit :

« Pour ce que ça me servira, c'est surtout avec les mains qu'ils causent là-bas... »

Ils rentrèrent, mangèrent des pêches. Marie-Laure continuait d'expliquer ce qu'elles pourraient faire avec ses six cent mille francs. Cécile disait oui ou ne disait rien. Elle avait l'air fatiguée maintenant et sous ses yeux, les cernes étaient presque noirs. Elle bâilla, se leva et partit la première. Marie-Laure hocha la tête. « Il y a des moments où je ne la comprends pas. On a l'impression que ça ne lui fait rien d'avoir de l'argent. »

Elle fit face à Frank : « Tu sais ce qu'elle m'a dit tout à l'heure? " Qu'est-ce que ça change, on est pareilles, un peu plus de fringues, un peu plus de bouffe, encore des copains pour rigoler et puis quoi? "... Tu la trouves pas un peu bizarre? » Il dit : « Oui », puis : « Je crois qu'elle est surtout claquée... »

Il se leva. « Je me demande si elle se nourrit bien, hier j'ai remarqué qu'elle avait des boutons dans le dos. Elle mange n'importe quoi. » Marie-Laure écarta les mains : « Mais je n'arrête pas de lui dire de ne pas se bourrer de bonbons et de cacahuètes, que c'est pour ça qu'elle a mal au ventre mais elle s'en fiche. A Paris aussi, elle s'en fiche mais en Italie, je vais la surveiller... »

Ce soir-là, alors qu'il regardait par la fenêtre de sa chambre et cherchait machinalement des yeux sa voiture, il vit les deux garçons sur l'esplanade. Ils étaient assis à l'avant d'une voiture carrée, une sorte de jeep massive et il y avait un gros chien à l'arrière. Qu'est-ce qu'ils faisaient là? Ils les avaient suivis? A moins que les deux filles ne leur aient donné son adresse, ce qui, à la réflexion, lui parut douteux. Quand il revint de la salle de bain, la jeep n'était plus là.

Il passa une mauvaise nuit. Marie-Laure ne vint pas le rejoindre. Il l'avait espéré mais libre maintenant d'agir à sa guise, certaine de ne pas pâtir, peut-être avait-elle jugé inutile de feindre? Il s'en voulut ensuite de cette interprétation. Telle qu'il connaissait Marie-Laure, elle n'avait pas pensé si loin et si elle n'était pas venue c'est qu'elle était déjà toute à ses projets.

Il les entendit bavarder, il lui sembla même un instant qu'elles se querellaient puis ce fut le silence et pour lui deux ou trois heures sans sommeil où il pensa à elles et à lui, ce qui ne tirait pas à conséquence, il le savait, comme si ce qu'on échafaude la nuit participait du rêve, sans points de contact avec la cruauté, l'opacité des choses, chez lui en tout cas où les projets, les découvertes nocturnes s'évanouissaient en fumée avec le jour, si irréels et peu conformes à la substance ou à la tonalité profonde de sa vie qu'il se demandait toujours le lendemain comment il avait pu les concevoir.

Au petit déjeuner, Marie-Laure annonça qu'elles allaient encore rester un petit peu, qu'elles avaient le temps et qu'il fallait d'abord se renseigner, et disant cela elle prenait des mines entendues, petite capitaliste qui hésite devant le placement de ses richesses. Cécile ne disait rien ou répétait : « Qu'est-ce que j'ai mal dormi... » les paupières battues, qu'elle frottait du bout des doigts, pas d'appétit, elle qui en avait d'habitude, et un air d'ennui, presque de dégoût en regardant Marie-Laure qui beurrait ses tartines, ajoutait encore de la confiture et qui, elle, rayonnait de bonheur.

Elles s'en allèrent tôt. Il fouilla leur chambre, découvrit l'argent caché dans un sac de toile qui avait contenu de la lavande. Elles avaient mis leurs gains en commun. Il compta les billets, curieux, il ne manquait que six cents francs. Les lits n'étaient pas faits, du linge traînait sur les sièges et sur le drap de lit de Cécile il y avait une longue traînée de cendre. Elle n'utilisait pas le cendrier et écrasait ses cigarettes sur le marbre de la table de chevet. Il en compta cinq, fumées jusqu'au filtre et quelques autres éparpillées sous le lit.

Il ouvrit la fenêtre pour chasser l'odeur de tabac. « Un petit peu », avait-elle dit. Qu'est-ce que ça voulait dire un petit peu? Deux jours? Trois jours? Il n'avait pas osé s'enquérir.

Il rangea la vaisselle, hésita au moment de la laver et remit à plus tard, se contentant de mettre le beurre et le lait dans le réfrigérateur. Ensuite il prit un bain et resta longtemps dans l'eau, à se dire qu'il était moins heureux que pendant les vacances des autres années, puis qu'il préférait ces vacances-là, ce qui était tout compte fait plus sincère mais peut-être pas plus vrai. En fait il se sentait déboussolé, pas à l'aise dans sa peau et moins sûr de lui qu'il ne l'avait jamais été.

En ville, il vit Mataro. Zeila était au bureau, grosse, blonde et placide, contente de le voir mais peu expansive à son ordinaire. Elle paraissait plus âgée que Mataro, et Frank pensa – ce n'était pas la première fois – qu'il ne se voyait pas vieillir avec une femme de sa génération. Pomponnées, poncées, maquillées ou non, à partir d'un certain moment, vers la cinquantaine, elles passaient toutes de l'autre côté de la ligne. Misogynie? Non, il constatait, sans plus. Il déplorait même, pensait que c'était injuste. Mataro un homme à qui il pouvait encore arriver quelque chose, Zeila finie, débarquée. Trop grosse, bien sûr, couperosée mais ce n'était pas seulement ça. Une idée plutôt, d'abord sexuelle, que l'homme se fait de la femme. Le désir, oui. Qu'est-ce qu'on y pouvait? Ils avaient beau dire, prétendre, parler d'égalité, des droits à ceci ou à cela, on ne pouvait pas bander au clairon. C'était vraiment mal agencé. Il y avait des moments où la condition humaine, il la trouvait à chier comme disait Cécile.

Mataro l'entraîna au café. Dans l'arrière-salle pleine d'ombre. Il fuyait le soleil aussi délibérément que d'autres le recherchent. Il fuyait toutes les exubérances. Elles l'offensaient. Celles du corps, de la nature. Il n'y avait que dans sa tête qu'il tirait des feux d'artifice.

Il ôta ses lunettes aux verres fumés. « Ton numéro de téléphone, une petite communauté à dix kilomètres d'ici dans les collines. Ils sont vingt ou vingt-cinq avec un gourou et sa femme qui joue les fermières-intendantes... ça file la laine au rouet, ça tisse sur des métiers moyenâgeux, ça fait de la poterie, ça élève des chèvres, de la volaille, ça cultive écolo... Rien que des jeunes, trois quarts filles, un quart garçons. – Une secte? – Si on veut... Il y a deux ou trois communautés de ce genre dans les collines. – Et le gourou? – Un barbu, le genre habituel, hindouisme, méditation, hygiène de vie, grande noblesse de propos, l'esprit d'abord, pour le corps on verra plus tard, ils bouffent surtout des graines là-haut comme les moineaux... Il a écrit deux ou trois livres, des petits, publiés à Marseille, où il expose sa philosophie, toujours les mêmes balançoires orientales, à bas le progrès et ne bougeons plus... J'ai quand même senti une vague odeur de drogue... – Où que tu ailles, tu sens cette odeur-là, tu crois pas que ça tourne à la manie? – Possible... En tout cas, les gendarmes là-haut prétendent qu'ils sont tous sages comme des images, très polis. Il dit qu'ils vont et viennent librement sans faire d'histoires... C'est là qu'étaient tes deux filles? – Peut-être. »

Frank raconta la soirée de la veille, le jeu. Mataro dit : « Tu es bien gentil! Toujours ta façon de laisser le choix aux gens. – Je ne vais quand même pas les retenir avec mon fric! – Et avec quoi alors? T'es pas beau, t'es pas spécialement frais... Non, la vérité, c'est que tu n'as pas tellement envie de les garder... »

Frank renonça à lui expliquer. « J'ai revu les deux garçons, cette nuit en ville et plus tard près de chez moi. Des gueules de teigneux. Ils se baladent avec un chien dans une sorte de grosse jeep. – Et alors? – J'aurais aimé savoir s'ils appartiennent à la secte...

Ceux-là sont méchants... – Ils sont vraiment copains avec tes deux filles? – C'est possible. – Je me renseignerai... Donne-moi des détails. » Il les donna.

Mataro se leva. « Ces communautés, des nids à rats. J'y foutrais le feu, je les nettoierais au lance-flammes... » Il ajouta, ironique : « Après enquête, bien entendu... – Si les gendarmes t'ont dit... – Oh! ceux-là, pourvu qu'on parque les bagnoles au bon endroit... – Ils sont renseignés, ils parlent aux gens du pays. – Les gens sont rapporteurs mais ce sont aussi des péquenots, ils ne racontent que ce qui les arrange. Ils se méfient aussi, ils aiment pas qu'on chahute leurs champs de tomates. J'ai fait mon petit tour et ce qui est sûr, c'est qu'au village les membres du groupe ne parlent à personne. Ils sont très tranquilles pour des jeunes... Je n'aime pas les jeunes trop tranquilles... Les autres non plus d'ailleurs et je vais m'arranger pour aller refaire un tour là-haut. C'est bien le diable si je ne trouve pas une combine derrière la façade. Il y a toujours une combine dans ce genre de communauté, l'argent, la drogue, le cul, la politique. Il faut fouiner. Rien n'est propre. Nulle part. Tu connais mon point de vue, qu'il n'y a pas d'honnêtes gens, seulement des malhonnêtes qui n'ont pas eu l'occasion... » Il se mit à rire : « Tu pourrais m'accompagner? – C'est une idée... »

Mataro prit le chemin de son bureau. « Je vais rejoindre Zeila... Elle est cafardeuse en ce moment. Elle suit un régime, ça ne la met pas de bon poil. Je lui ai dit : « Qu'est-ce que ça changera? » Elle prétend que c'est pour elle, pas pour les autres ni pour moi, elle se raconte des histoires... » Il haussa les épaules : « Vingt kilos en plus ou en moins, où elle met sa dignité! C'est comme toi avec tes deux filles... Laides, tu laisses glisser. Belles... Et quand on sait que la beauté d'un visage n'est qu'une affaire de quelques grammes plus ou moins bien répartis, un nez trop gros, une bouche trop mince... Toi, tu t'intéresses aux corps, à la chair, tu es esclave de ton désir... »

Frank dit avec humeur : « Pourquoi tu me racontes ça. Franchement c'est pas le jour. – Il n'y a pas de jour... Le corps est mauvais, source de maux, d'ennuyeux besoins. On y attache trop d'importance. Aujourd'hui il a pris le pas et vous ne raisonnez plus qu'en termes d'esthétique, c'est-à-dire de plaisir. Les grandes époques savaient que le corps n'est rien, qu'il n'est fait que pour souffrir, pour être châtié. Pour mourir aussi, vous l'avez oublié, toi le premier, comme vous avez oublié que le temps n'a pas d'importance. – L'éternité... – Oui, l'éternité. On ne sait plus regarder l'éternité en face... On vit une époque bête et pratique, même pas joyeuse... Bon, tu t'en fous de ce que je dis, tu penses à tes deux filles... Je vais aller retrouver Zeila. Je voudrais bien qu'elle laisse tomber son régime. Tu devrais lui parler. Qu'est-ce que ça peut me faire vingt kilos de plus ou de moins. » Frank dit en riant : « C'est peut-être justement cela le drame, que ça ne te fasse rien. – Qu'est-ce que tu veux dire? Je l'aime bien, Zeila... » Frank dit : « Voilà! » Il n'avait pas envie de discuter. Depuis quelques instants, c'était vrai, il ne pensait plus qu'à Marie-Laure et à Cécile, surtout à Cécile. Elles avaient vécu dans cette communauté, elles l'avaient quittée, en avaient été chassées plutôt. Là-haut, ils avaient tout gardé, leur argent, leurs vêtements.

Il construisit toute une histoire, qui n'avait probablement rien de réel, autour de leur départ. Il les interrogerait mais elles se mettraient tout de suite à mentir. En fait, après deux semaines de vie commune, qu'est-ce qu'il savait d'elles, à part qu'elles étaient paresseuses, futiles, pas mal sales, peut-être hostiles sous leurs airs gracieux, menteuses, charmantes, tout cela pas très assuré, une facette peut-être, une apparence très passagère à son seul usage, l'aspect que peut prendre n'importe qui dans certaines circonstances.

Lui aussi, il pouvait être sale, menteur, feignant, pleurnicheur, ça ne voulait rien dire, il pouvait être aussi le contraire. Restait leur charme, lui bien réel, leur beauté. Et elles allaient partir, deux petites chèvres qui avaient traversé la clairière, et la forêt les absorberait tout de suite. Cette image le rendit mélancolique et il essaya de l'effacer en retournant à ses habitudes. Rien de tel que les rites et les gestes de chaque jour pour vous nettoyer la tête. C'est ce qu'il essaya de se dire ce jour-là et les jours suivants. Il était drôle Mataro avec ses idées d'éternité ? Qu'est-ce qu'il croyait ? Qu'on pouvait tous marcher sur les eaux ou qu'on pouvait traiter la vie, son amère splendeur, comme un vieux caleçon ?

MARIE-LAURE ne parlait plus du voyage en Italie. Cécile était redevenue gaie et vivace. Elle avait retrouvé son appétit et chantonnait, jamais bien fort, juste un fredonnement qui passait ses lèvres. Elle s'était acheté deux jeans, l'un vaste et grimaçant, un pantalon de maçon, l'autre qui serrait ses fesses en pomme. Elle était dorée comme un pain et sur sa peau moins pâle ses yeux paraissaient plus bleus.

De temps en temps, elle lui parlait, pas de confidences, non, des questions : « Pourquoi tu nous as fait profiter de tout cet argent? » Il avait répondu : « Agréable, non? – Pour qu'on s'en aille, qu'on quitte l'appartement. T'en aurais pas un peu plein le cul de nous? – Non. » Il ne lui avait pas dit qu'il aimait voir les gens libres. « On t'embête et puis d'un autre côté, ça te distrait, à ton âge, on s'ennuie, c'est normal. C'est ça, hein? » Elle jouait les grandes perspicaces, l'air d'en connaître un bout sur les gens comme lui. Il avait approuvé gaiement : « C'est ça! »

Non, il ne s'ennuyait pas. Il n'aurait pas toujours su dire comment il avait employé son temps mais il ne s'ennuyait pas. Et moins encore quand il était seul. « Tu es bizarre, tu n'amènes jamais de femmes ici. – J'ai Marie-Laure. » Elle avait haussé les épaules. « Marie-Laure! » Puis : « A Paris, tu as quelqu'un? » Il avait hésité. « J'ai vu une carte signée Lisa dans la boîte aux lettres. Elle était très gentille. Elle t'aime, cette fille. »

Elle avait lu la carte, l'avouait sans vergogne. C'est vrai que lui lisait bien les petits mots qu'on leur adressait et qu'il trouvait dans la boîte aux lettres. « On sera à six heures au Chico. » Signé Michel et Joël avec un dessin à deux têtes jumelles qui se terminait en quéquette. « Elle est jolie? – Oui. – Jeune? – Trente-huit. » Elle faisait la moue.

Elle l'observait comme un phénomène rare, à épingler. En fait, ni l'une ni l'autre ne le quittaient de l'œil malgré leurs façons indifférentes. Elles spéculaient même à son propos, sur ses manies, son aspect en particulier. Marie-Laure : « Tu devrais te laisser une moustache, une grosse en balayette, ça te donnerait le style anglais. Et tes cheveux... Tu n'en as pas des masses, à ta place je les ramènerais devant. »

Elle joignait le geste à la parole, peigne en main. Cécile suivait l'opération, dubitative : « Qu'est-ce que ça peut changer à son âge. Il est bien comme il est. »

Il allait se regarder dans la salle de bain. Il avait l'air d'un vieux à prétentions. « En te faisant un shampooing gonflant... » Il redistribuait ses cheveux gris, pensait : « Elles veulent me rajeunir, elles n'aiment que la jeunesse. »

Il le leur disait. Elles approuvaient, surtout Cécile. « Les vieux sont moches, ils me dégoûtent. Parce qu'ils ont de l'argent, ils se croient tout permis, ils s'étalent, leurs bagnoles, leurs restaurants, leurs maisons, leurs ventres... » Cela pendant que Marie-Laure lui enlevait deux points noirs dans le dos. « Je dis pas ça pour toi, Frank. » C'était à voir. Il avait les jambes fines et rondes de Cécile sous les yeux, proches à les toucher et il résistait à l'envie de poser ses lèvres sur cette chair douce et blonde, il en imaginait la tiédeur, l'agréable contact.

Elle suivait son regard. Elle s'écartait mais pas tout

de suite; lui laisser le temps, qu'il salive un peu. « Voilà! » disait Marie-Laure qui était venue à bout des deux points noirs et qui n'avait rien vu. Elle palpait les épaules de Frank, ses bras, l'examinait sur toutes les faces, comme on cherche sur un poulet les derniers picots avant de le mettre au four. « T'es beau maitenant. » Elle l'embrassait, contente de son travail. Il demandait, sournois : « Et cette balade en Italie? – On y pense. » C'était Cécile. Elle mentait. Elle était maintenant à l'autre bout du divan les jambes repliées sous ses fesses et elle le surveillait, moqueuse – méchante? – l'air de dire « ça t'embêterait bien qu'on s'en aille, hein? » Les poils fins de ses jambes brillaient dans le soleil qui venait de la terrasse. Il accrochait son regard, lui souriait et c'est elle qui détournait la tête. « Ce soir, on dînera dehors », juste pour se venger. Elle ne lui proposait pas de les accompagner et Marie-Laure ne rectifiait pas, d'accord, ou bien elle n'y avait pas pensé plus probablement, tout à l'épilation d'un sourcil.

Après la soirée à la roulette, elles ne l'avaient pas invité, ne lui avaient pas offert le plus petit cadeau. Il devait payer, c'était entendu une bonne fois pour toutes, on n'allait pas revenir là-dessus. Prendre, ne jamais donner, juste quelques gestes tendres – Marie-Laure – pour le mettre en bonnes dispositions.

Il butait sur cette évidence, s'y cassait les dents. Il en aurait crié, d'un vice aussi rédhibitoire, de cette silencieuse façon qu'elles avaient de lui faire comprendre qu'à leurs yeux il n'existait pas tout à fait, qu'un autre aurait fait l'affaire, un hasard en somme qu'elles soient là plutôt qu'ailleurs. Egoïsme? Oui et non. Martien plutôt. Il était un Martien. Non, un Américain en proie à des sous-développés voraces et cajoleurs. Il lui en venait des calottes au bout des doigts. Que dire devant une si belle transparence? Mais de bons moments, leurs rires, la façon qu'elles avaient de prendre la vie, ses ennuis, ses petits bonheurs, ses contretemps, la musique qui les baignait, pas seulement celle qui coulait du transistor et qui avait la couleur même de cet été-là, du soleil sur les tommettes rouges du balcon, de l'air bleu qui dévalait vers la plage. Elles emportaient le transistor d'une pièce à l'autre, il était toujours là, présent, à portée de main, coincé sur une radio non-stop, les informations, les causettes culturelles, politiques, rurales, elles s'en battaient l'œil, fais-moi taire ce minable, on est en vacances.

A table, dans le plat qu'il avait cuisiné – avec soin –, elles prenaient les meilleurs morceaux, Cécile surtout, mais elles n'étaient pas avares de compliments, Marie-Laure venait le couvrir de baisers pour une bouillabaisse réussie et Cécile levait le pouce, la bouche pleine. Elles s'étaient même mises au vin. Elles le buvaient très frais, y ajoutaient des glaçons et il leur arrivait parfois d'être un peu soûles, Cécile en particulier qui ne savait pas se limiter, et les coudes sur la table, son petit ventre rond bien rempli, trois verres de côtes-de-Provence, l'oreille branchée sur le transistor, et les yeux pleins de paillettes, elle avait l'air d'une enfant ravie.

Il était heureux, malheureux, tout cela en même temps, à la même seconde parfois. Il riait avec elles mais elles lui mettaient le cœur dans la gorge. Elles s'en étaient aperçues, plus attentives qu'on n'aurait pu le croire, on l'a dit, sous leurs façons frivoles. Elles demandaient : « Qu'est-ce que tu as? Tu as l'air cafardeux. » Un jour de faiblesse, il avait avoué : « Je me disais que je suis heureux avec vous et que bientôt ça sera fini, qu'on ne se reverra plus. »

Elles s'étaient mises à rire, elles le trouvaient drôle, sentimental peut-être. Il avait dit : « Pour vous c'est sans importance. – Qu'est-ce que tu en sais? Tu parles, tu parles... » C'était Marie-Laure. « Nous aussi on est heureuses, on se l'est dit et puis qu'est-ce qui te prouve que cet hiver je ne penserai pas à la terrasse du

Tropica, peut-être même que je pleurerai... Nous aussi on est bien avec toi. Tu l'as pas remarqué? Hein Cécile qu'on est bien? » Cécile avait fait un petit signe. « Oui, oui... sinon on serait pas là. » Elle avait ajouté : « On est bien mais peut-être que cet hiver on n'y pensera plus, que quelque chose sera arrivé qui sera plus important, décisif, le hasard comme tu dis, et qu'on aura tout oublié... »

Il les voyait peu, le beau temps, la chaleur aidant – ces jours et ces nuits-là furent torrides –, elles n'avaient jamais passé autant d'heures dehors et il leur arrivait souvent de ne rentrer qu'au petit matin, épuisées. De danse seulement? Il n'en savait rien, et soudain, au plein de cette euphorie, de cette frémissante douceur, un peu acide – pour lui –, l'incident.

Il était rentré tôt, vers cinq heures. Il se dirigeait vers la salle de bain pour prendre une douche quand il avait entendu un gémissement. Dans la chambre des filles, Cécile était étendue sur le lit en slip et soutien-gorge, la tête rejetée en arrière. Il l'examinait du seuil, incertain, sa serviette roulée sous le bras quand une de ses jambes se releva brusquement. Il s'approcha, inquiet. Alors il vit la seringue sur la moquette. Il la ramassa, la flaira, la reposa sur la table de chevet où il découvrit le carré de papier blanc.

C'est à ce moment-là seulement qu'il se précipita, affolé. Il la souleva, passant son bras sous ses épaules. Elle se laissait aller, les paupières presque closes, l'œil, un fil blanc entre les cils. Il avait tenté de la redresser, de l'asseoir, toute une suite de gestes incohérents mais son corps était si mou, si abandonné qu'il avait fini par le reposer doucement. Et parce qu'il ne savait pas ce qu'il fallait faire, qu'il pensait qu'elle allait mourir, il avait couru dans l'entrée, appelé le médecin, un jeune qu'il avait consulté deux ou trois fois au centre commercial.

Il était revenu près de Cécile, il avait touché sa peau froide et humide, il avait tenté de lui parler. Le fil blanc entre les paupières s'était élargi, elle avait balbutié quelques mots indistincts, des bulles au bord des lèvres. Une secousse, une espèce de ruade et après, l'immobilité complète. Il avait saisi son poignet, pris le pouls qui filait, glissait comme une eau plate et rapide, il l'avait appelée, saisie aux épaules, arrachée du lit, la serrant contre lui, il avait rebroussé ses cheveux en sueur, il avait encore crié son nom. Plusieurs fois. La tête pendante, elle ne réagissait plus, alors fou d'anxiété, il l'avait recouchée, sûr cette fois qu'elle allait mourir.

Le médecin n'avait pas hésité. Il avait jeté un coup d'œil à la seringue, « cocaïne », avait-il soufflé. Il avait fait une injection, ensuite il avait pris la tension, fait la grimace, toutes aussi connes, c'est vraiment la pleine saison, il avait refait une injection et pour cela il l'avait retournée sans ménagements.

Frank avait suggéré : « Si on l'hospitalisait? – C'est votre fille? – Non. – Attendez-vous à des questions... de toute façon... » Il examinait les bras puis le corps tout entier, allumait la lampe de chevet afin de mieux voir. « Elle se drogue depuis combien de temps? – Je n'en sais rien. Je ne croyais pas qu'elle se droguait. » Qu'est-ce qu'il en savait? Il dit pour expliquer la présence de la jeune fille, son ignorance aussi : « Elle vit ici depuis trois semaines avec une amie », et il montra le lit voisin défait.

Le médecin reprit la tension puis le pouls. « Si je l'hospitalise... » Frank l'interrompit : « L'essentiel, c'est de la tirer d'affaire. » Le médecin haussa les épaules. Il dit devant la mine sombre de Frank : « Elle réagit bien mais si elle repique au truc... C'est toujours le même problème avec les toxicos... En attendant, je vais vous faire une ordonnance. » Et dans l'entrée : « S'il se passe quelque chose, appelez-moi. » Frank demanda, parce qu'il avait entendu l'expression :

« Une overdose? – Apparemment pas. » Et devant le visage tendu de Frank : « Ça va se tasser... Quand même, restez avec elle, et si elle vomit... »

C'est ce qui arriva quelques minutes plus tard. Il aida Cécile de son mieux, apporta ensuite une serviette de bain pour recouvrir le drap qu'elle avait souillé. Il la recoucha et étendit sur elle une couverture qu'il prit dans la penderie. Ensuite, il nettoya la moquette et le flanc du matelas. Il prit son pouls. Il était mieux frappé, son visage était moins pâle. Il n'avait plus peur maintenant ou à peine. Le médecin l'avait rassuré, il avait senti que pour lui l'accident était banal, la routine, et qu'il craignait d'abord que Cécile ne fût une habituée de la drogue, ce qui semblait peu probable à Frank.

Il la laissa pour aller chercher une poudre détersive à la cuisine. Quand il revint, elle avait tout à fait repris connaissance. La tête sur l'oreiller, elle le regarda frotter, éponger. Elle ne lui dit rien et lui aussi garda le silence tandis qu'elle suivait chacun de ses gestes, la respiration forte, la couverture remontée jusqu'au menton.

Il s'assit au bord du lit. Ils se regardaient sans rien dire et il recevait son haleine aigre. Elle sortit une main du drap, hésita et la posa sur son bras. « Où as-tu caché les autres enveloppes? » Elle ne répondit pas et sa main se crispa sur son poignet. Quand il se leva, elle voulut le retenir. Il souffla de colère. Il lui en voulait. Il s'éloigna, sa lavette dans une main, le carton de détersif dans l'autre.

A la cuisine où le soleil éclatait, il but un verre de vin. Rien de grave, avait-il dit. Où était l'autre idiote? Ce n'est pas elle qui se serait droguée. Bien trop prudente. Il se reversa un verre de vin. Je lui donne de l'argent, elle s'achète de la drogue. Où l'avait-elle trouvée? Lui qui connaissait la ville aurait été bien en peine de donner une adresse. Un des bars du port? Douteux. Qui voyaient-elles l'après-midi et la nuit?

Ces deux voyous? D'autres dont elles ne parlaient jamais? Leur sale manie du secret. L'indépendance, disaient-elles. Mataro avait raison. La liberté, ils en faisaient de la merde. Pour eux, pour les autres.

Il revint dans la chambre, demanda, debout au pied du lit : « Où as-tu mis le reste? » Elle ouvrit les yeux, les referma, alors il commença à fouiller. Les placards, les tiroirs, jusqu'au-dessous des lits où il passa la main.

Il se redressa, essoufflé. Accoudée à l'oreiller, elle l'observait, les yeux agrandis. Il lui jeta, furieux : « Petite conne, triste petite conne. On te donne de l'argent, tu achètes de la drogue... Ce soir, tu fous le camp. Je ne veux pas de camés ici. » Et parce qu'elle ne répondait pas, continuant de l'observer à vide, les yeux dilatés : « Tu fous le camp, tu as compris? Tu vas à l'hôtel, chez tes copains... Tu as encore de l'argent? » Elle secoua la tête. « Comment, non? – On a tout dépensé. »

Sa voix était basse, encombrée, pleine de fibres. Elle avait l'air angoissée, au bord des larmes. Il n'était pas ému. Maintenant qu'elle était hors de danger, la colère l'emportait, la rancune aussi, à cause de cette peur atroce qu'elle lui avait faite, et puis qu'elle ait ainsi attenté à son corps, à sa vie, il ne pouvait pas l'accepter. Il y voyait quelque chose de monstrueux, une sorte de sacrilège. Il n'aurait su expliquer pourquoi mais c'était ainsi et il était soulevé d'une si forte colère qu'il en grommelait en reprenant ses recherches.

Il trouva le paquet d'enveloppes entre le radiateur et le mur, collé à la fonte par des bandes de sparadrap. Il contenait des dizaines d'enveloppes.

Cécile était maintenant assise dans le lit, appuyée sur ses mains à plat. « Qu'est-ce que vous allez faire? » Toujours sa voix fibrée, exténuée. « M'en débarrasser. – Non! » Elle en avait crié. « ... C'est Marie-Laure qui les a achetées. – Où? » Elle haussa les épaules. « Elle voulait les revendre. On aurait gagné des tas d'argent, assez pour être tranquille tout l'hiver. » Il demanda incrédule : « Elle a claqué les douze mille francs?... Ton argent aussi? – Oui. – Tu ne t'es jamais piquée auparavant? – Non, je voulais voir comment c'était. – Et Marie-Laure? – Elle aime pas. – Et avant? » Elle ne répondit pas puis comme il attendait, le paquet entre les mains : « Pas de la poudre... » Elle ne dit pas quoi.

Il traversa la chambre avec décision, le paquet à la main. Il l'éventra au-dessus de la cuvette, fit tomber les enveloppes et tira la chasse. Des papiers flottaient encore sur l'eau. « Vous n'auriez pas dû faire ça... On aurait pu les rendre... »

Elle était dans l'encadrement de la porte, les jambes mal assurées, s'accrochant des mains aux montants. La chasse d'eau était pleine. Il la tira de nouveau et puis encore une fois. « Qu'est-ce qu'elle va dire? – Elle ne dira rien, elle va foutre le camp avec toi. »

Il lui fit face : « Tu te rends compte du risque que vous me faisiez courir en entreposant de la drogue ici? Recel. La taule, oui, la taule. – Personne n'aurait su. – Parce que tu crois que personne n'aurait parlé?... » Il lui fit tout un discours moralisant, parlant pêle-mêle d'elles, de lui, et qu'il en avait marre de leur sottise, de leur égoïsme, de leur malfaisance. Elle répondit, pas touchée : « C'était bien la peine de nous donner tout cet argent! »

Elle reprenait du poil de la bête. Il l'avait écœurée avec son discours trouillasson. Il aurait mieux fait de se taire. Elles étaient comme elles étaient, à des années-lumière, il se l'était assez répété, pas récupérables comme elles disaient. Qu'est-ce qui lui avait pris? La peur? Mais quelle peur au juste?

A la cuisine, il faillit encore boire un verre de vin puis se ravisa et prit une casserole. Elle l'avait suivi. « Vous vous rendez compte de ce que vous avez fait? Faut vraiment être bas de plafond pour jeter plus d'un million de... » Il la regarda, en siffla d'exaspération, sa casserole dans une main, l'autre sur le robinet de l'évier. « Tu ne manques pas d'air. Tu es vraiment la reine des connes, de belles salopes aussi, ta copine et toi, parce que ça n'a pas l'air de vous gêner de faire du fric en intoxiquant les autres. C'est ce que vous alliez faire, non? »

Elle ne répondit pas. Elle fronçait les sourcils, têtue mais ne le regardait pas franchement. « Je vais faire du café. Tu en veux? ça te fera du bien... » Elle fit oui. Le nez pincé, le bord des lèvres blanc, elle s'appuyait aux meubles de la cuisine, les jambes tremblantes. « Va te recoucher, tu ne tiens pas debout. » Elle se redressa. « Je n'aurais jamais cru ça de vous... Vous détestez tout ce que vous ne comprenez pas. Vous êtes bête... – Va te coucher. Ensuite j'irai chercher les médicaments. Il faut que tu les prennes. – Vous avez fait venir un médecin? Il me semblait bien aussi que quelqu'un... »

Il la prit par l'épaule, l'amena à une chaise où elle se laissa tomber sans lui opposer de résistance. « Combien de fois t'es-tu piquée? – Trois... » Son visage était défait. « Et il te reste des enveloppes? – Non... » Et parce qu'il la scrutait, mauvais, voulant savoir à tout prix : « Une... Elle est dans mon sac. »

Elle but son café en frissonnant et se recoucha. Il la laissa après avoir pris la dernière enveloppe qu'elle avait cachée à l'intérieur de sa carte d'identité, elle n'avait fait aucune difficulté pour le lui dire. Elle se taisait maintenant, ne le regardait même pas, et de temps en temps, elle passait ses doigts sur son visage comme pour en chasser quelque chose qui la gênait.

Quand il revint, elle dormait, alors il s'assit sur le lit de Marie-Laure, la surveillant. De temps à autre, il allait à la fenêtre et jetait un coup d'œil sur le chemin qui menait à l'esplanade. Une seule fois il se pencha sur elle pour prendre son pouls. Elle ouvrit les yeux et tira sur son poignet pour le lui reprendre. « Pas la peine de vous en faire... Je ne suis pas votre fille. – Je ne m'en fais pas pour toi mais si tu claquais ici, tu vois la situation. »

Elle le regarda avec horreur et referma les yeux. Il s'en voulait, il aurait dû avoir de la pitié. Il n'en avait pas. Il ne lui pardonnait pas d'avoir mis sa vie en danger, d'avoir attenté à l'intégrité de son corps, pas parce que ce corps était beau, non, mais jeune, si vivant, fait pour le bonheur. Oui, c'était cela, déraisonnable donc, chacun est libre, mais il n'y pouvait rien et plus il y pensait, plus il lui en voulait.

Il resta auprès d'elle. A intervalles réguliers il touchait son bras qui était tiède maintenant, il prenait son pouls qui restait rapide. Elle devait dormir car elle ne protestait pas. Il regardait son visage. Il ne voulait pas qu'elle parte. Tout à l'heure, les mots avaient dépassé sa pensée. Il commençait à la connaître. Elle était dure, intraitable, un peu folle aussi et quand elle sortait de sa réserve, en actes, en paroles, elle allait jusqu'au bout, aucun argument ne l'arrêtait. Comme si rien n'avait d'importance. Et il ne pensait pas seulement à son corps, à sa santé, à sa beauté dont elle ne se souciait pas tandis que Marie-Laure, entichée de son apparence, ne cessait de se parer, de s'embellir, mais à ce qu'elle gardait pour elle et qui lui échappait parfois avec violence, et alors elle se taisait vite ou filait dans l'ironie, l'insolence, juste un éclat qui passait, elle retombait aussitôt dans son personnage de jeune fille très émancipée qui veut d'abord s'amuser, la copine de Marie-Laure, rien d'autre.

C'est à cela qu'il pensait en allant au centre commercial, à ce qui passait parfois dans un regard, un silence de Cécile, qu'il cherchait à interpréter, tout ce non-exprimé entre eux et comment savoir ce qui était comédie, reflet, sentiment vrai ou simple amusement de gamine, comment savoir à quoi elle ressemblait vraiment ou aurait pu ressembler, ce qui appartenait à sa nature ou aux circonstances, à la couleur de l'époque.

A son retour, il lui fit prendre les médicaments. Elle les but, assise sur le lit, à demi endormie. « Elle va en faire un chambard, Marie-Laure, quand elle rentrera. » Il répondit, menaçant : « Je l'attends. »

Marie-Laure ne fit pas de chambard, elle se mit tout de suite à pleurer. A s'expliquer aussi, ce qui était inutile, il imaginait sans peine ce qui s'était passé. Il n'ignorait que le nom des fournisseurs qu'elle ne lui donna pas, l'ami d'un ami qui connaissait des gens à Marseille, dit-elle. En revendant à Paris les enveloppes d'un gramme, elle aurait doublé, triplé la somme. « Et vous connaissez des acheteurs à Paris? – Non, mais c'est facile à trouver d'après ce qu'on m'a dit... Qu'est-ce qu'on va faire maintenant?... Quand je pense qu'on aurait pu vivre tranquille pendant au moins un an. »

Elle lui lançait un regard de reproche, pleurait encore un petit coup. Inutile de lui parler du danger qu'elles avaient couru, moins encore de celui qu'elles lui avaient fait courir. Quant au trafic pourri qu'elles avaient combiné, à ses conséquences... Elle demandait à Cécile, la voix tendre : « Ça va mieux, Cécile?... Quelle idée tu as eue de te piquer. Si tu ne l'avais pas fait... » Un coup d'œil de chien battu vers Frank, sous-entendu : « Celui-là ne se serait aperçu de rien... » A la place : « Vraiment, vous avez tout jeté? »

Il ne se donna pas la peine de répondre. Une idiote, une demeurée. Il renonçait, la laissait pleurnicher, délirer doucement et Cécile, pure contagion peut-être ou faiblesse, se mit à pleurer elle aussi. Il les laissa dans les bras l'une de l'autre, à mêler leurs larmes de connes. Il en grognait dans la cuisine en mélangeant sa salade de tomates. La responsabilité, la culpabilité, de quoi on cause? Elles n'en avaient jamais entendu parler. Qu'est-ce qu'il faisait là entre ces deux filles avec ses idées d'un autre âge?

Quand il quitta la maison – il revint sur ses pas pour prendre sa boîte de cigarillos – il entendit : « Ah! quel vieux con! » C'était Cécile. Et Marie-Laure qui lui avait dit avec douceur dans la chambre : « Vous n'êtes pas raisonnable. »

A son retour, vers trois heures du matin, l'appartement était silencieux. Elles avaient laissé les lampes allumées et, de la salle de séjour, il distingua les deux lits jumeaux, le corps nu de Marie-Laure qui ne mettait pas de vêtement de nuit, Cécile enveloppée jusqu'au cou dans le drap. Elles dormaient.

Le lendemain, Cécile monta tout de suite à l'assaut : « Qui est-ce qui nous a fait perdre tout cet argent sinon vous, votre bêtise fondamentale? Marie-Laure aurait pu rendre les sachets, elle me l'a dit hier soir. Vous avez fait toute cette histoire pour rien. C'est pas un drame de se piquer une fois par hasard et en plus, c'est pas votre affaire. On est libre, libre. Vous savez ce que ça veut dire, libre?... Non, ce que vous vouliez c'est qu'on reste ici. Ça vous arrange qu'on ait pas un rond, hein, avouez-le... » Et en conclusion : « Les douze mille francs, vous nous les devez. »

Elle attendait sa réponse, agressive bien que pas flambante, les yeux cernés, le visage taché de rougeurs, presque laide dans la lumière de la cuisine. Il la regardait, stupéfait d'un tel culot et sa colère était montée d'un jet. « A midi, quand je reviendrai, il faudra que vous ayez quitté la maison. » Marie-Laure protesta : « Vous n'allez pas faire ça! » puis à Cécile : « Tu es folle, je t'avais bien dit... » Elle n'avait pas soufflé mot pendant le discours de Cécile, d'accord, pas d'accord, comment savoir mais il aurait juré qu'elles s'étaient concertées.

Il se leva. Elles l'écœuraient avec leurs raisonnements tordus, qu'elles s'en aillent, qu'il ait enfin la paix. Derrière lui Cécile s'obstinait : « Il était à nous cet argent, il nous l'a assez dit et qu'on pouvait en faire ce qu'on voulait... »

Il l'aurait giflée et il s'en fallut de peu qu'il ne les jette dehors sur-le-champ. Marie-Laure qui l'avait suivi dans l'entrée criait : « Ne l'écoutez pas, on ne saurait même pas où aller. C'est parce qu'elle est en manque qu'elle parle comme ça. » Il l'écarta sans douceur.

Il alla voir Mataro, lui raconta l'affaire, conclut : « Je les ai flanquées dehors. – Mais tu les as laissées dans la place. Tu aurais dû les virer à coups de lattes... Et puis si je comprends bien, tu ne leur as pas repris les clefs. Je me trompe?... ça en dit des choses, ton oubli. Tiens, Freud serait là, il t'en expliquerait des trucs. Tu ne te jouerais pas des petits tours à toi seul pour le plaisir, par pure sournoiserie? » Frank dit : « Quand je reviendrai, elles ne seront plus là. » Mais Mataro avait raison, elles seraient là. Elles étaient toujours là et il le savait bien.

« Elles ne t'ont pas dit qui leur avait remis la drogue? En ville, j'en connais deux ou trois qui trafiquent avec les Marseillais mais ce ne sont pas des gens à remettre cinquante sachets de cocaïne à une gamine... Tu aurais dû garder une enveloppe ou deux, tout le paquet même... »

Frank ouvrit son portefeuille. Mataro prit l'enveloppe, l'ouvrit, goûta la poudre. « Je me trompe peut-être mais il n'y a pas beaucoup de cocaïne là-dedans. »

Il le lui confirma le lendemain. La poudre était coupée à quatre-vingts pour cent. « Elle ne risquait pas grand-chose, ta Cécile... Tes filles se sont fait avoir, ce qui est dans la logique des choses, ici, c'est à qui repassera l'autre. Elles sont vicieuses mais elles sont encore plus bêtes. Ils sont tous bêtes du reste mais les jeunes sont les pires et d'une manière ou d'une autre les tiennes finiront en prison... Alors elles sont vraiment parties? – Oui. – Et bien sûr tu les regrettes? » Il fit encore oui, de la tête cette fois.

Quand il était rentré la veille, l'appartement était vide. Ce qui l'alerta, ce fut sa propreté, chaque chose à sa place, les lits faits, même le sien. Dans la cuisine, la vaisselle était lavée, rangée, les quatre chaises d'équerre autour de la table qui luisait.

Il avait ouvert les placards. Le vide. On aurait dit qu'elles n'avaient jamais vécu ici, et dans la salle de bain, les produits de beauté, les innombrables flacons de Marie-Laure avaient disparu. Il ne restait sur une étagère que ses affaires de rasage et une bouteille d'eau de lavande, ça faisait soudain désert.

Il avait exploré la salle de séjour. Là non plus, elles n'avaient rien laissé, pas une épingle à cheveux et il sut alors qu'elles ne reviendraient jamais. Jusqu'à leur odeur qu'elles avaient effacée en vaporisant un produit qui sentait le pin. Elles n'avaient décidément rien oublié. Elles avaient même emporté son briquet plaqué or qui était sur la table basse. Et aussi son transistor. Il pensa : « Je me suis conduit comme un salaud. » Il savait ce qu'il voulait dire. Ce n'était pas la première fois. Pas pour des choses qu'il avait faites. Plutôt pour celles qu'il n'avait pas faites. Toujours la même histoire, c'est ce qu'on ne fait pas qui compte, les grands silences du cœur en somme.

Il alla à la cuisine, s'assit et se versa un verre de vin. Il les avait écœurées, voilà. C'était réciproque. Ce qui n'empêchait pas qu'en rentrant il était sûr de les trouver là, pas repentantes, lui en voulant, mais là. Il avait même prévu dans sa tête un petit concordat.

Il regarda autour de lui. Jusqu'aux chromes du réfrigérateur qu'elles avaient astiqués. Du délire. De la provocation. A un autre moment ça l'aurait fait rire. Une idée de Cécile probablement, sa manière à elle de le rejeter par-dessus la barricade, retourne chez les tiens, vieux connaud – ou facho, réac, les injures à la mode. Traquer les poussières c'était un comble, elles qui étaient sales, paresseuses, désordonnées, qui aimaient la laideur par principe, toutes attitudes, pensa-t-il, qui exprimaient leur horreur du monde où on les avait mises, leur volonté de le refuser. Et pourquoi pas la drogue pour s'évader un peu plus haut? Oui, pourquoi pas? Seulement là, elles s'étaient trompées d'adversaire, ce n'était pas le système qui était en face mais la mort et celle-là avait une gueule particulièrement hideuse.

Il contemplait le disque de vin rouge dans le verre sous son nez. Brusquement, il se redressa. Les clefs! Il les découvrit dans un tiroir, bien rangées comme le reste. Alors il se rassit et finit son verre de vin.

Le soir, il erra d'une pièce à l'autre. Jamais l'appartement ne lui avait paru aussi vaste, petit palais où il allait et venait comme un roi déchu, s'immobilisant, l'oreille tendue quand l'ascenseur montait en ronronnant.

Il finit par sortir. En ville, ses pas le portèrent dans les lieux où elles avaient l'habitude d'aller. Il rentra sans les avoir trouvées, se coucha, dormit mal et à peine mieux les jours suivants.

Peu à peu, il reprit ses anciennes habitudes, retourna même au cinéma mais il sortit à mi-séance – il est vrai que le film n'était pas bon –, rendit visite à des amis, à Nice, à Antibes, joua à la roulette, perdit, s'enserra enfin, technique éprouvée pour chasser le cafard, dans un réseau de petites occupations, dressant son programme dès le lever.

Il ne surveillait plus la marche de l'ascenseur à travers les étages, il ne tressaillait plus quand le téléphone sonnait. Il passait d'une activité à une autre, broyait le temps en fin gravier, ne regardait pas en arrière ou le moins possible, glissant à la surface de lui-même, ce qui ne l'empêchait pas de se juger durement, tu n'as jamais eu de passion, de goût violent pour un être ou une chose, et par compensation, pour combler, tu as jalonné ta vie de « satisfactions », de « récompenses ». Cela t'aide à tenir, tu t'accordes ceci ou cela. Tu appelles ça vivre, et le pis c'est que tu n'es pas malheureux – plutôt heureux même, enfin tu l'étais –, que ça te suffit, la rencontre d'un ami, une fille, un livre, un bon repas, deux heures au champ de tir ou devant la table de jeu, et tu as toujours été ainsi, depuis vingt ou trente ans, depuis que tu t'es résigné en somme, prendre des vacances, travailler, avoir de l'argent, l'argent qui sert à tout, la bonne à tout faire, l'argent qui prouve qu'on n'est pas plus con qu'un autre, le fric alibi, le fric moi-je, le fric à jouir, le fric belle-âme, le fric planqué, qui n'apparaît jamais mais auquel on pense, le plus doux. Et derrière, de la prudence, vivre à l'économie, pas tout bouffer d'un coup, les sentiments comme le reste, afin de devenir vieux, très vieux et les enterrer tous, les salauds...

Elles étaient venues et la saveur des choses n'avait plus été la même. Il les regrettait. Pas le corps de Marie-Laure. Il s'en moquait du corps de Marie-Laure. Non, il ne s'en moquait pas mais il le mettait à sa place, pas si haute. Quoi alors? Il cherchait, s'affolait de ne rien trouver que l'intonation d'une voix, celle de Cécile, une manière qui n'était qu'à elle de jeter certains mots, sa main posée dans le soleil au bord de la table, rien donc, leurs rires quand elles étaient heureuses et elles l'étaient le plus souvent, sans raison, à lui il fallait toujours une raison. Marie-Laure qui racontait il ne savait quoi et il regardait la lumière qui jouait dans ses cheveux, elle se taisait et le silence qui s'installait alors, un petit rêve suspendu, chacun suivant sa pensée, était irremplaçable, aussi irremplaçable que le mouvement d'amitié, pas d'amour ni de désir, qui faisait Marie-Laure se presser soudain contre lui.

Il se disait : « Je deviens gâteux, Cécile a raison, elles ne sont pas mes filles », et il allait voir Mataro qui lui parlait de ses enquêtes en l'observant du coin de l'œil, qui demandait soudain : « A quoi penses-tu? Encore à tes deux filles? » Il disait non, n'osait pas avouer qu'il était juste en train de les regarder, Marie-Laure assise sur le divan, un flacon de vernis à ongles entre ses doigts fins, Cécile assise sur le carrelage qui feuilletait le journal et lâchait parfois un joyeux petit commentaire.

Il interrompit Mataro qui jacassait paisiblement sur la politique française : « Ça ne t'a jamais étonné, toi, tous ces mouvements, les hippies, la drogue, la sexualité en folie, les défilés, la libération à tout-va, ces manifestations de jeunes en Amérique, en France? – Il faudrait les flinguer... A la tronçonneuse les drogués, les contestataires, les brigades de toute espèce. Ce sont des poux dans la fourrure du lion. – Quel lion? – Je m'entends. A exterminer illico, sans procès... Tu sais comment je viderais les prisons? Au cyanure, je l'ai souvent dit à Zeila. – Et qu'est-ce qu'elle en dit, Zeila? – Elle ne dit rien, elle se mijote des entremets, des trucs sucrés qui la font encore grossir. – Et si c'était à cause de toi qu'elle se laissait grossir, par désespoir? – Non, elle aime le sucre, " Sucette " qu'elles l'appelaient, ses copines à l'école... »

Frank revenait à son idée : « Autrefois, dans certaines sociétés, il y avait des cérémonies initiatiques, des sortes d'épreuves que les jeunes devaient subir. Ils souffraient mille tourments, traversaient les flammes, certains se mutilaient, aussi pour compenser leur donnait-on une liberté totale, sexuelle, sociale. Tout devenait permis jusqu'à l'excès, jusqu'aux drogues... – Qu'est-ce que tu veux prouver? – Rien, sinon que dans nos sociétés il n'y a plus d'initiation, plus de passage sanglant, dangereux, de l'adolescence à l'état adulte. Au contraire, les jeunes sont flattés, caressés, il n'y a plus d'épreuve, plus de dragon à pourfendre, plus d'hydre à décapiter, plus de prouesses exorbitantes qui vous mènent aux portes de la mort, le ciel est vide... Je me disais que le besoin en avait peut-être subsisté quelque part, que tous ces mouvements qui ne sont en fait que des révoltes contre les adultes, leur vision du monde uniquement pratique et très matérielle, ne seraient que des survivances, un sursaut de l'inconscient collectif, l'homme jeune qui veut aller au bout de lui-même, explorer tous les possibles, qui se débat, n'accepte pas le destin qu'on veut lui imposer et refusant de se résigner risque le tout pour le tout afin de savoir ce qu'il vaut et avoir la chance, pourquoi pas, de découvrir une nouvelle voie. Vivre, enfin à un certain niveau, ça se mérite peut-être comme le reste. – Ils se démolissent, oui... – Oui, ils se démolissent. Peut-être faut-il se démolir, se fracasser pour mieux toucher le fond, l'extrême pointe, je veux dire regarder la mort en face au moins une fois par exemple, et après cela, si on en est digne, renaître... – Et ta Cécile... – Oui, ma Cécile... » Cécile qui jouait avec la vie, avec la mort, Cécile qui n'en sortait pas de l'enfance, qui frappait à n'importe quelle porte, se précipitait dans toutes les impasses, Cécile qui avait tenté de se tuer, Marie-Laure le lui avait fait comprendre, et on se tue faute de pouvoir tuer le monde, le suicide est un meurtre dévoyé qui s'est trompé d'adversaire, Cécile qui était bizarre parfois, mal à l'aise dans sa peau.

Mataro dit, indulgent : « Pauvre vieux croûton. Il faut toujours que tu embellisses. » Frank dit : « Nous, toi, moi, de toute façon on est fini, on est usé comme de vieux balais, on ne peut que remâcher, se dire qu'on a eu tort ou raison, qu'on a réussi ou échoué, ce n'est qu'une affaire de nature. On est désespéré de toute manière. Il y a ceux qui savent, ceux qui ne savent pas, les plus bêtes, les plus bavards aussi, écoute-les ces andouilles nous parler du troisième âge, ils sont vraiment inventifs, ils ne reculent devant rien, ils t'habilleraient une charogne en archevêque avec leur vocabulaire, et tous ces vieux corniauds qui marchent, qui clapotent du dentier en faisant bravo... On est fini, cuit et, pour la plupart d'entre nous, il ne s'est rien passé. – Parle pour toi ! – C'est pour moi que je parle. – Elles t'ont vraiment chamboulé, tes deux filles. »

Il avoua : « Oui », et il pensait : « Ce sont ces vacances, ce soleil, cette fête qu'ils sont venus se donner ici par milliers, tu grossis, tu t'emballes, tu déformes probablement, deux petites anguilles vivaces qui frétillent dans l'eau claire, rien de plus. Tout se remplace, elles comme le reste, avant tu étais plutôt satisfait toi aussi, tu marchais d'un bon pas au milieu de la foule, tu soufflais comme les autres dans ta petite trompette, tu n'avais pas besoin d'elles. »

Mais plus tard, il les chercha encore dans les petits bars du port, et faute de les trouver, il se rabattit sur le juke-box, une chanson qui leur plaisait, idiote, il ne fallait surtout pas écouter les paroles mais derrière, Cécile qui rêvait accoudée à deux pas de l'appareil, les yeux innocents, douze ans pas plus et le goût amer de la bière qui glissait dans sa gorge et qui aujourd'hui, parce qu'elles n'étaient plus là, devenait une minuscule souffrance. Il coupa court à ses regrets. Voilà ce qu'il allait faire : il enverrait une carte à Lisa pour qu'elle interrompe ses vacances bretonnes et vienne le rejoindre.

Il n'envoya pas la lettre, il préférait encore la solitude, cette fine douleur qui n'en était pas une, une absence plutôt, une privation, rien d'aigu, se répétait-il, ça passera. Et le plus désolant peut-être c'est que ça finirait par passer, qu'un jour il en rirait. Il se connaissait, pas très persévérant, à fleur de vie. Il savait aussi qu'oublier trop vite est un signe de petite qualité, que la mémoire courte en dit long et aussitôt il sursautait, s'indignait : il n'allait quand même pas faire son procès à propos de ces deux filles ?

Un après-midi, après le bain, il regardait les évolutions des planches à voiles, leur sarabande multicolore, assis sur le muret du front de mer. Marie-Laure s'assit près de lui. Elle posa sa main sur la sienne, la serra : « Tu me manques... » Il haussa les épaules mais son cœur battait tandis qu'il s'efforçait au calme, à la froideur. Il détourna la tête à droite puis à gauche. « Où est Cécile? – Elle est en ville. »

Il examina Marie-Laure. Elle lui parut fatiguée, défraîchie, et il y avait quelque chose de négligé dans toute sa personne, de négligé et d'exténué jusque dans le manque d'élan de sa voix d'ordinaire si vive, qui exprimait si bien ses douces dispositions intérieures.

« Tu veux boire quelque chose? » Ils traversèrent l'avenue. Ils marchaient sans rien dire, elle avait pris sa main qu'elle balançait au rythme de leurs pas. Elle demanda une glace. « Une seule boule, dit-elle, à la fraise. » Puis de sa voix craintive et tendre où elle était tout entière : « Ça va, Frank? – Oui, ça va... Où étiez-vous? » Elle fit un geste évasif, rebroussa ses cheveux blonds qui montraient leurs longues racines sombres si bien qu'elle avait toute une zone châtain au sommet de la tête. « Vous êtes retournées dans cette secte? – Oui. » Elle avait failli nier. « C'est de là que vous veniez quand je vous ai rencontrées? »

Elle hésita encore. « Oui... », puis, : « Après tout, il vaut mieux que tu saches. On était descendues avec des copains. Ils nous avaient raconté un tas d'histoires, qu'on passerait des vacances super, en pleine nature. En fait, on n'a pas arrêté de travailler. Ils nous prenaient pour leurs bonnes, la vaisselle, le jardin, les pluches, en plus il fallait coucher, des crasseux, alors on en a eu marre, Cécile surtout, on a dit qu'on partait... – Et ils ont gardé vos affaires... – Ils nous ont fichues dehors sans rien. – Vous n'avez pas porté plainte? – Cécile voulait... Qu'est-ce qu'elle a crié! Ils l'ont battue, ils ont dit que personne n'oserait plus nous regarder après ce qu'ils nous feraient si on allait se plaindre. – Les deux garçons et la grande fille? – D'autres aussi... Ceux-là restent toute l'année. Il y en a un qui est le fils du Maître, le plus grand, Jean-Paul, un malade... – Et vous y êtes retournées? – Moi seulement. Pas Cécile. Ils l'ont embêtée mais elle a refusé de monter dans leur voiture. – Qu'est-ce qu'elle fait? – Elle a trouvé un type. Elle travaille dans la pizzeria qu'il a montée sur la plage... Ils vendent aussi des trucs orientaux, des essences... – Tu t'es échappée? – Non, je suis venue avec Marc et Olivier. Je dois les retrouver à six heures devant le Royal. »

Il hocha la tête alors elle s'empara de sa main. « Reprends-moi avec toi. Je te jure que je resterai tranquille. Je ne veux pas rentrer là-haut... Tu ne me donneras rien, je me débrouillerai. » D'une secousse, elle rapprocha son siège. Il demanda : « Et Cécile? – Laisse Cécile, elle préfère rester où elle est. – Elle te l'a dit? – Oui. – Avec son marchand de pizzas? Il est jeune? – Oui, pourquoi? – Elle couche avec lui? – Bien sûr... Comment veux-tu... Tu es drôle, Frank, elle n'a besoin de personne, elle. Elle s'en fiche des gens... »

Il s'adossa à son fauteuil. « Tu es sûre qu'elle ne se drogue plus? – Je ne sais pas, elle ne m'a rien dit...

Autrefois oui. Du sucre, du hachisch mais c'est pas ça, il y en a d'autres qui le font. Cécile c'est pas pareil, elle a pas de limites, elle fait même des trucs qu'elle aime pas, elle est pas nette, il y a des moments où je la comprends pas... Figure-toi que quand je lui ai dit ce qu'ils m'ont fait faire là-haut, elle s'est mise à rigoler comme une dingue. – Qu'est-ce qu'ils t'ont fait faire? – C'est une communauté... Enfin n'en parlons plus. »

Elle rebroussa brutalement ses cheveux. « Elle prétend qu'elle se flinguerait plutôt que d'y retourner mais qu'est-ce qu'elle croit?... On n'a jamais rien pour rien... Jamais... » Elle s'exaltait, la voix soudain aiguë, empoignait ses cheveux à pleines mains, les tirait comme si elle voulait les arracher. « Tu m'emmènes, Frank? » Il dit, l'esprit ailleurs : « Bien sûr », alors elle l'embrassa avec violence, se souleva à demi pour lui mettre les bras autour du cou. Il se dégagea, jeta un coup d'œil alentour. Il n'y avait que la serveuse qui les observait avec passion.

Ils s'en allèrent. Elle lui avait repris la main, la serrait. Il éprouvait de la pitié, de la tendresse et aussi du désir, un mélange confus, pas très propre mais bientôt la tendresse l'emporta et cette idée surtout qu'elle savait où était Cécile.

Dans l'appartement, elle était si bien hors d'elle-même qu'elle voulut faire l'amour tout de suite et pour la première fois ses cris et sa véhémence lui parurent sincères. Après elle pleura, assise sur le lit, son visage dans les mains, inconsolable. Il lui caressait la nuque, les épaules, il la prit contre lui.

Ensuite, elle se leva, alla dans la salle de séjour chercher un paquet de cigarettes. Assise, nue, sur le lit, elle se mit à fumer, les joues creusées, elle qui ne fumait presque jamais. Il pensait : « Comme elles sont fragiles, vite dévastées. » Elle dit, un pli entre les sourcils : « Quand je pense qu'ils ne m'ont rien laissé, même pas de quoi me maquiller, je dois être belle!... – Tu n'as pas peur qu'ils te cherchent des ennuis? – Pas tant que je serai avec toi. Ils se méfient... – Je ne suis pas bien dangereux... – Ce n'est pas ça. Ils ont des ordres. » Elle baissa la tête, elle n'avait pas envie de parler des deux garçons et de la secte.

Il contemplait son long corps gracieux, ses seins légers, l'élégance de ses gestes souplement liés. Il pensa : « Tu as obtenu ce que tu souhaitais. » Oui, il l'avait obtenu et cependant il était à peine heureux, presque indifférent. Il avait un sentiment de déjà connu, comme si quelque chose venait de recommencer mais un cran au-dessous, quelque chose qui se serait dégradé. Cécile... Cécile qui couchait avec son marchand de pizzas...

« Qui c'était cette fille avec qui tu parlais dans la librairie près du marché? » Il chercha. « Patricia? – Une brune très bouclée, un peu grosse avec un T-shirt orange. – C'est la fille d'une amie. – Elle est pas terrible... elle vient ici? » Il rit : « Non. – Cécile pensait que tu nous avais vite remplacées... Tu sais qu'elle n'a jamais eu confiance en toi? Elle disait que tu appartenais à l'autre espèce. – L'autre espèce? – Ceux qui ne nous ressemblent pas. Une idée à elle, moi je ne suis pas de son avis... C'est elle qui a voulu partir. J'ai eu beau la supplier. – Pourquoi a-t-elle voulu partir? – Toujours ses idées, pour être libre, qu'on la commande pas. » Elle ajouta : « Je crois aussi qu'elle commençait à prendre goût à la poudre, elle a pas admis que tu l'empêches. – Tu es sûre qu'elle ne se drogue plus? – Sûre, non, mais comme elle a pas de fric... C'est vrai que cette Patricia c'est la fille d'une amie? Vous aviez l'air bien intimes. A un moment, elle te tenait presque par le cou... »

Il sourit. Il avait connu Patricia quand elle avait quatre ans. C'est lui qui lui avait appris à nager. Cette année-là, il avait eu une aventure avec sa mère qui venait de divorcer, ensuite elle s'était remariée avec un comptable du supermarché.

« Elle dit que tu en avais par-dessus la tête de nous deux et que tu as saisi la première occasion pour qu'on parte? Elle prétend aussi que tu étais mort de trouille, c'est vrai? »

Il approuva. Il y avait tant de choses qui avaient été vraies ce jour-là. Celles qu'ils avaient dites, celles qu'ils n'avaient pas dites et par-dessus tout, c'était la première fois qu'ils avaient osé se montrer l'un à l'autre tels qu'ils étaient. Il y a toujours dans les rapports avec les autres quelque chose d'irréductible quand on les pousse à mort ou que les circonstances s'y prêtent, une sorte de cran d'arrêt qui les cassent ou les ancrent définitivement. Ce jour-là Cécile et lui avaient atteint ce point. Alors elle était partie.

« Tu veux que je m'installe dans ta chambre? – Non, tu seras plus à l'aise seule. » Il pensa : « Et moi aussi. »

Il se leva, alla boire de l'eau à la cuisine. Elle le rejoignit, nue. « Je vais prendre un bain, j'en rêve depuis des jours. Là-haut, il n'y avait que des douches sales et toutes rouillées... Ah! tu t'es racheté un transistor? On t'a pris le tien en partant. C'est Cécile, elle aime faucher. – Et mon briquet? – Ton briquet?... Ah! oui » Elle rit : « Elle est folle des briquets, quand elle en voit un, elle peut pas résister. » Il grogna : « J'y tenais et puis il valait cher, en le revendant, elle aurait pu se payer de la drogue... – Penses-tu, à Paris, elle en a au moins dix. Le tien, elle l'a toujours, je l'ai encore vue tout à l'heure qui allumait une cigarette avec. »

Elle ouvrit le réfrigérateur, prit un yaourt qu'elle mangea. Il vit des bleus sur ses cuisses. « Ils t'ont frappée? – Non, pas vraiment. Ils ont des sales manies, c'est tout. » Elle ajouta, raclant le fond du pot de verre : « Je fais des bleus pour un rien. »

Elle lança le transistor, le coinça sous son bras. « Je vais prendre mon bain... Qu'est-ce qu'on fait ce soir?... Tu préfères rester ici? Tu as raison, ça me reposera. » Elle se pencha vers lui, posa un baiser au bord de ses lèvres dans le flot de musique rock qui jaillissait de l'appareil. « Tu n'as pas l'air très heureux... Je te promets, Frank, il n'y aura plus d'histoires... »

Ils sortaient ensemble le soir, se retrouvaient l'après-midi sur la plage. Elle ne le quittait pas, comme si elle avait peur de le perdre, et c'était peut-être vrai à en juger par ses regards paniqués quand elle ne le voyait plus et la façon dont elle lui prenait le bras en ville, bavardait, pas d'elle ou de lui mais de ce qu'ils voyaient, des touristes, de l'énorme kermesse de la fin juillet qui bouillonnait, remplissait la ville à ras bord, des filles aussi qui passaient et à propos desquelles elle avait toujours un vif commentaire, comme si elle voulait les déprécier à ses yeux, possessive donc, jalouse pourquoi pas, et il en était irrité, le montrait parfois d'un mot, par un silence, et elle rentrait alors dans sa coquille, repentante et lui, pensant à leur couple mal assorti, s'en voulait de son humeur, trop heureux, se disait-il, qu'elle soit là mais moins heureux qu'autrefois et le sachant, agacé quand même par cette petite conjugalité où elle prétendait l'enfermer.

Ils marchaient côte à côte, lui peu attentif, remuant des idées à propos des gens de son âge. Il n'y a pas de problèmes du vieillissement, ça le faisait même ricaner qu'on puisse en discuter. Il y a qu'on est vieux, plus dans le coup, avec des désirs toujours aussi violents, des prétentions et peu ou pas de moyens, ou d'horribles moyens, pour les satisfaire. Il y a qu'on est au bout du rouleau, qu'on a joué tous ses jetons, coincé dans une catégorie, étiqueté par les autres. Le reste, les considérations, les subtiles analyses, les prétendues compensations, de la causette. Il aurait fallu une potion, un coup de magie, Faust, un miracle donc pour arranger cette vilaine affaire, les autres méthodes, à balayer.

Il jetait un coup d'œil oblique à Marie-Laure, souple levrette qui ajustait son pas sur le sien. Ravissante, c'était sûr, il suffisait de voir les regards qu'on lui jetait, et qu'est-ce qu'il faisait là, lui? Voilà ce qu'ils avaient l'air de se demander tous et on voyait à leur tête qu'ils avaient vite trouvé la réponse, tandis qu'elle jacassait doucement, pas gênée qu'on les évalue ainsi.

Son escapade – l'inquiétude plutôt? – l'avait rendue volubile. Elle avait toujours un mot à dire, aimable le plus souvent mais dans ses beaux yeux, parfois, une rapide flamme vacillait.

Il avait fallu l'habiller à nouveau, une petite fortune. Elle ne demandait rien, exigeait moins encore mais : « Tu as vu cette robe, le chic qu'elle a », très reconnaissante et le montrant, jamais avare de mercis quand ils entraient dans le magasin, aussi gaie s'il n'avait pas l'air d'entendre. Il pensait durement : « Une petite pute qui adore se faire entretenir, très au courant que son corps est une superbe monnaie d'échange. » Au lit, passé l'exaltation du premier jour, elle était revenue à ses petits cris, gentille cependant, infiniment consentante, prends ce qu'il te plaît, mon chéri, c'est à toi.

Il disait si rarement non à ses discrètes suggestions qu'au lieu de s'enhardir, il lui venait des timidités. Elle prenait peur devant tant de facilité et lui jetait alors de brefs regards en coups de sonde mais peut-être se demandait-elle simplement jusqu'où elle pouvait aller. Comment savoir ce qu'elle était réellement derrière cette charmante apparence? Tant de transparence finissait par déconcerter, et il pressentait parfois sous la chair tendre des sentiments quelque chose de froid, un noyau dur et indestructible qui rayonnait des aiguilles de glace. Ainsi ce jour où il avait refusé de retourner à la roulette pour « gagner une fortune », comme elle le disait, les yeux brillants. Le lendemain, elle y avait mis tant d'insistance qu'il avait cédé. Ils avaient perdu. Elle était déçue, perplexe aussi. « Tu l'as fait exprès. » Non. Il lui avait expliqué la table, ses caprices, ses lois furtives, ses amours passagères et ses grandes toquades. Elle n'avait pas compris. Elle ne le croyait pas, elle lui en voulait. Elle était très terre à terre, le mystère n'était pas son domaine, elle avait même un peu boudé et montré de l'humeur devant tant de paroles qui ne voulaient rien dire.

En fait, elle le comprenait mal ou pas du tout, chacun jouant son rôle et gardant ses réflexions pour soi, elle craintive, jamais pressée d'aller au fond des choses – la vérité est impudique ou dangereuse –, lui ne jugeant pas utile de le faire, réticent et quand même séduit, sûr qu'il avait la meilleure part et s'en voulant d'y attacher si peu de prix, de ne pas s'ébrouer plus joyeusement dans cette douce félicité.

Le soir, elle l'entraînait dans les boîtes, toujours intoxiquée de rythmes, la danse sa prière, vraiment perdue dans sa propre contemplation, la musique s'insinuant dans son corps, l'animant de faibles sursauts, un plaisir de la voir si finement accordée, et à l'instant où la sono, les lasers se déchaînaient, l'extase, perdue pour lui, pour tous, son évasion à elle dans les champs d'étoiles, peut-être les rares minutes où hors de toute comédie, nettoyée de tout désir, elle redevenait innocente et pure.

Il abandonnait vite, recru de vacarme, de lueurs stridentes, il la laissait aux jeunes, à ses semblables.

Une nuit, ils rencontrèrent les deux garçons et il fut surpris par le regard dur, haineux que lui jeta le plus grand, celui qu'elle appelait Jean-Paul. Marie-Laure prit tout de suite sa main. « Viens, on s'en va. »

Les deux garçons étaient sortis pour les regarder partir. Il les avait sentis violents, querelleurs. « Qu'est-ce que tu leur as fait? – Mais rien, rien du tout. Je suis partie, c'est tout. » C'était probablement vrai. Il sentait sa frayeur. « Ils t'ont menacée? – Ils menacent tout le monde. Ils se croient des droits. » Il n'en avait rien tiré d'autre. Elle secouait la tête, toute cette floraison de boucles serrées, d'un blond pâle, sa nouvelle coiffure qui lui allait si bien. Elle répétait, la voix nerveuse, les mains agitées : « N'en parlons plus, Frank, veux-tu. »

Il les avait revus un après-midi en ville. Ils passaient dans leur grosse jeep verte. Ils lui avaient jeté le même regard dur et le plus grand avait fait un geste menaçant. Sur le siège arrière, le chien, un berger allemand, était assis sagement, la gueule entrouverte, la langue pendante, les oreilles en clocher. Il s'était dit : « A la première occasion, ils vont me chercher une histoire. »

Il en avait parlé à Mataro qui avait soufflé de mépris. « Débrouille-toi. Il ne fallait pas reprendre cette fille. On l'a vue avec eux, elle les embrasse comme du bon pain. – Ils lui font peur. – Peut-être mais elle leur lèche les doigts. » Puis sévère : « Tu es faible, mené par tes sens, autant dire par rien. De la viande comme les autres, voilà ce que tu es. Je t'aurais cru plus fort. Meilleur aussi. Ah, tu me déçois! »

Il avait continué un moment sur ce ton et s'était tu parce que Frank ne répondait pas et l'écoutait rêveusement. « Tu es d'accord, salaud, mais tu t'obstines... Pour tes deux voyous, s'ils se montrent provocants, décroche et avertis-moi. Ils sont méchants mais moi j'aime les gens méchants. »

Ils parlaient parfois de Cécile avec Marie-Laure. Plus précisément, c'était lui qui en parlait. Elles se voyaient. Marie-Laure allait déjeuner à la pizzeria mais elle restait avare de commentaires. « Qu'elle se débrouille, disait-elle, elle est majeure. En tout cas, c'est pas moi qui ferais la vaisselle à son frisé, un radin, un esclavagiste d'après ce que j'ai compris. – Je croyais qu'elle s'occupait du service. – Aussi, et des pluches, elle qui détestait tant... »

Ça le laissait pensif. Cécile en cuisine. Les clients devaient manger de curieuses ratatouilles. « Tu crois qu'elle restera avec lui? – C'est son affaire... Maso comme elle est... Tu sais, c'est elle qui a voulu partir, pas moi et même si tu ne l'avais pas flanquée dehors, elle aurait fait sa valise, elle me l'a encore dit avant-hier, elle en avait marre... » Et soupçonneuse : « Tu ne vas quand même pas me dire que tu la regrettes? » Il disait : « Non... Non... » puis : « C'est ta copine. – Si on veut. Je l'aime bien Cécile mais il y a des moments... »

Il y était allé après avoir longtemps hésité. Il se serait battu. Il n'arrivait pas à se débarrasser d'elle et ce n'était pas faute de se donner de bonnes raisons, de les énumérer, tu as envie de la baiser? Non... Oui... C'était autre chose. Quoi alors? Sa présence? Oui, sa présence, encore que...

Il était entré vers midi dans la pizzeria, une baraque sur la plage au bout du front de mer. Cinq ou six tables, des posters partout, très gueulards, sur les parois qui laissaient passer entre leurs planches des éclaboussures de soleil et une puissante, une souveraine odeur de graillon qui s'épanouissait dans l'air brûlant. Elle l'avait vu et elle était aussitôt repartie dans la cuisine, un réduit d'où sortait une fumée bleue. Une autre fille était venue prendre sa commande, une grande, molasse, avec de gros pieds.

Il avait mangé deux bouchées des spaghettis bolognaise qui étaient trop gras, l'œil fixé sur l'entrée du réduit. Le vin n'était pas mauvais. Il en avait bu trois verres pour faire descendre la ragougnasse et parce qu'il avait soif.

Elle était sortie, le ventre ceint d'un tablier sale et au-dessous, son jean n'était pas plus propre. Elle était venue à sa table, le visage cramoisi, la colère mais aussi la chaleur du fourneau qui donnait tant de fumée. Elle s'était campée, le sourcil batailleur, mains aux hanches, avait dit : « Qu'est-ce que vous êtes venu faire ici? Ce n'est pas votre place, on ne reçoit que les jeunes, pas les vieux. » Un couple de jeunes s'était détourné. Ils avaient ri mais pas méchamment. Ils la trouvaient drôle.

Sur le seuil du réduit, le frisé regardait, un copain près de lui en tablier blanc qui s'esclaffait sans retenue. Elle s'était soudain mise à hurler : « Foutez le camp, on vous a assez vu... », vraie petite mégère avec ses joues rouges, sa voix aigre et ses cheveux emmêlés. Il s'était attendu à n'importe quoi, de l'ironie, de l'indifférence, à sa colère même mais pas sous cette forme vulgaire et bête qui ne rendait compte ni des rapports qu'ils avaient eus pendant un mois ni de ce qu'il savait ou avait imaginé d'elle, comme si un autre personnage, longtemps dissimulé, avait brusquement surgi pour exprimer la haine, oui c'était le mot, une haine accumulée et retenue pendant des semaines de vie commune.

Il s'était levé, avait posé de l'argent sur la table. « Vous pouvez le garder, votre pognon, c'est la maison qui offre pour ne plus vous revoir. Des types comme vous, on n'en veut pas. On n'en veut pas, vous comprenez?... »

A la table voisine le couple ne riait plus. Il n'y avait que le copain du frisé qui en criait de joie d'une si fracassante mise au point.

Il était parti. A dix mètres de la cambuse, le frisé l'avait rejoint. « Elle plaisante. Nous on a rien contre vous mais quand on consomme, faut payer, hein, c'est normal? » Il avait payé, les pieds dans le sable jusqu'aux chevilles, abruti par le grand soleil de midi qui tapait sur sa nuque. « Vous pouvez revenir, vous savez, je lui dirai ce qu'il faut... » Il prenait une voix confidentielle : « De temps en temps, elle pique une crise, la chaleur, la fatigue, mais ce n'est pas une mauvaise fille. Que ça ne vous empêche pas de revenir, et si vous avez des amis... » Il n'était pas vilain garçon, plutôt gentil, très nerveux, le regard un peu fuyant, c'était tout.

Il s'en était allé dans le sable brûlant qui freinait sa marche. Laide et vulgaire. Il n'aurait pas dû venir. Il en grimaçait sous la lumière violente.

Plus tard, Marie-Laure lui avait demandé : « Alors tu l'as vue? Tu es content? Il paraît qu'elle t'a flanqué dehors. Je t'avais bien dit qu'il n'y avait rien à tirer d'elle, qu'elle était à moitié folle, folle et maso. » Et parce qu'il restait silencieux : « Une comédienne aussi. Elle en est malade en fait de vivre avec ces deux types mais elle ne l'avouera jamais... »

Il avait sursauté : « Les deux? – Tu te doutes bien que... – Et l'autre fille? – Tu sais comment ça se passe... » Non, il ne savait pas. « ... Je suis sûre qu'elle n'est même pas amoureuse de son Italien mais elle reste, elle s'obstine, c'est son caractère. Si tu savais ce que j'ai pu lui dire. Il faut quand même un peu trier et comme je rigolais de ses deux charlots, une fois, elle m'a fichue dehors, moi aussi... Elle est pas comme nous. Quand c'est pas la drogue, c'est autre chose. Même à Paris elle avait toujours des histoires, surtout avec sa manie de tomber amoureuse toutes les cinq minutes. Elle a un côté bête... »

Elle avait secoué la tête : « Je me suis même demandé des fois si elle se fabriquait pas exprès des embrouilles rien que pour le plaisir ensuite de se débattre dedans et de dire que la vie était moche... »

Il écoutait avidement. Il avait dit : « C'est une pauvre fille. » Marie-Laure lui avait jeté un regard en biais. « Ne te fais pas trop d'idées. Tu ne serais pas le premier. Tu sais, la drogue? Ce n'est pas moi, c'est elle qui a voulu l'acheter. Moi, j'avais la trouille, je connaissais juste quelqu'un à Paris qui nous la prendrait... Et le pire c'est que je jurerais que c'est pas le fric qui l'intéressait... – Quoi alors? – Je ne sais pas. »

Un soir, avant le dîner, on sonna. C'était Cécile, en jean, petit corsage blanc, les cheveux noués sur la nuque en queue mesquine. « Où est Marie-Laure? Il faut que je la voie. – Je ne sais pas. »

Elle entrait, passait devant lui pas gênée. « Vous ne savez pas et vous vous en foutez. Elle peut bien faire ce qu'elle veut, Marie-Laure, hein?... Je vais l'attendre. – J'aimerais mieux pas. »

Elle était propre, enfin à peu près, à part une tache sur son corsage, de la sauce tomate probablement, elle l'avait nettoyée mais ça se voyait, les joues dorées, son petit visage lisse et bien tendu et malgré ça, c'était la fille de la cambuse qu'il continuait de voir comme si elle était plus vraie que celle qui se tenait devant lui. Il pensa : « C'est ridicule », ce qui ne changeait rien, et la preuve c'était qu'il avait surtout envie qu'elle s'en aille.

Elle était entrée dans le salon, toujours aussi peu gênée, et tout en allant d'un meuble à l'autre, elle tripotait des objets, laissait traîner ses mains. Il la surveillait, la sachant voleuse, et finit par s'asseoir dans un fauteuil où il attendit, peu désireux de lui faire la conversation. Par un phénomène qu'il s'expliquait mal, elle avait perdu pour lui tout son attrait et ressemblait maintenant à n'importe laquelle des filles qu'il croisait chaque jour et qu'il regardait à peine.

Elle faisait des ronds, contournait les sièges, se rapprochait de lui, s'en éloignait mais en gros s'en rapprochait, maussade, pas jolie avec son petit masque figé. A deux pas : « Je veux bien revenir mais il faut d'abord que vous me rendiez mon argent. – Ton argent? – Oui, la part que j'ai donnée à Marie-Laure pour acheter de la poudre. » Il était ahuri. « Tu ne crois pas que tu en fais un peu trop? – Je n'ai plus rien. J'ai besoin de m'habiller. – Ton frisé t'a tout pris avant de te virer? » Elle eut un rire sec. « Sûrement pas. Je ne suis pas Marie-Laure... J'ai dû vendre mes affaires, ça arrive... » Il pensa : « La drogue. » « Mon transistor aussi? – Oui. – Et mon briquet? » Elle fouilla dans son sac, lui lança le briquet. « Le voilà, votre briquet. »

Elle s'asseyait, croisait les jambes, découvrant ses chevilles noircies par le soleil. « C'est parce que vous avez eu la trouille que vous nous avez jetées dehors. Complaisant mais il y a des limites, hein? » Il reconnut : « Oui, j'ai eu la trouille, cependant je n'ai jamais souhaité que tu partes, bien qu'aujourd'hui je pense que tu as eu raison. » Puis : « Si tu t'en allais, si tu allais attendre Marie-Laure dehors?

– Quand vous êtes venu il y a deux jours, c'était pour que je revienne, non? Vous n'allez pas prétendre le contraire. » Il hésita, approuva. « Alors vous avez changé d'avis? – C'est ça. » Elle mordait ses lèvres. « Et si on ne parlait plus des six mille francs? »

A quoi ressemblait-elle sous tous ces oripeaux, ces sentiments excessifs qui la jetaient d'un bout à l'autre d'elle-même? « Pourquoi ne pas rester avec tes amis, avec les jeunes? Tu détestes les vieux, tu me l'as fait comprendre dix fois, tu me l'as dit... »

Elle soupira, excédée, croisa ses doigts, les décroisa, planta son regard bleu dans le sien. « J'en ai marre, vous comprenez, marre! » Non, il ne comprenait pas, enfin si, et qu'elle parlait d'elle, pas des autres.

Il se leva, alla à la fenêtre. Il contempla l'esplanade où il n'y avait qu'une seule voiture, la sienne. Tout le monde était à la plage par ce temps magnifique, cette gloire de soleil.

« Donnez-moi de l'argent, de quoi aller à l'hôtel quelques jours, c'est correct, non, après tout ce que vous m'avez fauché? – Non. » Il avait hésité. « Bon alors, je reviens ici. Je ne resterai que quelques jours, juste le temps de... »

Elle était venue derrière lui. Il pensa : « Elle est malheureuse mais de quoi? » Il se détourna, scruta son visage. Humiliée plutôt, et claquée aussi, ça se voyait. Il était plein de compassion. Compassion pour qui? Pour une petite idiote qui l'avait séduit et pas seulement son corps, sa grâce, sa jeunesse aussi, tout un fragile édifice qu'il avait bâti à son propos. « Tu veux une orangeade? – Non. »

Ils se regardaient et ce n'était pas la première fois qu'ils s'observaient ainsi. Il n'y avait rien d'équivoque de l'un à l'autre, rien de sexuel ou de trouble en tout cas, il se le dit et qu'elle devait avoir de lui une vision décalée, comme s'il était quelqu'un d'autre à propos de qui elle projetait continûment un flot d'idées, de jugements – politiques? sociaux? –, et lui, de son côté, tant elle était fluctuante, ne savait jamais à qui il s'adressait, si bien que ce qu'ils se disaient, ce qu'ils faisaient même n'avait jamais beaucoup d'importance, beaucoup moins c'était sûr que leur silence comme en ce moment, une compréhension ambiguë ou très furtive et l'intuition pas nécessairement plaisante de ce qu'ils avaient peut-être obscurément en commun.

Elle le quitta et s'en alla dans sa chambre. Elle avait laissé la porte ouverte, ce qu'elle ne faisait jamais et quand il traversa la salle de séjour, il vit qu'elle était couchée, tout habillée. Elle n'avait pas ôté ses espadrilles et semblait dormir, les genoux ramenés sur le ventre, le visage dans l'oreiller.

Marie-Laure marqua un temps d'arrêt, pas contente, c'était visible, de la découvrir là. « Je te l'avais bien dit que tu finirais par revenir. Tu causes, tu causes et puis... » Cécile bâilla sans répondre. « Ça n'a pas marché avec Paolo? Pourtant tu semblais d'accord... Il faut dire qu'il est moche, son copain, moche et sale comme un peigne. » Marie-Laure riait comme une folle, elle en avait les larmes aux yeux. Cécile la fusillait du regard, tout à fait réveillée maintenant.

Un quart d'heure plus tard, elles bavardaient

comme deux amies à la cuisine. Elles s'aimaient bien de nouveau, elles avaient des tas de choses à se raconter. Il aurait cependant juré que parfois elles se détestaient. Les deux sentiments devaient être aussi vrais l'un que l'autre, ils se succédaient, c'était tout. Il se demanda encore ce qu'il faisait entre elles deux et il se dit, les voyant tout à leurs confidences, qu'il n'avait probablement pas d'importance, juste une sorte de père banquier un peu incestueux qui leur assurait le gîte et le couvert.

Vers la fin du repas, Cécile retomba dans le silence. Elle ne répondait plus aux propos de Marie-Laure. Elle avait à peine mangé et contemplait son assiette, tête basse, les bras croisés sur la table, lourdement appuyée, petite mémère aux traits en bourrelets. Marie-Laure demanda : « Tu viens avec nous au cinéma? » Cécile secoua la tête. Elle se leva aussitôt et partit dans la chambre.

Il était inquiet de la laisser seule. Il n'avait pas confiance. Pendant le repas, elle l'avait à peine regardé. Qu'est-ce qu'elle mijotait dans sa tortueuse cervelle? Et si elle profitait de leur absence pour...

Il en parla à Marie-Laure dans l'ascenseur. Elle haussa les épaules. « Je la connais, on croirait qu'elle va tout bouffer mais elle est comme les autres. Son frisé l'a écœurée. C'était à prévoir, elle n'est pas si costaud ni si courageuse, elle est revenue au panier. » Et parce qu'il ne semblait pas convaincu, lui donnant un rapide baiser : « Ah! ce que tu peux être naïf, bien gentil aussi. N'importe qui d'autre l'aurait flanquée dehors. »

Elle ajouta, évoquant il ne sut quel souvenir : « Elle en fait tellement, elle est si collante que les gens finissent toujours par se débarrasser d'elle. Tu n'aurais pas été le premier. » Il dit, pas attentif : « Je n'aimerais pas retrouver l'appartement vidé. Elle peut ouvrir à n'importe qui, à ses amis. – Elle est bien trop peureuse. Et puis son frisé, c'est peut-être un négrier mais il n'est pas malhonnête. Il travaille, c'est même sa manie le travail, une passion chez lui. Il croit qu'il finira par réussir en se défonçant. Un dingue des économies... Il a même un livret de caisse d'épargne et quand il a une minute il saute sur son crayon pour faire des comptes. Ce n'est pas lui qui te volera, tu n'as rien à craindre. »

Le lendemain, Cécile lui demanda de l'argent. Il lui en donna. Elle ne dit pas merci, elle ne remerciait jamais et s'en alla aussitôt avec Marie-Laure, serrée dans son jean crasseux.

Il se disposait à aller en ville quand on avait sonné. Il pensa que c'était une des filles qui revenait. Le frisé se tenait sur le seuil. « Je peux vous parler? » Il ne paraissait pas du tout agressif, il était même très poli.

Dans la salle de séjour qu'il avait évaluée d'un coup d'œil appréciateur, il avait dit, la voix haussée : « Vous savez ce qu'elle m'a fait avant de partir? Elle a foutu le feu à mon restaurant. Oui, le feu! Presque tout a brûlé. » Frank dit : « Eh bien!... »

Il avait failli sourire. Il devait rester une petite lueur de gaieté dans ses yeux car le garçon dit : « Ne croyez pas que ça soit rien. Les pompiers sont intervenus et ensuite la police, ça a fait tout un raffut. – Vous n'êtes pas assuré? – Non, je devais le faire mais j'ai eu trop de frais au début, vous savez ce que c'est... Vous savez combien j'ai perdu? Plus d'un million et je ne compte pas mes affaires personnelles... »

Il malaxait nerveusement ses mains, jetait encore un coup d'œil autour de lui. « J'ai plus un sou, rien que des dettes. Mon copain et moi, on ne sait même pas où aller... Parce qu'ils m'ont interdit de reconstruire. Il paraît que je ne remplis pas les conditions. Pourtant ils m'ont bien pris mon argent il y a deux mois. »

Frank demanda : « Et qu'est-ce que je peux faire? »

Le garçon secoua la tête, évitant de répondre. Il dit soudain : « Sans compter qu'elle a failli me tuer et mon copain avec... – Comment ça? » Il fit un grand geste. « Elle est à moitié sonnée, je vous l'ai dit, et quand je dis à moitié... » Puis comme Frank se taisait, attendant une explication : « Qu'est-ce que vous diriez de quelqu'un qui balance un seau plein d'essence sur le feu? On était juste devant... Tenez... » Il montra ses sourcils : « Vous pouvez constater, ils ont cramé... Cet après-midi, puisque je dois retourner à la police pour la déclaration, je porte plainte... »

Il avait parlé avec colère. « A moins que... – A moins que je paie les dégâts », dit uniment Frank. Le jeune homme approuva. Frank sourit. « Pourquoi voulez-vous que je vous dédommage? Cécile n'est pas ma fille et en plus elle est majeure. Débrouillez-vous avec elle. – Enfin, elle vit bien ici avec vous, elle me l'a dit... Je connais même sa copine, Marie-Laure. – C'est Cécile qui vous a donné mon adresse? – Non, ses copains. Ils venaient de temps en temps au restaurant. – Un grand avec un chien? – Vous les connaissez? » Il allait répondre quand la sonnette retentit, pressée avec frénésie.

Il alla ouvrir. Cécile entra en trombe, le bouscula et courut vers le salon où elle tomba en arrêt devant le garçon. Elle était rouge, hors d'haleine. Elle hurla : « J'étais sûre que c'était toi qui étais dans la voiture noire qu'on a croisée. Marie-Laure disait que non mais je t'avais bien reconnu. Qu'est-ce que tu es venu faire ici? Allez, dis-le... » Il répondit, retranché derrière un fauteuil : « Je suis venu parler avec monsieur. C'est pas un cinglé, lui... »

Elle essuya son visage à pleines mains, rebroussa ses cheveux : « Et tu lui as demandé de l'argent, bien entendu. » Le garçon prit un air excédé. « Tu lui en as demandé, hein, pourri? Le fric, le fric, tu n'as que ça en tête. » Et brusquement tournée vers Frank : « Combien il vous a demandé? Cinq mille, dix mille? »

Frank dit : « Nous n'avions pas encore parlé chiffres », mais ils furent l'un comme l'autre insensibles à l'ironie.

Les deux mains posées sur le dossier du fauteuil, le garçon dit fermement, prenant au pied de la lettre la réponse de Frank et y voyant un encouragement : « Je vais à la police et si je ne suis pas dédommagé, je porte plainte. Alors tu verras ce que ça te coûtera. » Elle fit un pas vers lui, menaçante, puis se ravisa. Elle examina Frank qui ne bronchait pas et leur tourna le dos, s'éloignant sans hâte comme si l'affaire ne l'intéressait plus. Le garçon qui contournait le fauteuil dit solennellement : « Ou elle paie, ou... »

Cécile revenait. Elle se rapprocha du fauteuil et ils ne comprirent qu'en voyant jaillir le couteau de cuisine, un grand, la lame en triangle aigu. Elle se jeta sans un cri sur le garçon qui fit un petit bond de côté et buta de la hanche contre le divan, déséquilibré. Le couteau plongeait vers son ventre, quand Frank, qui suivait soupçonneusement Cécile du regard depuis son entrée, se précipita sur la jeune fille qu'il bouscula tandis qu'il saisissait son bras, le tordait.

Il prit délicatement le couteau et projeta Cécile d'une bourrade dans un fauteuil où elle rebondit et sauta sur ses pieds s'élançant sur le garçon. Elle l'empoigna, criant de rage. Il y eut une mêlée confuse et Frank eut du mal à les séparer. Après avoir pris quelques coups, il arracha Cécile du sol et la poussa vers l'entrée. Il ouvrit la porte et la jeta dehors mais elle ne résistait plus maintenant. Debout, face à la porte, reprenant son souffle, il attendit, sûr qu'elle allait sonner, bourrer le battant de coups de pied. Il ne se passa rien de tel, elle se contenta de crier, la voix pleine de larmes : « Ne payez pas, ne lui donnez rien, c'est un salaud. » Ensuite, le silence.

Le jeune homme qui s'était rajusté pressait un mouchoir sur son bras nu. Il montra l'estafilade à Frank. « Vous n'avez pas d'alcool? – Bien sûr. » Dans la salle de bain, le garçon nettoya l'égratignure qui saignait à peine. Il appliqua avec soin le sparadrap que Frank lui avait proposé, se regarda dans la glace et dit à mi-voix : « Vous l'avez vue? Elle est vraiment détraquée. » Il arrangea sa chevelure du plat de la main, se détourna et demanda avec gravité :

« Alors, qu'est-ce qu'on fait? – Vous rentrez chez vous et cet après-midi, si c'est toujours votre idée, vous déposez votre plainte. – Je ne demande pas une fortune et comme de toute façon je ne suis pas assuré... » Frank compléta : « et que Cécile ne possède rien. – C'était juste pour me dépanner, relancer une petite affaire sur la Côte... Cent mille... anciens, bien entendu... »

Frank le suivit sans répondre. « De toute manière, même si elle ne peut pas payer, je porterai plainte. Ils la boucleront, je les connais. En cage, la folle... »

Il ajouta avec un sourire rentré : « Ça sera bien fait pour sa gueule, elle a foutu ma saison en l'air. Sans elle... » Puis : « Ils viendront vous voir vous aussi. Il faudra bien que je dise où elle habite, faut m'excuser... »

Frank réfléchissait en observant le garçon qui s'était immobilisé devant la porte. Il attendait, il n'avait pas perdu espoir. Frank pensa : « Dans dix ans, il sera riche. Il a tous les défauts nécessaires. » Il prit mille francs dans son portefeuille, les tendit au jeune homme. « Je ne veux plus vous revoir ici. »

Sur le seuil, le garçon qui tenait encore les billets à la main dit : « A votre place, cette fille-là, je... » Frank claqua de la langue avec impatience, alors il sourit : « Si vous passez par Sainte-Maxime, venez me voir. Je compte monter un petit snack, quelque chose d'intime... » Frank ne répondit pas et Paolo dévala l'escalier en courant.

Frank rentrait quand il vit Cécile. Elle s'était réfugiée à l'étage supérieur. Elle descendit quelques marches. « Vous lui avez donné de l'argent. J'en étais sûre.

Les gens comme vous paient toujours. Pour être tranquilles, en règle, ou je ne sais quoi... Combien lui avez-vous donné? » Elle était calme, presque détachée. « Mille francs. – Vous êtes un imbécile. Je parierai que vous ne lui avez même pas fait signer de papier. – Non. – Il faut toujours faire signer un papier. »

Elle passa devant lui. « L'essentiel, c'est qu'il ne porte pas plainte. » Il avait parlé tranquillement, l'esprit ailleurs. « Il n'aurait pas porté plainte. – Si. Ton Paolo est un petit salaud et moi, je connais les gens de police ici. Ils auraient fait un tas d'histoires... A toi, à moi. – En somme, vous avez eu peur, comme d'habitude. – C'est ça. » Elle lui dit, insolente : « Merci papa », et se dirigea vers la salle de bain, le plantant là après une grimace méprisante.

Quand elle revint, le visage rafraîchi, les cheveux peignés, il proposa : « Je vais au marché. Tu viens ou tu restes? – Je viens. »

Il ne lui demanda pas pourquoi elle avait mis le feu à la cambuse ni ce qui s'était exactement passé. Ces histoires l'ennuyaient. Elles le faisaient se sentir vieux, très blasé. Cette manière tumultueuse, mélodramatique de mener sa vie n'était pas la sienne. Elle ne l'avait jamais été. Quand il avait saisi le poignet de Cécile, la pointe du couteau n'était qu'à quelques centimètres du ventre du jeune homme et ce n'était pas un bras hésitant qu'il avait immobilisé. Le garçon n'avait pas tort, elle était folle, mais on pouvait aussi employer un autre mot.

Dans la voiture, Cécile, près de lui, alors qu'il ne disait rien perdu dans ses pensées : « Vous êtes patient, très indulgent et vous croyez que ça suffit, qu'on vous aimera à cause de cela. Mon père aussi était très indulgent, très compréhensif, n'empêche que... – Que tu ne l'aimais pas. – Voilà! – Je ne suis pas ton père et je t'ai expliqué pourquoi j'ai donné de l'argent à ce garçon. – Je ne parle pas de ça. – De quoi alors? » Elle haussa les épaules. Elle voulait parler de lui et d'elle, des rapports qui s'étaient formés entre eux, de ce qu'ils évitaient de se dire.

« Dans deux jours, je partirai. Vous serez débarrassés de moi, Marie-Laure et vous. – Ne te fais pas plus bête ni plus méchante que tu n'es. »

Ils roulèrent en silence puis il demanda : « Qu'est-ce que tu vas faire? » Elle fit un geste incertain. « Ici, c'est difficile de trouver du travail. Peut-être que je remonterai à Paris. Il y a toujours des remplacements en août. »

Sa colère était tombée. Il regarda son profil charmant. Il la sentit lasse, désemparée : « J'aimerais que tu restes ici, que tu t'amuses, que tu fasses un peu de sport... Tu n'es pas en bonne santé, tu dors mal, tu fumes trop, tu manges n'importe quoi... » Tête basse, elle contemplait ses petites mains griffées d'éraflures qui reposaient, paumes ouvertes sur ses genoux. « Je sais », et puis : « Qu'est-ce que ça change? »

Il eut envie de lui expliquer que vivre n'était pas ce qu'elle croyait, qu'en fait, c'était beaucoup plus léger qu'on ne le prétendait et que remplir le temps d'une façon plutôt que d'une autre était une affaire de convenance, strictement personnelle, qui n'avait rien à voir avec les impératifs, les tabous et les recettes à penser qu'on nous avait fourrés dans la tête et qui suivaient la mode comme le reste, un schéma parmi d'autres, pas toujours le meilleur, et sûrement pas définitif. Et au-dessous, à peu près inchangée depuis dix mille ans, la même bestiole têtue qui aménageait sa vie de son mieux dans le cadre de l'époque où elle était née et dont il lui fallait bien s'accommoder.

Il éclata soudain de rire. Elle se tourna vers lui, surprise. Il dit : « Je pensais que nous étions quatre milliards, qu'il en était encore passé une dizaine de milliards avant nous et je nous voyais là tous les deux dans notre petite voiture... » Elle fronçait les sourcils, le dévisageait. Elle murmura, ironique : « Dans un instant, vous allez me dire que le temps n'a jamais été aussi magnifique et que le zeppelin jaune qui se balade dans le ciel avec sa banderole publicitaire est le plus beau spectacle du monde... » Puis plus sèchement : « En somme, vous me reprochez de dramatiser. Mais vous aussi vous dramatisez, seulement ce n'est pas pour les mêmes raisons, et qu'est-ce que ça veut dire sinon qu'on n'a pas le même âge, les mêmes idées et qu'on ne se ressemble pas... »

Sur le port, après qu'elle l'eut quitté, il resta les mains à plat sur le volant, son plaisir envolé. Il se sentait vieux, elle avait raison, sans aucune prise, encombré d'un tas d'idées qui n'avaient plus cours, héritier en somme d'un monde compliqué, ritualisé qui avait dû parer tant bien que mal à ses excès, à ses insuffisances, et la tolérance n'avait jamais été qu'un palliatif, une façon d'esquiver, pas une solution.

Il se secoua. Même s'il l'aimait, il n'y avait pas de quoi en faire un drame, c'était son affaire à lui, du bonheur, un cadeau inespéré, un sentiment qu'il n'aurait même pas osé concevoir un mois plus tôt, rien de triste donc. La regarder, l'entendre, la reconstruire quand elle n'était pas là. Pas de quoi pleurnicher donc ni se lamenter puisqu'il l'aimait. Il soupesa le mot. Il n'arrivait pas à lui donner de contours définis. Il secoua la tête, murmura, debout près de la voiture : « Ce n'est pas croyable. » Il se gratta la nuque, les yeux sur la marée de véhicules du parking. Ça lui donnait envie de rigoler maintenant. Il passait d'un sentiment à l'autre mais, en fait, c'était la stupeur qui dominait, une stupeur ravie.

Après quelques jours, leur vie à trois avait si bien repris son cours qu'il aurait pu prétendre que rien ne s'était passé. Les deux filles étaient redevenues amies. Plus complices qu'amies, pensait-il, en les voyant chuchoter, rire, se laver mutuellement les cheveux et se rendre les mille services que les filles se rendent pour être plus belles.

Le matin, elles filaient ensemble, il ne les voyait plus de la journée et quand elles rentraient, elles parlaient de gens qu'il ne connaissait pas, si bien qu'il les écoutait à peine et en était venu à lire le journal comme un vieux mari ou un père blasé, les observant parfois par-dessus les lunettes qu'il mettait dans ces moments-là, heureux de leur présence, de leur beauté, attentif à un sourire, une expression fugitive, à leurs gestes et à ces fragments de leurs corps qu'elles lui offraient si gentiment.

De temps en temps, il sentait le regard de Cécile qui pesait sur lui, l'évaluait. Elle ne parlait plus de partir mais il avait toujours su qu'elle resterait. Marie-Laure aussi l'observait à la dérobée. Elle, il savait que c'était par inquiétude ou agacement. Elle lui reprochait de manquer d'enthousiasme, de refuser trop souvent de l'accompagner. « Tu tournes au vieux gars... Non, non, ce n'est pas une question d'âge. Hein, Cécile, qu'on connaît des tas de jeunes qui sont comme Frank, pleins de manies? Ton journal, tes infos, ta sieste, tes petites balades sur la plage. Tu as l'air endormi et quand on te cause, tu tombes de la lune. Ah! réveille-toi un peu, tu n'es pas drôle! »

Il souriait : « Je n'ai plus vingt ans. » Elle haussait sèchement les épaules. Elle détestait qu'il mentionne son âge et ce n'était pas – il l'avait d'abord pensé – parce qu'elle attachait trop d'importance aux années qui les séparaient mais au contraire parce qu'elle avait fini par les oublier pour donner le pas à sa nature et à ses humeurs.

Cécile ne disait rien mais il y avait son regard qui glissait de l'un à l'autre et qui montrait clairement qu'elle ne confondait pas les générations, elle. A l'occasion, elle le lui faisait même savoir. Il n'en était pas vexé, ce qui la déconcertait toujours un peu. Ainsi quand Marie-Laure lui reprochait : « Tu ne t'es pas rasé ce matin... Tu sais que ça te vieillit de dix ans, qu'en plus ça fait pas soigné. » Il répondait : « Je n'aime pas me raser. A Paris, je suis obligé de le faire tous les jours. Ici, je me repose la peau... – Alors laisse-toi pousser la barbe carrément... – Avec une barbe je ressemble à un clochard. » Elle soupirait : « Ah! tu n'es pas coquet! » et on voyait qu'elle interprétait cette négligence comme un signe d'indifférence à son égard.

Cécile ne mêlait jamais ses reproches à ceux de Marie-Laure. Elle disait, faussement indulgente : « Laisse-le tranquille. » Ce qui était sa manière de le rejeter dans sa génération. Marie-Laure le prenait bien ainsi, qui protestait : « Mais c'est pour lui que je parle, pas pour moi! » et elle montrait un peu d'aigreur, ce qui était rare chez elle. Et Frank qui les observait – Cécile en particulier –, comme il n'avait jamais observé personne avant elles, qui était sensible à d'infimes nuances, se disait que ce n'était pas seulement sa barbe ou des vétilles de ce genre qui irritaient Marie-Laure mais un changement subtil, une altération de leurs rapports, car on l'a dit, elles aussi, derrière leur façade légère, ne le perdaient jamais de vue.

La nuit, depuis le retour de Cécile, Marie-Laure ne venait plus le rejoindre aussi souvent. Il le regrettait mais ne faisait rien pour qu'elle revînt. Un jour, elle cessa tout à fait et ils n'en parlèrent ni l'un ni l'autre. Elle restait d'ailleurs aussi gaie, aussi affectueuse, l'embrassant à propos de rien, lui caressant le visage ou la nuque devant Cécile qui paraissait ne rien voir ou n'était jamais ironique. Chez Cécile cette nouvelle attitude allait avec un changement plus général. Moins d'élan et de vivacité, par exemple. Elle sortait bien sûr, disparaissait jusqu'au milieu de la nuit mais il lui arrivait maintenant de passer des après-midi entiers à l'appartement. Installée dans sa chambre ou dans un fauteuil de la salle de séjour, elle lisait les livres qu'elle empruntait à la bibliothèque de la ville, pas des romans, des manuels de sociologie, d'ethnologie, des études de psychiatrie qui faisaient soupirer Marie-Laure. Son transistor ronronnant contre sa hanche, secouant les cendres de sa cigarette au petit bonheur sur le carrelage, ils pouvaient bien aller et venir autour d'elle, bavarder et rire, elle ne s'occupait pas d'eux, tout à sa lecture.

Frank l'examinait, pensif. Il s'interrogeait, inquiet de la voir si calme, mais parce que pour l'ordinaire de leur vie, elle se montrait plutôt gaie, riant d'un rien, chantonnant avec le transistor et plantant franchement son regard bleu dans le sien, il avait fini par se dire, un rien méfiant quand même, que vivant à sa guise, entre sa musique, ses bonbons, ses gros livres et le soleil de vacances qui tombait par les grandes fenêtres, repliée dans le fauteuil qui la contenait tout entière, elle était tout simplement heureuse.

COUTELIER arriva après le déjeuner. Il dit, devant le visage troublé de Frank : « Mais si, je t'avais prévenu que je passerais au début d'août... Rappelle-toi. Tu m'as même fait un croquis au bureau pour que je ne me perde pas... »

Tout en parlant, il suivait des yeux les deux filles qui desservaient la table, Marie-Laure en particulier dont les longues jambes fraîches et le sourire semblaient le fasciner. Il avait déjeuné en ville mais il accepta la part de gâteau qu'elle lui offrit et dit entre deux bouchées : « Tu es bien ici... C'est le rêve », et parce qu'il ne quittait pas les filles des yeux, on pouvait se demander si ce n'était pas d'elles qu'il parlait. « ... Tu m'avais dit que tu y avais mis le prix mais je n'aurais jamais cru que c'était aussi... » Il ne trouvait pas le mot pour décrire son émerveillement, le remplaçait par un geste ample des deux bras.

C'était un homme d'une quarantaine d'années, vigoureux, plutôt beau garçon, les cheveux blonds et épais, et Frank qui ne l'avait vu qu'engoncé dans des complets sombres et à son bureau d'angle, penché sur ses liasses de bordereaux, ne lui supposait pas autant de force ni d'aisance.

Coutelier qui le suivait jetait encore avant de quitter la cuisine un coup d'œil de regret aux jambes de Marie-Laure. « Je t'envie de prendre ta retraite ici. Tu n'as plus tellement longtemps, je crois? » Frank approuva.

Il n'avait pas beaucoup parlé depuis l'arrivée de son ami. Sa visite le dérangeait. Il n'avait pas envie de le voir ni aucun de ceux qu'il fréquentait à Paris. Il les avait si bien oubliés depuis un mois qu'ils lui semblaient incongrus et liés à un mode de vie qui ne pouvait pas être le sien, idée ridicule bien sûr, mais qu'il avait du mal à écarter.

Coutelier s'extasiait encore, son ballon d'armagnac à la main. Il demanda soudain, tendant son verre en direction de la cuisine d'où venaient un bruit de vaisselle et des rires : « Ces deux filles, c'est qui? – Des amies. – Des amies... Tu sais que la grande est splendide? » Il attendait, l'œil éveillé, et parce que Frank se contentait de sourire : « Je ne t'aurais jamais imaginé... – N'imagine rien... Elles sont juste de passage. » Il avait parlé plutôt gentiment : « ... Tu restes quelques jours sur la Côte? – Une quinzaine... Tu connais un bon hôtel? »

Cécile qui entrait à cet instant dit joyeusement : « C'est grand ici, pourquoi faire des frais? Frank sera heureux de vous installer dans une des chambres, il y a suffisamment de place pour six personnes, n'est-ce pas, Frank? » Elle ne lui donnait jamais son prénom et s'arrangeait d'ordinaire pour ne pas le prononcer. Coutelier dit : « Je ne voudrais pas gêner. – Vous ne gênerez personne, bien au contraire... N'est-ce pas, Frank, qu'il ne nous gênera pas? – Bien sûr. »

Marie-Laure écoutait sans rien dire. Cécile insista : « Vous pourriez tenir compagnie à Frank. Je suis sûre qu'il s'ennuie quand on n'est pas là... »

Coutelier hochait la tête, séduit, embarrassé quand même. Il regarda disparaître les jambes de Marie-Laure qui s'en allait vers la chambre, dit, prudent, après un coup d'œil vers son ami : « On a le temps d'en reparler... En tout cas, ce soir, vous êtes mes invités tous les trois. » Cécile applaudit : « Je sens qu'on va bien s'amuser. »

Marie-Laure revenait. Elle avait passé une robe. D'habitude à cette heure, elle prenait un bain de soleil sur la terrasse. Elle s'assit sagement, les mains sur ses genoux. Perchée sur un accoudoir, Cécile disait : « Ensuite, on pourrait aller danser... Vous dansez? » Il dansait. C'était même sa passion. Il proposa : « Et si je vous emmenais dans une boîte à Cannes que je connais? »

Sur son accoudoir, balançant ses jambes, une main posée sur l'épaule de Marie-Laure, Cécile approuva : « Ça nous sortirait. Frank ne nous emmène nulle part, on va bien s'amuser tous les quatre... » Elle montait carrément à l'assaut, se dégageait avec brusquerie parce que Marie-Laure lui prenait le bras et le serrait sournoisement : « Hé! lâche-moi, tu me fais mal! Tu ne vas pas dire qu'on ne se rase pas un peu avec Frank?... Bien sûr, je sais qu'à son âge on a surtout besoin de repos... » Elle riait de toutes ses dents, les yeux méchants.

Marie-Laure se mit debout d'une détente, nerveuse. Frank dit : « Je vais vous laisser et aller à la plage. » Il expliqua : « J'y passe toujours une heure ou deux l'après-midi. – Je t'accompagne. » C'était Coutelier. « Vous ne restez pas avec nous? » Marie-Laure suivit Frank, ce qui décida Coutelier. « Non, non, un peu de nage me fera du bien à moi aussi. » Il avait enfin flairé qu'il se passait quelque chose d'anormal, rejoignait Frank dans l'entrée et lui faisait un clin d'œil amical qui voulait dire quoi au juste? Qu'il comprenait? Que la petite était un peu bizarre?

Elle les suivait elle aussi et dans l'ascenseur pendant la descente, elle regarda Frank fixement. Il sentait sa tension, son souffle chaud et il finit par détourner la tête, se demandant quelle mouche la piquait, elle qui était si tranquille une heure plus tôt.

Sur l'esplanade, elle dit : « C'est laquelle, votre

voiture? – La bleue. » Cécile décida : « Vous prenez Marie-Laure et moi je vais avec Frank. » Marie-Laure hésitait, désemparée. Elle suggéra : « On pourrait tous aller dans la voiture de Frank, il y a de la place. – Non, non... » et Cécile prenait le bras de Frank, l'entraînait, les laissant, Marie-Laure qui les regardait s'éloigner, indécise, et Coutelier qui disait plutôt heureux : « Allons-y, vous me dirigerez... »

Sur la route, Frank demanda : « Qu'est-ce qui te prend? – Moi? » Elle jouait la surprise : « Mais c'est votre copain! Vous n'êtes pas content de lui faire plaisir? Ce n'est pas vous qui lui avez dit de venir? – Ce qui va arriver, c'est que je vais vous foutre dehors toutes les deux et lui avec. – Mais c'est une manie chez vous! Quand ça ne va pas à votre gré, vous flanquez les gens à la porte. » Elle riait. « Qu'est-ce que tu espères? – Mais rien... »

Il ralentit, laissa la voiture de Coutelier les doubler. Au passage, Coutelier agita joyeusement le bras. Tournée vers eux, Marie-Laure leur adressa une grimace interrogative. Cécile dit : « Marie-Laure lui plaît et elle, votre copain, c'est juste son type d'homme. Un grand blond aux yeux bleus, elle en rêvait, elle me l'a dit cent fois. » Elle riait de plus belle.

Frank s'arrêta sur le terre-plein d'une station d'essence. Il fit face à Cécile : « Qu'est-ce que tu veux au juste? Foutre la merde comme d'habitude? Je te croyais calmée, heureuse même. » Elle sourit : « Vous avez de ces mots!... Je vois, vous êtes jaloux... A cause de Marie-Laure. – Je te demande pourquoi tu fais ça... Réponds... »

Elle cria : « Les types comme votre copain, je les vomis, je gerbe dessus, je leur chie sur la gueule. Ils se croient tout permis, ils croient que c'est arrivé... Ah! ça ne m'étonne pas que vous soyez amis. C'est un salaud. – Qu'est-ce que tu vas inventer? – Il est marié, non? Si vous croyez que je n'ai pas vu la marque de l'alliance qu'il a enlevée. Et ces coups d'œil qu'il nous jetait! Des putes, deux petites putes, voilà pour qui il nous prend et il pense qu'il est bien tombé, que vous êtes un vieux saligaud et qu'il va réussir à se les envoyer les deux petites putes de son copain, d'abord la grande et ensuite la petite, et peut-être même qu'on partouzera tous les quatre, le pied... – Tu es folle, je connais Coutelier. – Vous croyez le connaître mais moi j'ai lu dans ses yeux ce qu'il pensait, et là-dessus je ne me trompe jamais. Jamais, vous entendez! Même Marie-Laure a compris et Dieu sait qu'elle en traîne un wagon. Demandez-lui donc ce qu'elle en pense de votre copain, de ses airs de brave type... Il est venu sur la Côte pour se sauter des filles, rien d'autre. Elle, ça la gêne pas, elle comprend la vie, elle serait même d'accord... »

Elle lui jetait les mots, à quelques centimètres de sa bouche, les yeux éclatants, folle de rage vraiment. Il se frotta le menton, recula, tomba sur le visage penché du pompiste. « Vous ne voyez pas que vous gênez l'accès. – On s'en va. »

Cécile demanda : « Où elle est sa femme en ce moment? – Comment veux-tu que je le sache? – Il a dû la larguer sur une plage normande avec les enfants. Parce qu'il a des enfants, je me trompe? – Non, il en a trois », puis : « Je lui parlerai. Il ira à l'hôtel. » Elle répondit, hargneuse : « Oui... Vous nous méprisez. Vous aussi vous pensez qu'on est deux petites putes, seulement vous êtes bien élevé, moins bête aussi, vous ne nous le faites pas sentir. – Je n'ai jamais pensé ça. – Même le premier jour, quand on vous a abordé? »

Il reconnut : « Si... Ensuite j'ai changé d'avis. – Ça ne vous a pas empêché de coucher avec Marie-Laure. – C'était sans importance. – Comment, sans importance? » Il haussa les épaules : « Tu le sais très bien... » Il n'avait pas envie de s'expliquer. « Je te laisse à la plage. Tu iras les rejoindre. – Et vous? – Je n'ai pas envie de me tremper. – Et vous vous imaginez que je vais aller avec eux? – Tu fais ce que tu veux. – Laissez-moi ici. »

Elle descendit, passa la courroie de son sac sur son épaule et se pencha pour lui dire : « Vous savez pour qui il vous prend votre ami? Pour un vieux vicieux qui se tape des gamines pendant l'été. Vous n'avez pas vu comment il vous regardait? Rien que l'idée de ce qu'il allait raconter à vos copains de bureau, ça le rendait tout jouasse... Surtout si vous ne l'invitez pas à partager et si vous l'envoyez à l'hôtel. »

Il lui sourit, pensa : « Elle a raison. » « Ça ne vous fait rien? » Il secoua la tête. « Si. – Je n'ai plus d'argent. – Tu t'en passeras. » Elle retira la main qu'elle avait tendue, éclata de rire et dit très haut avant de s'éloigner : « Heureusement que je sais comment en trouver. »

Il la rappela. « Viens ici. » Elle fit deux pas vers lui. Il faillit lui dire qu'il l'aimait, les mots étaient au bord de ses lèvres. « Alors, vous me le donnez cet argent? Je vais aller me payer des glaces. On a mal bouffé ce midi, il était dégueulasse votre poisson. » Lui dire qu'il l'aimait, qu'aucune fille ne lui avait jamais autant plu. Il ne manquait pas de souffle. Pourtant le regard qu'elle posait sur lui en ce moment aurait dû lui remettre les pieds sur terre.

Il lui tendit les billets. Elle les compta, secoua ses mèches. « Vous êtes fou, tout à fait fou. Elles vont vous coûter cher vos vacances... » Elle rit, poussant les billets dans son sac. « Surtout que vous n'êtes pas si riche, j'ai vu votre relevé de compte en banque. Il ne reste pas des masses. » Il dit : « Non. – A moins que sournois comme vous l'êtes vous n'ayez une cache quelque part, c'est ce que prétend Marie-Laure... – Je n'ai pas de cache. » Il s'amusait. Elle approuva : « Je vous crois. Vous avez beau avoir de l'ancienneté, je suis sûr qu'ils ne vous paient pas une fortune dans votre bureau. Moi aussi, j'ai travaillé dans ce genre d'endroit, on reçoit que des rognures. »

Elle demanda, intriguée : « Vos économies bouffées, vous vous serrerez la ceinture, c'est ça? – C'est ça. »

Il aurait voulu qu'elle reste éternellement devant lui, campée sur ses jambes fines, le ventre en avant, ses yeux bleus féroces et gais. « Et ça sera bien fait pour vous, on vous aura ruiné. On rigolera toutes les deux, Marie-Laure et moi, quand on en parlera. »

Elle fit voler sa courte robe, s'en alla et il la regarda jusqu'à ce qu'elle disparaisse dans la foule. Enragée, oui il la préférait enragée plutôt qu'indulgente et lointaine comme elle était les jours précédents. Coutelier avait eu finalement une bonne idée en passant le voir.

Sur le port, il erra parmi la foule. Elle était si dense qu'il devait parfois s'arrêter, attendre qu'il y ait un creux pour avancer de quelques pas. Il fut vite las d'être bousculé en tous sens et monta les marches qui menaient au casino.

Il resta là, sa serviette de bain sous le bras, contemplant la cohue qui coulait, s'entrecroisait et il se demanda ce que signifiaient, au-delà de la simple idée de vacances, ces gigantesques rassemblements. Tous avaient l'air heureux. Ils n'attendaient visiblement rien d'autre et ne donnaient pas l'impression de vouloir aller quelque part, comme s'ils avaient atteint leur but.

Oui, c'est ainsi qu'il les voyait : arrivés et satisfaits d'être là, ensemble, coude à coude dans la lumière dorée, différents et cependant si semblables, bariolés de leurs vives couleurs, et des transistors éparpillés, des juke-boxes, des cafés voisins montaient dix musiques, la même en fait, qui se fondaient en une rumeur scintillante et un peu sucrée, parcourue de battements sourds qui étaient les battements même de l'énorme cœur de la foule.

Il y avait probablement un sens à cette musique, à

ces explosions de couleurs, à ce grand emmêlement pacifique, à cette épaisse rumeur bourdonnante. Cette grande fête solaire faisait penser aux cérémonies primitives, à leurs danses, leurs rites, à leur délire incantatoire. Mais quelque chose s'était évaporé, le sens, la raison d'être de la cérémonie, sa finalité – ici, il ne s'agissait que de plaisir –, son caractère sacré en somme, et peut-être à cause du manque de correspondance entre l'homme et ce qui l'environnait, une dimension qu'il avait envie d'appeler cosmique. Cependant un reflet en subsistait, vague réminiscence qui rendait ce rassemblement différent des autres, et il pensa à la foule parisienne, dure, efficace, à son martèlement sec dans les couloirs du métro, aux visages aussi qui étaient différents, chacun une petite île fermée sur elle-même, molécule à la dérive, close et solitaire. Il se demanda lesquels étaient vrais, prit conscience de sa naïveté, rangea sa rêverie baroque et replongea dans la foule.

Sur la plage, les corps étaient si serrés qu'il hésita, faillit rebrousser chemin puis il vit Coutelier qui lui faisait de grands signes. Il se glissa entre les corps, s'assit, le menton aux genoux, près de son ami, cherchant Marie-Laure du regard.

« Elle est partie se tremper. Tu sais qu'elle nage comme une championne! J'ai essayé de la suivre mais je manque d'entraînement... C'est elle, là-bas, avec le bonnet bleu... On a un peu parlé. C'est une bonne fille et jolie en plus... »

Frank, qui regardait machinalement la poitrine d'une femme qui avait ôté son soutien-gorge, dit : « Oui, elle est très jolie. – Tu sais qu'elle t'aime bien. »

Coutelier se leva. Il chassa le sable de son corps du plat de la main. « Je t'envie. » Il souriait, campé sur ses jambes solides couvertes de poils blonds que le soleil faisait briller. « C'est toi le plus heureux, pas de femme, pas de gosses... »

Frank jeta un coup d'œil sur son corps. Près de son ami, il faisait chétif, deuxième choix. Il pensa : « Je n'ai jamais eu cette prestance ni cette belle santé. Même il y a vingt ans, je n'étais qu'un homme quelconque que personne ne regardait. » Autrefois, il était vexé de cette insignifiance et puis avec le temps il y était devenu indifférent, mieux encore il avait fini par prendre plaisir à cet anonymat. C'était comme s'il se promenait dans une vaste forêt pleine de surprenants spectacles qu'on eût mis en scène rien que pour lui, et c'est aux autres, à leur présence, à leur ingéniosité, à leur infinie diversité qu'il devait la substance de sa vie. Sans eux, qu'aurait-il été en effet, petit Robinson étouffé par la mélancolie et la satiété de sa personne? Il avait gardé de cette découverte qu'il avait faite un peu trop tard de la gaieté et une joyeuse petite musique que rien n'arrivait à faire taire.

Près de lui, Coutelier, qui épluchait des peaux sous un de ses pieds, disait : « ... Et qu'est-ce que c'est que cette petite pétroleuse à qui tu pardonnes tout, paraît-il? – Cécile? » Coutelier cala commodément son pied sur son genou. « D'après Marie-Laure, elle ne te déplairait pas, elle en est même un peu jalouse... »

Coutelier surveillait Frank. « Elle n'est pas toujours facile, c'est vrai. – Une emmerdeuse, oui, une faiseuse d'embrouilles d'après ce que j'ai compris, et même pas jolie, pas aussi jolie que Marie-Laure en tout cas... Elle serait pas un peu gaucho? – Elles le sont toutes, ça ne veut rien dire, elles ont la couleur de l'époque. – On dirait que tu les approuves. Déjà Marie-Laure m'a fait deux ou trois réflexions qui ne m'ont pas plu... »

Il ne s'expliqua pas, passa la main dans ses cheveux, hocha la tête. « C'est curieux que toi, un père tranquille, tu te sois dégotté ces deux filles... – Je les loge, je les nourris, ça ne va pas plus loin... » Frank hésita. Il finit par dire : « En fait, je suis heureux qu'elles soient là. »

Coutelier coula un regard vers son ami : « Et Lisa?

– Elle est en Bretagne. – Brr... On y pèle de froid. J'y suis allé trois jours, juste pour déposer ma femme et les enfants. C'est sain, la Bretagne, mais... Suppose que Lisa débarque? » Frank murmura rêveusement : « Lisa... » Il ne pensait pas souvent à elle, et c'était du bout de l'esprit juste pour la remettre à plus tard. « On se reverra en septembre... D'ici là... »

Coutelier rit grassement. « Tu as raison », et Frank fut gêné par ce qu'il sous-entendait.

« Moi, je reste quinze jours... Ce que je voudrais, c'est me trouver une fille comme Marie-Laure... »

Il allait poursuivre, mais Marie-Laure arrivait. Elle vint s'asseoir entre eux deux et se serra contre Frank, si proche qu'il sentait son corps humide de la hanche aux épaules. Elle ôta son bonnet, secoua ses bouclettes blondes. « Où est Cécile? – Elle est allée manger des glaces. – Qu'est-ce qu'elle peut se bourrer de sucreries! » Elle se tourna vers Coutelier : « L'autre jour, elle a mangé une livre de caramels dans l'après-midi, après elle se plaint d'être constipée... Je lui ai dit cent fois qu'elle finirait grosse fille avec des bourrelets mais elle s'en fiche... »

Elle s'entendait bien avec Coutelier. Il suffisait de voir la façon dont elle le regardait. Frank se dit : « Peut-être aurait-elle du plaisir avec lui, plus qu'avec moi. »

Ils bavardaient et ce que racontait Coutelier la fit si bien rire qu'elle posa sa main sur son épaule. Elle la retira aussitôt du reste.

Frank réfléchissait à cette affaire du plaisir. C'est ce qui les avait liés si longtemps, sa femme Véronique et lui, et le plaisir était plutôt du côté de Véronique, pas du sien. Elle le désirait avec force, passion même et il lui était arrivé de se dire que c'était pour cette seule raison qu'elle l'avait épousé. Elle avait imposé sa volonté à son père qui avait longtemps renâclé. Ça ne disait rien à Justhomme qu'elle épouse un de ses employés.

Quant à lui, son plaisir n'avait jamais beaucoup varié. Et puis elle s'était détachée, pas brusquement, non, peu à peu. Elle avait pris un amant. Il l'avait su, deviné plutôt. Il n'avait rien dit. Il était malheureux mais il n'en avait pas fait un drame. Il avait même pensé : « Ça devait arriver », et il en avait conclu, peut-être à tort, qu'il ne l'avait jamais aimée.

Marie-Laure s'était laissée aller en arrière, les mains devant les yeux. Sa hanche effleurait celle de Coutelier. Ils parlaient d'une plage privée que connaissait Coutelier. Elle écoutait, son charmant visage un peu détourné. Frank pensa : « Elle est belle, très belle, agréable dans l'amour », et son regard glissa vers une vigoureuse sexagénaire à deux pas de lui. A plat ventre, elle exposait au soleil de larges fesses et un dos grenu. Il détourna les yeux. Il n'aimait pas les femmes de son âge, leurs seins flapis, leur peau qui frise, leur chair qui balloche aux bras et au creux des cuisses.

Il l'avait dit un jour à Marie-Laure et que pour les hommes, c'était peut-être moins sensible mais pas plus brillant, et qu'il ne comprenait pas qu'elle puisse faire l'amour avec lui. Elle avait ri : « Les filles, c'est pas pareil, moi aussi ces vieilles femmes me dégoûtent, tandis qu'aller avec toi, ça me plaît. » Il avait paru sceptique. Elle avait insisté : « Si, si... Un homme, c'est toujours un homme, tu ne peux pas comprendre. »

Il en avait simplement conclu sur le moment que les hommes et les femmes ne s'aimaient pas pour les mêmes raisons. Il en avait cherché la cause et n'avait trouvé qu'un contexte social, une vieille convention qui mettait chez les femmes l'accent sur le corps, la beauté, ailleurs chez les hommes, et on roulait là-dessus depuis des siècles.

Il y avait là quelque chose d'injuste et il comprenait qu'on veuille y remédier. Mais comment changer le mécanisme du désir? Bien sûr, il y avait quelques solutions : prolonger la jeunesse des femmes, leur belle apparence, pourquoi pas? On avait déjà essayé. Et puis du côté de l'homme, l'amour, la tendresse qui font aimer un corps bien au-delà de sa jeunesse, de sa beauté, mais ça resterait l'exception. Les sentiments s'usent comme les corps, ils sont aussi victimes de leur entropie qui les dégrade et réduit leur chaleur, et ça l'avait rendu triste. Plus il avançait en âge, plus il éprouvait pour ses semblables la compassion et la fraternité qu'on a pour ce qui est faible, démuni et va vers sa ruine, mais bien qu'il fût sincère ce n'était peut-être, se disait-il, qu'une façon détournée de s'apitoyer sur soi.

Marie-Laure et Coutelier ne parlaient plus. Allongés l'un près de l'autre, ils avaient fermé les yeux et il sembla à Frank que leurs corps s'étaient imperceptiblement rapprochés et adhéraient maintenant par une hanche, deux doigts enfouis dans le sable. Cela l'agaça mais plutôt comme une faute de goût. Marie-Laure qui avait surpris son regard entre ses cils s'écarta et s'assit.

« On y va, Frank? »

Elle s'accrocha à son bras : « A quoi tu rêves?... Si tu allais te baigner? ça te ferait du bien. Il fait une chaleur! » Il secoua la tête, la regarda avec amitié et elle lui sourit.

Coutelier se leva et ramassa ses affaires après s'être étiré théâtralement. Ils contournèrent des corps, en enjambèrent d'autres. Marie-Laure observait celui des femmes sans vergogne, leurs seins nus. Près du front de mer, elle murmura : « Quand je vois toutes ces mémères la poitrine au vent! Elles feraient mieux de cacher tout ça, hou! »

Coutelier approuva chaudement et ils se mirent à parler de l'exhibitionnisme des plages, de ces corps souvent laids exposés à qui voulait les voir. Ils étaient d'accord sur les lieux communs les plus usés et il était visible qu'ils en retiraient un surcroît d'attrait l'un pour l'autre.

Frank les suivait. Lui aussi regardait les corps étendus, hébétés de soleil, mais que certains soient laids ne l'offusquait pas. Ce qui le frappait, c'était un bizarre relief qu'ils possédaient soudain d'être ainsi exposés par centaines les uns auprès des autres, comme s'ils n'étaient pas tout à fait humains, réduits à une présence animale et massive, un peu inquiétante. On croyait les avoir oubliés à force d'habitude et ils resurgissaient avec une insistance brutale, la viande, la peau humaine si particulière, sa fragilité, et puis les regards qui ne reflétaient plus rien engloutis dans ces grandes surfaces nues. Il fallait s'arracher à cette fascinante attraction, réaccommoder, pour qu'ils retrouvent leur identité, leur banalité de tous les jours.

Sur le large trottoir qui longeait le front de mer, marchant derrière Marie-Laure et Coutelier, il pensa à Cécile. Il se demanda s'il la désirait. Bien sûr qu'il la désirait mais il s'agissait d'autre chose. Sa présence? Oui, sa présence mais à la limite, elle n'était pas indispensable. Elle était toujours là en creux, dans sa tête, dans ses mains. A deux reprises, il avait rêvé qu'il faisait l'amour avec elle. C'était vague, très flou, inconsistant, comme un rêve à l'intérieur de son rêve. Cette irréalité devait avoir un sens, il se demanda lequel.

A l'entrée du parking, Marie-Laure se détourna vers lui : « Je rentre avec toi? – Non, je vais voir un ami. » Elle n'insista pas, s'en alla et quand après quelques pas Coutelier lui étreignit le bras très haut, presque sous l'aisselle, elle ne se dégagea pas. Frank en prit distraitement conscience.

Il était toujours aux prises avec Cécile. C'était cette affaire de désir qui continuait de le tracasser, celui qu'il avait éprouvé pour Véronique, pour Marie-Laure, pour d'autres corps. Il aimait le corps des femmes, il l'avait toujours aimé depuis son adolescence, de plus en plus même, et il aurait pu dire que toutes lui avaient donné du plaisir. Cécile...

Sans s'en apercevoir, il avait suivi Marie-Laure et son ami. Coutelier avait posé sa main sur l'épaule de Marie-Laure qui levait son visage vers lui. Frank s'éloigna, pas curieux. Qu'ils s'arrangent à leur guise. Il pensa même, ce qui n'était pas gentil : « Ils sont faits l'un pour l'autre. »

Après le dîner, ils allèrent dans une boîte de nuit à Cannes. Frank avait d'abord refusé de se joindre à eux. Dans la salle de séjour, Cécile qui était seule avec lui était venue près de son fauteuil. « Vous êtes bien bête. Pour une fois que ce n'est pas vous qui payez... Il faut toujours profiter des occasions, on ne vous l'a pas appris?... Et puis comme ça vous pourrez surveiller Marie-Laure. »

Il avait détourné les yeux de la télé pour l'observer, surpris. Elle avait éclaté de rire et supplié, soudain sérieuse : « Venez, je vous ferai danser tous les slows. Et puis je n'ai pas envie qu'ils se papouillent devant moi, ça m'agace. »

Elle lui avait posé la main sur l'épaule. « Viens, Frank... » A cause du tutoiement revenu, de cette main sur son épaule, il avait accepté et puis aussi parce qu'il n'avait pas envie de rester seul, pas envie d'imaginer Cécile au dancing avec les autres. Ce n'était pas par jalousie, un manque plutôt, une absence douloureuse, oui, douloureuse.

Il y avait ainsi des moments où il en avait par-dessus la tête de lui en face de lui, des moments où il se supportait mal, comme on supporte un interlocuteur déplaisant. C'était un sentiment nouveau. Jusqu'à ce jour, il faisait assez bon ménage avec sa personne, évitant avec adresse les questions épineuses. Pas comme au temps de sa jeunesse où il butait de plein fouet contre lui-même, et se faisait une guerre civile à outrance, et voilà que ça recommençait et qu'à cause de deux filles, d'une en fait, il allait remettre l'essentiel en question.

Au Coconut, une boîte aussi bruyante que celles où ils allaient d'habitude, Marie-Laure dansa avec Coutelier. Il n'avait pas menti, il dansait bien, plus virtuose qu'intoxiqué, pour les autres, pas pour lui, l'œil aux aguets, mais de la technique et de l'invention. Cécile qui lui avait fait face le temps d'un rock dit à Frank : « Il doit pas souvent rester chez lui le soir, ton copain, et ça m'étonnerait que ça soit sa femme qui lui ait appris tous ces pas compliqués. Il n'y a que dans certaines boîtes qu'on les pratique. » Et parce qu'il riait, évoquant Coutelier, ses costumes croisés et ses façons de bonhomme en bois avec les gros clients : « Allez, venez, c'est un slow, juste ce qu'il vous faut pour vous débloquer les genoux... » Et parce qu'il hésitait : « Vous savez qu'il ne vous reste plus beaucoup de temps pour aller en piste. Je vous l'ai dit, il faut en profiter, ne rien laisser perdre, pas plus ça que le reste... »

Elle riait, le tirait, l'arrachait de sa chaise et il retrouva sous ses mains ses reins creusés. Elle qui se tenait si soigneusement à l'écart de lui à la maison, s'abandonnait, il sentait son ventre bombé, l'arc ferme de ses cuisses. Elle posait son front sur son épaule, chuchotait : « Moins raide... Relaxe, on travaille pas, on sera pas payés... »

De la tenir ainsi, de l'appréhender dans sa presque totalité, respirant sa chaude odeur de fille, il lui en venait une petite sueur, un tremblement, il devait la lâcher, écarter ses mains, les décrisper, et c'était elle qui les replaçait avec brusquerie sur ses reins : « Hé! me lâchez pas! » et elle lui riait au visage, consciente de son trouble, s'en délectant, il le voyait aux petits éclats gais de sa voix, à ses yeux brillants levés vers lui, pas méchante, apitoyée peut-être, bonne fille pour un instant, profites-en ça ne durera pas, et se pressant contre lui avec ce qu'il aurait pu prendre pour de la tendresse s'il ne l'avait pas aussi bien connue, pas sûr cependant d'avoir raison, tant il souhaitait qu'elle éprouvât cette tendresse, cette amitié, juste une illusion qu'il se donnait, heureux de la comédie qu'elle lui jouait, même s'il savait que ce n'était qu'un jeu, une façon pour elle de s'amuser et d'éprouver son pouvoir.

Il le lui dit, et qu'il la préférait ainsi, comédienne. Elle ne disait pas non, elle se pressait encore plus sauvagement contre lui, parodique, l'écrasait de tout son corps, de ses hanches, de ses cuisses, de sa poitrine tendre, chuchotant : « Je suis une comédienne, une comédienne... » et elle riait, ses lèvres contre son cou, et ils étaient en contact si vif qu'elle ne pouvait pas ignorer qu'il avait envie d'elle, ce qui ne paraissait pas la gêner, la ravissait même, comme si elle avait toujours su qu'il la désirait.

Au retour, après les avoir déposés, Coutelier dit qu'il avait réservé une chambre à l'hôtel. Il le fit fermement. Ni Marie-Laure ni Cécile n'essayèrent de le retenir. Frank seul insista jusqu'à ce qu'il rencontre l'œil ironique de Cécile.

Pendant la soirée, Coutelier s'était gardé de toute familiarité. Il avait réendossé son personnage formaliste, celui que Frank connaissait à Paris, et le lendemain, il ne vint pas à l'appartement, il téléphona simplement pour dire qu'il partait pour Nice et les verrait à son retour. Marie-Laure n'en montra ni plaisir ni déplaisir. La veille, elle avait rejoint Frank dans sa chambre. Cette nuit-là, elle montra une certaine ardeur à laquelle Frank répondit, car il était plein du corps de Cécile. Cependant, elle le quitta aussitôt et retourna près de Cécile. Il les entendit se quereller. Marie-Laure surtout semblait de mauvaise humeur et répondait d'une voix haute et butée qu'il ne lui connaissait pas aux propos indistincts de Cécile, qui pendant cette dispute éclata de rire à plusieurs reprises, un rire désobligeant, celui qu'elle avait parfois avec lui quand il avait fait ou dit quelque chose qui lui déplaisait.

Le lendemain, les relations des deux filles n'étaient pas meilleures. Elles ne se querellaient plus mais se parlaient à peine et dans l'après-midi Marie-Laure qui paraissait à bout de nerfs, bien qu'elle gardât pour Frank toute sa prévenance, annonça qu'elle allait à Cannes passer un jour ou deux chez des gens qui l'avaient invitée.

Frank accueillit la nouvelle avec naturel. Il ne posa pas de questions et proposa même à Marie-Laure de la conduire chez ses amis, ce qu'elle refusa, disant qu'elle avait rendez-vous avec eux à six heures sur le port.

Elle réunit quelques affaires et s'en alla après un baiser sur les lèvres de Frank et une caresse au passage à la joue de Cécile qui lui dit : « Tu n'oublies rien, j'espère ? » à quoi elle répondit par un sec haussement d'épaules.

Frank était ravi de cet intermède. Il allait avoir Cécile pour lui seul. Il savait combien c'était illusoire, qu'ils n'en seraient pas rapprochés, en dépit de quoi il était heureux, « stupidement heureux », se dit-il avec ironie, sans que cet état en fût altéré pour autant.

Tout se passa ainsi qu'il l'avait prévu, à ceci près que Cécile ne rentrait pas pour les repas. Il les avait préparés avec soin, achetant ce qu'elle aimait, et dans la cuisine, l'heure depuis longtemps passée, il restait assis sur sa chaise, à contempler mélancoliquement les plats refroidis et son assiette où figeaient les trois quarts de ce qu'il s'était servi en désespoir de cause.

Fumant un cigarillo, il se demandait une fois de plus ce qu'elle faisait de ses journées et il imaginait tous ces jeunes, vigoureux, dont la ville était bourrée. Il y en avait des milliers, très rapides, toujours en chasse et Cécile était jolie, pas farouche, si bien qu'il en vint à se dire que le plus surprenant était encore qu'elle revînt dormir ici chaque nuit. Car elle finissait toujours par rentrer. Rarement de bonne humeur : « Salut! Je suis crevée! »

Elle ne faisait même pas un tour dans la cuisine ou alors prenait un fruit, mordait dedans et partait aussitôt vers sa chambre après un petit bonsoir de la main ou pas de bonsoir du tout. Ensuite, silence jusqu'au lendemain où elle se levait si tard qu'il ne la voyait pas, déjà parti en ville où il faisait le marché et son tour habituel.

A son retour, il poussait la porte de la chambre des deux filles, jetait un coup d'œil sur le lit jamais fait, les draps froissés. Il restait pensif devant les bouts-filtres de cigarettes, cinq ou six, une dizaine parfois. « Elle dort mal, elle passe une partie de la nuit à fumer. Qu'est-ce qui la tracasse? » Il évoquait ses yeux battus aux cernes lilas, son attitude à la fois nerveuse et lointaine, elle paraissait à peine le voir, comme si elle l'avait oublié, et il flairait l'air à la recherche d'une odeur de drogue, se disait qu'il aurait été bien en peine d'identifier ce genre d'odeur, allait ouvrir la fenêtre et fouillotait à droite et à gauche dans la chambre à la recherche d'un quelconque indice révélateur mais il ne trouvait rien, enfin rien dont il aurait pu tirer des conclusions.

Il feuilletait les livres entassés sur la moquette, toujours les mêmes, des manuels de sociologie, de psychanalyse, l'un même de démonologie. Il lisait quelques lignes par-ci par-là. C'était ardu, bourré de termes qu'il ne comprenait pas. Un jour, il en emporta un dans sa chambre, une étude des symboles dans les religions primitives qui l'intéressa bien qu'une partie du texte lui échappât. Tous ces livres étaient des éditions de poche ou venaient de la bibliothèque municipale de Nice, ce qui le troubla et lui fit se dire qu'elle ne passait pas ses journées en ville. Ce qui n'empêchait pas que l'après-midi ou le soir, tant il était obsédé par Cécile, il continuât de la chercher dans les endroits où les jeunes se réunissent. Elle n'y était jamais, bien entendu. Alors où allait-elle? Et pour y faire quoi? Depuis deux jours, elle ne lui demandait plus d'argent. Où en trouvait-elle? Elle était dépensière, il l'avait constaté, ou plus exactement n'avait pas une vue très claire de la valeur de l'argent. Comment se débrouillait-elle? Pour manger, circuler? Les copains? Ils ne régalaient pas de bon cœur d'après ce qu'il avait compris, chacun sa part. Restaient les autres, l'aventure.

Intrigué, anxieux aussi, il déambulait en ville, l'œil en alerte, comme il déambulait dans l'appartement, pensant sans cesse à elle et juste un peu à Marie-

Laure, mais à celle-ci plutôt gaiement, pas du tout pressé de la voir revenir, lui souhaitant du bon temps, le lui disant même sincèrement un soir où elle avait téléphoné pour annoncer qu'elle prolongeait son séjour, qu'on ne s'inquiète pas, qu'elle était très heureuse, ce que ne montrait pas sa voix agitée.

Elle avait demandé : « Cécile n'est pas là? » Il lui avait expliqué qu'il la voyait à peine et Marie-Laure n'en avait pas paru soucieuse, plutôt soulagée même. Il avait interrogé : « Mais qu'est-ce qu'elle fait de ses journées? – Elle a des copains. – Tu les connais? – Pas tous. – Ici? En ville? – Oui mais tu sais ce que c'est, ils vont, ils viennent... »

Il n'en avait rien tiré d'autre à part quelques propos affectueux, elle pensait à lui, il lui manquait, elle avait hâte de revenir. Il avait failli répondre : « Mais pourquoi ne reviens-tu pas, c'est facile? » Il s'était abstenu. Non, non, amuse-toi, ma chérie, reste autant qu'il te plaira. Tant de bienveillance avait donné un regain d'inquiétude à Marie-Laure. « Tu n'amènes pas d'autres filles à la maison, j'espère? » Elle disait « la maison », ce qui lui avait fait un effet bizarre. « Dans deux jours, je suis là, sans faute. » Elle l'avait même juré. On sentait qu'elle brûlait d'envie de voir comment les choses avaient tourné en son absence, de savoir aussi ce qui le rendait si léger.

Il reçut des nouvelles de Lisa. Une lettre presque chaleureuse qui contrastait avec les deux cartes qu'elle lui avait envoyées pendant ses vacances. Elle avait repris son travail dans un Paris vide et orageux, s'ennuyait un peu malgré Jerry – c'était le chat – et Sylvie, une amie de bureau qui avait passé trois semaines en Suède. Quand rentrait-il? Et s'il avançait son retour de quelques jours?

Il froissa la lettre qu'il avait lue dans le hall, la fourra dans sa poche. Lisa ne lui avait pas téléphoné, ni de Saint-Malo ni de Paris. Bien sûr, il savait qu'elle détestait le faire. A Paris aussi elle l'appelait rarement et juste pour l'avertir de sa venue ou discuter d'une affaire précise, un projet pour le week-end ou l'achat d'un objet domestique. Elle manquait de passion. Du moins avec lui. Il n'en montrait pas plus. Ils partageaient simplement quelques habitudes, le plaisir, ce qui n'était pas négligeable, très sage même, pensait-il, mais à ce moment-là il ne connaissait pas Cécile.

Il se dit : « Je n'ai même pas envie de savoir si elle est allée avec un autre homme pendant ses vacances. » Il était à peu près certain qu'elle l'avait fait et tout aussi certain qu'elle n'y avait pas attaché d'importance. Ils étaient des gens libres, elle disait « libérés », par opposition aux autres qui obéissaient à des « préjugés », encore un mot de Lisa. A peine si elle évoquait dans sa lettre « les tentations de la Côte », et c'était sur le mode ironique, un ton qui affectait l'ensemble de son comportement, comme si, effrayée par ce qui menaçait de lui tenir à cœur, elle préférait le tourner en dérision.

Il pensa : « Elle n'aime pas souffrir ou elle veut qu'on l'ignore. En somme elle a peur de vivre, c'est pour cette raison qu'elle me fait si peu de confidences et qu'elle me téléphone de manière si pratique. Mais peur de quoi ? »

Il s'aperçut qu'après trois années il la connaissait mal et ne savait à peu près rien en tout cas de sa vie passée. Une enfance pas très gaie, une mère plaintive, un mariage raté, sujets rebattus, et puis des hommes dont elle ne parlait à peu près jamais sinon pour rire autant d'elle que d'eux, un certain Henri, bête et assez beau, un autre qui commençait toutes ses phrases par « Moi, je... » Quand elle l'avait quitté, il soliloquait à voix haute sur les grandes impasses de sa vie. Elle ajoutait avec un rire un peu artificiel – son rire n'était jamais naturel : « Il ne s'est même pas aperçu de mon départ et il en a été si vexé qu'il ne m'a jamais écrit ni téléphoné. – Tu l'aimais ? – Probablement sinon... Bien qu'aujourd'hui, je garde surtout le souvenir de ce qui me déplaisait chez lui. C'est curieux, non ? Comme si je lui en voulais d'avoir gâché du temps en sa compagnie. »

Quand il l'avait rencontrée, elle avait trente-cinq ans. Elle était jolie, plutôt vive, à l'aise dans le concret, sûre d'elle et ayant une solution pour chaque chose, semblait-il, très respectueuse aussi de ce qu'elle appelait « les réalités de la vie », elle voulait dire son côté cruel, inéluctable. Il avait pensé : « Résignée, égoïste, mais moi je suis pareil. » Lui aussi se résignait au fait que Lisa – ou Marie-Laure – lui soit infidèle. A la limite, il n'éprouvait qu'un mécontentement diffus et ne voyait là que le signe de la médiocrité de leurs rapports, un jugement sur lui donc, pas sur elles. Ce qu'il aimait, c'était leur humeur gaie ou égale, chez Marie-Laure le spectacle de son corps gracieux et jeune, chez Lisa de jolies épaules, une nuque émouvante et frêle, un sexe doux et moelleux et le regard indulgent qu'elle posait sur lui quand il parlait de ses affaires ou évoquait ses maigres souvenirs. Il ne s'y donnait jamais le beau rôle, ayant pris comme elle le parti de minimiser. En fait l'un comme l'autre, ils préféraient les pistes cyclables aux autoroutes, ils vivaient à l'économie et s'ils s'entendaient c'était d'abord à cause de ce qui leur faisait défaut, négativement donc, ce qui le fit sourire car il aimait bien Lisa.

Dans l'ascenseur, il retourna la seconde enveloppe de papier bulle bon marché. Elle était adressée à Cécile. Il avait d'abord cru que c'était un prospectus ou une lettre du syndic de l'immeuble.

C'était la troisième lettre qu'elle recevait. Il l'ouvrit sans remords, ce qu'il n'aurait pas fait huit jours plus tôt. Il n'y avait que quelques mots :

« *On t'a espérée mais tu n'es pas venue* », et au-dessous : « *Si tu nous fais trop languir tu connais la chanson, adieu ma jolie. On pense souvent à toi.* » Le mot « jolie » était souligné deux fois.

« Languir » et « espérer » étaient des termes typiquement méridionaux. Un amoureux? Douteux. Le « on » indiquait quelque chose de collectif. Les deux jeunes dans la jeep? Il ne les avait pas revus. Un jour, en ville, il avait croisé la grande fille aux épaules de championne. Elle lui avait lancé un bref regard, le regard qu'elle portait, lui semblait-il, sur tous ces petits bonshommes insignifiants qui croisaient sa route.

Dans l'appartement, après avoir déposé les provisions à la cuisine, il chercha une enveloppe bulle, n'en trouva pas et descendit au centre commercial où il découvrit exactement les mêmes. La coïncidence le troubla.

Il écrivit « Cécile » en imitant l'écriture. Il n'avait aucune honte de ce qu'il venait de faire, ça l'excitait plutôt. Il y avait quelque chose de sournoisement menaçant dans ce message. Et pourquoi avoir souligné si violemment « jolie »? Qu'est-ce que la beauté de Cécile venait faire ici?

Il était une heure et pas plus que d'habitude elle n'était rentrée déjeuner. Ce matin, quand il avait quitté l'appartement, elle était enfermée dans la salle de bain. A travers la porte de verre dépoli, il avait vaguement deviné sa silhouette et il avait été sur le point de retarder son départ pour la voir, lui parler, la voir surtout, il en avait envie, très envie. Il s'était raisonné, calmé à petits coups d'ironie, sa méthode, et en se disant aussi que si elle avait voulu lui dire un mot, rien n'était plus facile et que si elle ne l'avait pas fait...

Pendant la sieste, il lut un des manuels de Cécile, le reposant parfois pour rêvasser. A Cécile qui lisait des livres si sérieux et passait ses jours il ne savait où, à Marie-Laure qu'il connaissait si mal qu'il n'avait pas prévu qu'elle puisse le quitter ainsi. Elles étaient ici depuis six semaines et à certains égards, ils ne savaient rien de plus les uns des autres que le premier jour, enfin pour lui c'était sûr. Et dans quinze jours, elles seraient parties à jamais, effacées de sa vie et il ne resterait d'elles que quelques gestes, la chaleur de l'été, leurs rires, leur fracassante musique et cette gracieuse façon qui n'était qu'à elles de mouvoir leur corps dans l'espace. Et puis cela aussi disparaîtrait comme avaient disparu des fragments entiers de sa vie. C'était peut-être mieux ainsi. Il voulait dire, mieux de rêver, d'imaginer. Il rectifia : « Non, je veux savoir. A cause de Cécile, d'elle seule. Je voudrais tout connaître d'elle, j'en suis arrivé à ce point où elle est plus importante que moi-même et que n'importe quelle personne que j'ai connue. Je la porte comme une maladie, une maladie heureuse. »

Il se demanda combien de temps il mettrait à l'oublier, car il l'oublierait, elle aussi, ce n'était qu'une affaire de mois, d'années. Qu'il puisse l'oublier, qu'elle devienne un jour un souvenir parmi d'autres, une image dans un coin de sa tête, le bouleversa. Dans un an, dans deux ans, il serait capable de la rencontrer ici, à Paris, de lui sourire, d'échanger avec elle quelques mots indifférents, faussement gais. Il en frissonna d'horreur, horreur de lui, de sa légèreté et son émotion fut si vive qu'il se redressa d'une détente et quand il se laissa aller de nouveau en arrière, il fut certain, vraiment certain qu'il ne l'oublierait pas et il en soupira de bien-être.

La clef tourna dans la serrure. Il reconnut Cécile à son pas, l'entendit déplacer une chaise qui racla le sol de la cuisine. Elle revint dans l'entrée et fut soudain devant lui dans l'encadrement de la porte de sa chambre où elle s'appuya, déhanchée, mordant dans la côtelette dont il n'avait mangé qu'une bouchée.

« Alors on fait son petit dodo? » Elle rongeait l'os. Ses yeux n'étaient pas gais ni le ton de sa voix.

Elle s'approcha pour le contempler, son regard

s'attarda sur son torse nu où frisaient quelques rares touffes de poil, sur les plis de son ventre. Il remonta jusqu'à son visage et elle lui adressa un bref sourire désabusé, son os de côtelette entre les doigts.

Il s'était adossé au chevet de bois. « Tu vas bien?... Tu as l'air soucieuse. – On a tous des soucis, non? Tu n'as pas très faim toi non plus, tu as tout laissé dans ton assiette... Marie-Laure?... Ta Lisa qui ne t'écrit plus? »

Elle interrogeait, pas ironique, un peu rêveuse, revenait à son os où elle trouvait encore un petit quelque chose à grignoter, elle avisait le manuel : « Je croyais que tu ne lisais que le journal... Tu vas te faire sauter les plombs... »

Elle prit le livre entre ses doigts, sourit en hochant la tête. Elle était près de lui à le toucher, penchée en avant et il respira l'odeur de ses cheveux. Elle feuilleta quelques pages, s'écarta du lit. « Tu n'achètes plus d'orangeade depuis que Marie-Laure n'est pas là. – J'ai oublié. J'en prendrai ce soir. »

Elle haussa les épaules et s'en alla, sa courte jupe se balançant au-dessus de ses jambes minces, son os de côtelette au bout des doigts. Du seuil elle demanda : « Tu veux encore dormir ou je mets un peu de musique? » et avec un sourire : « J'en ai besoin... J'aurai besoin aussi d'un peu d'argent... » Il fit oui, enfila son pantalon et passa dans la cuisine.

Assise de biais, elle mangeait une pêche, faisant gicler le jus qu'elle essuyait sur sa robe du plat de la main. « Tu en veux une? » Il secoua la tête, but de l'eau au robinet. Elle l'examinait, le nez un peu froncé par l'attention, ses yeux bleus presque noirs dans le contre-jour. Elle dit quand il vint s'asseoir en face d'elle : « Tu as maigri depuis quinze jours. Tu ne manges pas assez. Pourquoi? – La chaleur. » Il n'avait jamais souffert de la chaleur ni ici ni en Extrême-Orient. Elle ne lui ôtait pas l'appétit et chaque année il rentrait à Paris avec trois ou quatre kilos de plus, des kilos qui se donnaient rendez-vous autour de sa taille, bien groupés.

Il expliqua : « Je n'ai pas faim », ce qui était vrai. Elle dit : « Quand on est amoureux, on n'a jamais faim. » Il la regarda vivement. C'est pour lui qu'elle parlait ou au hasard? Elle prenait une autre pêche et il ne voyait que ses paupières mauves et ses cils noirs et serrés. « Tu es amoureuse? » Elle soupira. « Ah, merde! » Elle renifla de mépris, en toussa et jeta le noyau de sa pêche dans l'évier avec force, ensuite elle s'essuya les doigts un à un sur une serviette.

« Tu ne veux pas manger un peu? Je t'ouvre une boîte de cassoulet, je te la réchauffe... Tu aimes le cassoulet, non? » Il fit la grimace. « Pourquoi rentres-tu si tôt aujourd'hui? » Elle haussa les épaules, et parce qu'il ne la quittait pas des yeux : « Tu aimes t'occuper des affaires des autres, tu fouines, tu es un vieux fouille-merde. » Il répondit sèchement : « Tu m'emmerdes. Je me fiche de ce que tu fais. – On dit ça! – Je suis simplement poli et puis je te trouve mauvaise mine. – En somme, tu m'aimes bien. – C'est ça. »

Ils s'observèrent avec attention, aussi intéressés l'un que l'autre. Elle dit : « Je me demande quand Marie-Laure va revenir... Quand on lui aura fait une vacherie, c'est son genre. Il faut toujours qu'on lui fasse comprendre que c'est fini... » Et parce qu'il ne répondait pas : « Tu sais au moins avec qui elle est en ce moment? – Oui, avec Coutelier. – Ah! enfin, tu as quand même compris et qu'ils avaient combiné de se retrouver... Tu fais des progrès... Dis-moi, comment est-ce que tu as compris? – A cause de Coutelier. – C'est un fumier, ton copain, je te l'avais dit. – Et Marie-Laure? – Non, pas Marie-Laure, elle est con, elle sait pas résister, et comme elle voit tout à travers sa connerie, elle fait n'importe quoi. – Et toi? » Elle le défia : « Moi, je suis pareille. On est deux salopes. Tu as fait le mauvais choix, mon pauvre vieux. » Elle éclata de rire, ajouta : « Heureusement que tu es malin toi aussi et que tu sais prendre tes petits plaisirs en douce. »

Il se leva : « Il y a une lettre pour toi dans l'entrée. » Elle bondit, faillit culbuter sa chaise, contourna Frank en courant et prit la lettre qu'elle déchira à demi dans sa hâte. Elle fit « Ah! » puis : « Je croyais que c'était autre chose. » Elle relisait la lettre, les joues avivées. Brusquement, elle la froissa : « Je vais me reposer. J'en ai ma claque du soleil et de ce putain de pays. »

Elle s'en alla aussitôt, froissant toujours la lettre roulée en boule dans son poing. Elle referma la porte sur elle. Il pensa : « Elle n'est pas en colère, elle a peur. Elle est comme moi, quand elle a peur elle devient furieuse », puis : « Ils la font chanter, ils exigent quelque chose d'elle et la tiennent d'une manière ou d'une autre. » Mais quoi? La drogue? Pourtant il aurait juré qu'elle ne se droguait plus. Mais comment en être sûr? La ville était pleine d'envapés, des filles et des garçons aux yeux flous accommodés sur l'infini. On les voyait qui déambulaient le soir en faisant des huit ou qui s'appuyaient au mur, le front dans les bras tellement la tête leur tournait. Oui, la drogue, il ne voyait rien d'autre. Et cette petite andouille, qui jouait les indifférentes, qui ne livrait jamais rien. S'il l'interrogeait, elle éclaterait en cris, en insultes.

Il alla s'asseoir dans la salle de séjour. Dix minutes plus tard, elle ouvrit la porte de sa chambre, dit avec rage : « Je ne peux pas dormir. – Si tu éteignais ta musique. » Elle la tenait à la main et il en jaillissait un boucan du diable. Elle pressa un bouton. L'appareil se tut. Ça fit un vide. Elle le posa sur un fauteuil, vint s'asseoir en face de Frank. Elle montra le manuel qu'il lisait : « Ça t'intéresse vraiment? Tu y comprends quelque chose? » Il avoua : « Il y a des mots qui m'échappent. – Alors tu les sautes, comme moi. » Il lui désigna la page : « Herméneutique, par exemple. – C'est l'interprétation des symboles. »

Elle lui expliqua, vint s'asseoir près de lui sur le divan. Elle lui parla ensuite des rites religieux des Dayaks, une tribu de Bornéo, de la signification de leur cosmogonie et des liens qu'elle avait avec tous les instants de leur vie.

Il l'écoutait, attentif à ce qu'elle disait mais aussi à sa voix devenue douce, à son corps proche. Elle découvrit soudain : « Ah! merde! De quoi on cause tous les deux! » Il demanda : « Tu as fait des études jusqu'où? – En première. Je n'ai même pas fini l'année, j'en avais marre de leurs parlotes, ça n'avait rien à voir avec ce qui m'intéressait, j'en devenais folle à écouter leurs conneries sur tous ces types morts et super-chiants. J'ai laissé tomber. – Tes parents? – Mes parents? » Elle se tournait vers lui, le regardait avec une telle stupeur qu'il plongea jusqu'au fond de ses yeux bleus et ainsi, largement ouverts, ils étaient candides, deux petits étangs sombres et doux frangés de roseaux. « Mes parents ont leur vie, chacun la sienne, ça les occupe assez... »

Il montra le manuel : « Et ça? – Plus tard... Un copain que ça passionnait et qui faisait une licence. Je vivais avec lui, on s'entendait, il aimait ça, alors moi je l'aimais, c'est comme ça quand un type vous plaît, on veut que rien vous échappe, même ses rêves... » Elle se mordit les lèvres. « Tu l'as quitté? – Non, c'est lui. Il m'a foutue dehors. Il trouvait que j'étais une emmerdeuse, un pot de colle, une fille pas moderne, que je demandais trop... Il avait probablement raison. J'étais jalouse... » Elle se mit à rire : « Jalouse même de ses livres. Je crois que c'est pour ça que je les lisais. Par jalousie... Après, j'y ai pris goût. » Elle rit encore.

Elle se rendit compte qu'il était suspendu à ses lèvres. « Si on parlait d'autre chose. A propos, tu n'as pas l'air d'avoir poussé bien loin, toi non plus. – Jusqu'à seize ans. – Et ensuite? – J'ai travaillé dans un magasin de chaussures et à dix-huit ans, je me suis engagé. – Pourquoi? – Voir du pays. – L'Indochine? C'est là qu'ils t'ont envoyé casser du Viet?... Tu n'étais pas très futé. » Il reconnut : « Non, je n'étais pas très futé. – Si tu l'avais été, je veux dire bien organisé, sûr de toi, jamais tu ne nous aurais dépannées, Marie-Laure et moi, ou tu aurais fait comme les deux vieux dragueurs : à poil et après, dehors, putasses. Remarque, dans une autre catégorie, tu ne vaux pas mieux, tu es un peu moins pourri, c'est tout, encore que... – Explique-toi. – Un autre jour, je suis crevée et puis je peux pas dormir, j'ai bu au moins cinq cafés depuis ce matin. »

Elle laissa aller sa nuque sur l'appui-tête, ferma les yeux, murmura encore : « Je suis crevée », puis ne dit plus rien. Il prit le manuel, lut quelques lignes, l'esprit vide, plein de Cécile, de sa chaude présence.

Il se redressa, posa le livre sur la table basse. Elle entrouvrit les yeux, dit : « Il fait chaud, chaud... » et laissa aller sa tête sur l'épaule de Frank. Elle se chercha une position confortable et il sentait son front, ses cheveux bouger contre sa peau nue. Elle referma les yeux, se logea plus près encore. Il regardait ses paupières fragiles, ses joues très roses où il y avait de petites taches rouges, la peau luisante de son nez fin, les petits poils en sueur au-dessus de sa lèvre. Il ne bougeait pas, tendu à craquer, il se disait qu'il l'aimait, il aurait voulu que ça ne cesse jamais, contemplait son visage un peu renversé, ses lèvres entrouvertes sur le fil des dents. Elle dormait.

Ils restèrent longtemps ainsi, elle remuant parfois comme si elle voulait s'enfoncer plus profondément dans son épaule, dans sa hanche, lui la recevant, les muscles noués par une brève contraction, y résistant et s'obligeant à rester immobile pour qu'elle ne s'éveillât pas. A son tour il ferma les yeux, les ouvrant parfois pour l'envelopper d'un regard, s'assurer qu'elle était bien là.

Il avait dû s'endormir lui aussi quand elle s'éveilla brusquement. Elle s'ébroua, se rétablit droite sur le siège, dit naïvement avec bonheur : « J'ai dormi! » et le découvrant, les yeux gros : « Et toi aussi. » Elle rit, heureuse, se leva, secoua sa robe, la défroissa à grandes tapes. « Tu nous fais une tasse de thé? Après je dois filer en ville... »

Il se leva, s'étira. Elle ne s'occupait plus de lui, s'en allait en bâillant vers la salle de bain. Il partit vers la cuisine, continuant de s'étirer. Il pensa : « C'est vraiment un bel été », ce qui amena un petit rire au fond de sa gorge.

Pendant qu'ils prenaient le thé, ils parlèrent peu. Elle était venue s'asseoir près de lui mais le transistor était entre eux qui matraquait sa vigoureuse musique. « Vraiment, tu savais qu'elle était partie avec ton copain?... Depuis le premier jour? – Avant qu'elle parte. – Et ça ne te fait rien? Je t'aurais cru plus attaché... Et Marie-Laure qui pense que... » Elle étouffa un petit rire.

Et s'il lui disait tout de go, là, que c'était elle qu'il aimait? Il avait les mots au bord des lèvres. Un besoin, une envie presque irrépressible. Pour se débarrasser, qu'elle sache, qu'il expulse une bonne fois pour toute cette passion hors de lui-même, et puisse la contempler de l'extérieur comme un objet, qu'elle devienne vraiment un objet, une réalité que personne, ni lui ni elle, ne puisse laisser de côté, le fait accompli, que ça craque, tant pis pour les éclats, même les gros qui le déchireraient de haut en bas. Et si elle savait déjà? Il la surveilla. Elle avait justement l'air d'attendre, de se pourlécher, un pli au coin des lèvres qu'il n'aimait pas. Qu'elle aille se faire voir! Il entendait déjà son fou rire.

Il reposa sa tasse, se leva. Elle le suivit du regard, cria : « Sournois, tu es un sournois... On se l'est déjà dit avec Marie-Laure et que quand tu n'es pas d'accord tu te tais ou tu t'en vas. » Il lui fit : « Tutut », de loin, passa dans sa chambre et de la fenêtre jeta par habitude un coup d'œil à sa voiture sur l'esplanade. Il vit la jeep. Ils étaient là, les deux jeunes et le chien. Ils n'avaient pas l'air de souffrir du grand soleil sauf le chien qui s'était allongé sur la banquette arrière, le museau sur les pattes, la langue tirée.

Cécile traversait la salle de séjour. Il l'appela : « Viens voir. » Elle entra. « Tes deux copains... » Elle eut un recul. « Ce ne sont pas mes copains. – On dirait pourtant qu'ils t'attendent. »

L'un des garçons leva la tête vers l'immeuble alors elle fit un pas en arrière. « N'aie pas peur, ils ne peuvent pas nous voir. – Je n'ai pas peur. Pas plus d'eux que de leur sale chien.. » Un élan souleva sa voix : « Deux enculés qui se croient tout permis. – Je pensais que c'étaient eux qui t'avaient écrit pour te fixer rendez-vous ici. – Qu'est-ce que tu vas imaginer? »

Elle lui fit face : « C'est un autre type qui m'a écrit et c'était pour me donner un rendez-vous en ville. On couche ensemble. C'est lui que je vais rejoindre tous les jours. » Il fit « Ah! » ce qui parut la déconcerter.

Le plus grand des garçons était descendu de la jeep. Il ramassa quelque chose sur le sol et le lança de toutes ses forces. Frank vit alors que c'était une grosse pierre qu'il regarda rouler sur la terre jaune. Cécile qui l'avait regardée elle aussi dit avec décision : « Bon, j'y vais... Je suis sûre que c'est pour Marie-Laure qu'ils sont là. »

Frank se détourna : « Elle m'a raconté qu'ils vivaient dans une communauté, une sorte de secte à une vingtaine de kilomètres d'ici. – Qu'est-ce qu'elle t'a raconté d'autre? – Que c'étaient eux qui vous avaient tout fauché le premier jour. – C'est sa faute à cette grande mollasse... Allez, à ce soir. » Elle s'éloigna d'un pas décidé.

Il attendit, posté à la fenêtre. D'où il était, il ne

pouvait pas la voir sortir mais quand elle entra dans son champ de vision, elle marchait droit sur la jeep. Elle se mit à parler au plus grand des garçons et à la manière dont elle secouait ses cheveux, aux éclats de voix assourdis qui lui parvenaient, il comprit que la conversation était orageuse.

Mains aux poches, le garçon paraissait buté. Il secouait la tête lui aussi en signe de refus. Dans la jeep, le chien s'était levé et à un moment, il lâcha un aboiement bref en direction de Cécile qui recula, ce qui fit rire le garçon installé au volant qui montra le berger allemand du pouce. Et puis tout s'arrangea brusquement, le plus grand sauta sur la banquette arrière à côté du chien, Cécile s'assit près du chauffeur et la jeep démarra en trombe, soulevant des rouleaux de poussière.

Les yeux posés sur l'esplanade où les cailloux rôtissaient doucement sur la terre jaune, Frank revint à ses suppositions. Drogue? Chantage? Il aurait dû lui proposer de l'accompagner en ville. Il y avait fugitivement pensé et puis la connaissant... Et ce garçon qui, prétendait-elle, lui avait donné rendez-vous. Elle mentait. Et s'il existait, si c'était avec lui qu'elle avait passé ces derniers jours dans une chambre d'hôtel?

Cette évocation le fit bondir, traverser la chambre et l'entrée à grands pas. Il rafla son trousseau de clefs, claqua la porte. Il allait faire un tour en ville. C'était bien le diable s'il ne retrouvait pas la jeep. La jeep ou Cécile.

Il ne retrouva ni l'une ni l'autre, et cette nuit-là Cécile rentra plus tard que d'habitude. Il l'entendit fermer la porte de sa chambre, courut à la fenêtre mais il n'y avait pas de jeep sur l'esplanade.

Cécile avait laissé un mot sur la table de la cuisine : « J'ai pris de l'argent dans ton portefeuille. Il ne t'en reste presque plus. Il faudra que tu passes à la banque », et au-dessous près d'un petit homme couché, les pieds en équerre : « Va te distraire, tu en as besoin. Ce matin on t'entendait ronfler du palier. »

Il relut le billet. C'était la première fois qu'elle se donnait la peine de le prévenir qu'elle ne rentrerait pas. Dans l'ascenseur, il le relut encore.

En ville, il fit son tour, le marché, les rues du centre, près du pont du chemin de fer. Il faillit oublier l'orangeade, revint sur ses pas pour en acheter deux bouteilles, et à midi, il était installé à sa terrasse habituelle devant un demi. Il avait exactement fait ce qu'il avait fait la veille à la même heure et il en était heureux. Depuis quelques années il avait pris conscience qu'il tirait son bonheur de ces enchaînements sans surprise. Il examina cette idée. Elle avait quelque chose de simpliste, de dérisoire aussi, qui dans sa jeunesse l'aurait fait bondir. Elle rejoignait celle qu'il avait fini par se faire de sa personne. Il n'avait jamais rien eu d'un aventurier. Il pensa : « J'étais fait pour un petit destin, celui que j'ai eu. » A peine s'il sentit bouger au-dessous quelque chose de vif et d'ironique, petite protestation de pure forme que n'importe qui aurait eue si on lui avait montré du doigt son médiocre parcours.

Il déploya le journal. En seconde page, celle des faits divers, il lut l'article :

« CAMBRIOLAGE À ANTIBES. UN COLLECTIONNEUR DÉVALISÉ. *M. Bernier, propriétaire du magasin* Azur-Sports, *bien connu de nos concitoyens, a eu son appartement mis à sac hier après-midi. Une partie de ses collections a été volée et l'appartement saccagé. Ce vol, hélas, a eu des conséquences dramatiques en raison du retour de Mme Bernier qui a surpris les cambrioleurs en plein travail. En effet, elle a été bâillonnée, aveuglée et ligotée et les voleurs l'ont frappée pour lui faire dire la combinaison du coffre. Bien que gravement atteinte, ses jours ne sont cependant pas en danger. Le seul indice que nous possédions – Mme Bernier n'ayant pas vu ses agresseurs – c'est qu'ils étaient trois dont une femme probablement jeune.* »

Frank repoussa le journal. Il était violemment ému. Peu de gens savaient ici que Bernier collectionnait les objets d'art japonais et c'est par hasard qu'il l'avait appris en faisant sa connaissance à la salle Drouot. Ils étaient devenus amis et Frank rendait visite à Bernier chaque fois qu'il descendait dans le Midi. A la fin de juillet, ils avaient encore passé une soirée ensemble avec sa femme. Il n'en avait pas parlé à Cécile ni à Marie-Laure, et c'est beaucoup plus tôt qu'il avait évoqué devant elle la collection de Bernier, sans jamais mentionner son nom du reste.

Ce jour-là, Marie-Laure avait demandé à voir un des sabres courts suspendus au mur. Il l'avait pris, dégainé. Il avait montré la lame et les ornements de la garde : « Celui-là n'est ni ancien ni précieux. Je connais quelques katanas admirables, tout près d'ici à Antibes, chez un grand amateur. » Marie-Laure avait dit : « Il doit être riche. – Si on veut. Il tient un commerce d'articles de sport qui le fait vivre. Il a simplement eu la chance de commencer à collectionner il y a quarante ans à une époque où ces armes ne valaient pas encore une fortune. »

Imbécile! Triste irresponsable. Il n'y avait pas beaucoup de magasins d'articles de sport à Antibes, à partir de là les deux garçons et la fille avaient suivi Bernier ou sa femme jusqu'à leur appartement. Ils l'avaient surveillé et...

Il se leva, ramassa ses provisions, faillit, tant il était troublé, partir sans payer, revint sur ses pas et marcha vers le parking. Il en marmonnait de colère, les joues cramoisies, passant à coups brusques sa main dans ses cheveux. Et la femme de Bernier qu'ils... Il voyait son visage de vieille dame très soignée qui a encore des prétentions et se farde lourdement. Ils l'avaient bâillonnée, ils l'avaient frappée, ils... Deux hommes et une femme, cette grande garce arrogante. Il était sûr que c'étaient eux.

Dans la voiture, il se souvint du mot de Cécile. Elle ne rentrerait pas déjeuner. La chercher en ville? Il l'avait fait tant de fois sans jamais la voir. Il renonça. Et si elle allait retrouver les deux garçons quelque part? Dans cette communauté de l'arrière-pays par exemple? Non, c'était impossible. Impossible? Il en fut soudain moins assuré. Que savait-il d'elle, de Marie-Laure?

Il les voyait maintenant comme les membres d'un même complot. Et il pensait surtout à Cécile, Cécile qui n'avait peur de rien. Quant à Marie-Laure... Et si l'une d'elles avait donné l'information par hasard comme il l'avait donnée? Il secoua la tête. Il les voyait mal engagées dans une conversation de cette nature avec les deux voyous. Et puis qu'est-ce que ça changeait?

Mataro. Il devait en parler immédiatement à Mataro. Il traversa la ville mais à proximité du bureau il ralentit. Mataro était impitoyable, tenace comme un dogue, tout à fait le genre d'homme à faire coffrer un suspect et à l'interroger ensuite, surtout s'il était jeune et n'avait pas les cheveux coupés de la bonne façon. Et puis il y avait Cécile. Il murmura : « Cécile ou pas, si j'obtiens une certitude, je les fais tous embarquer. En cage, les petites donneuses. Qu'elles me mettent dans le bain, peu importe, je l'aurais bien cherché. »

Mataro ne l'épargnerait pas, il jubilerait même, la morale d'abord et le bon droit, roulez tambours, il le criait assez fort. Donc d'abord voir Cécile. Toutes ces heures à attendre le rendaient malade. Et s'il allait rendre visite à Bernier et à sa femme? Peut-être apprendrait-il quelque chose sur les agresseurs, un détail, un mot entendu qui le mettrait sur la voie.

Il vira au rond-point, prit la direction de l'autoroute. A Antibes, Bernier avait fermé son magasin. Frank le trouva chez lui. Il montra l'appartement, les meubles brisés, les fauteuils éventrés : « Des vandales... Si je les prends, je les tue... – Et ta femme? – Elle est toujours à l'hôpital. Ils m'ont laissé l'entrevoir ce matin, elle est sous les pansements, bourrée de calmants, à peine si elle peut parler. Ils lui ont brûlé les mains et le visage avec un fer à repasser. Il paraît que ça ne laissera pas de traces mais elle n'est pas jeune, pas en si bonne santé non plus... »

Frank regarda autour de lui, vit les inros éparpillés sur la table, les coffrets en laque, les kobakos et un admirable sabre du XIIIe siècle dans sa gaine. « Des cons, d'abominables petits cons... Ils ont pris n'importe quoi, ce qui brillait. Ils ont laissé les netsukés en bois, ils les ont jetés par terre. Une chance, ils sont intacts. »

Frank regardait un poignard dont la lame était brisée. « Tu as des indices? – Pas un. – Les voisins n'ont rien vu? – Rien... Personne ne voit jamais rien... C'est le troisième cambriolage dans l'immeuble en deux mois. » Frank demanda, plein d'espoir : « Les deux autres appartements aussi ont été saccagés? –

Non, j'ai eu ce privilège... – Personne n'a remarqué de voitures en stationnement ou des jeunes qui auraient rôdé autour de l'immeuble, dans l'escalier? – Des jeunes, il y en a partout, il y a longtemps qu'on n'y fait plus attention... »

Frank aurait bien parlé de la jeep vert sombre, de la grande fille et du chien. Il se retint. Son ami disait : « C'est Marthe qui m'inquiète. Tu sais qu'elle tient des propos bizarres, qu'elle délire un peu. J'ai beau lui répéter que ses brûlures seront guéries dans un mois, qu'ils n'ont volé que des broutilles, ces imbéciles, et que pour les meubles on en a toujours trop, elle s'inquiète, elle nous voit ruinés, à la rue. J'ai beau lui parler, elle suit son idée, j'ai l'impression qu'elle ne m'écoute pas... Oui, c'est ce qui tourne dans sa tête qui me fait peur. Les médecins prétendent que ça va passer, j'en suis moins sûr. Je la connais, elle n'a jamais eu la tête bien solide, un rien et elle s'affolait, elle se mettait à pleurer, il ne fallait pas la contrarier. Depuis que Bertrand a épousé cette fille et est parti avec elle au Canada, elle est comme ça, elle ne pense qu'au malheur... »

Bernier allait et venait, repoussait du pied un pli du tapis persan, il prenait un objet, l'examinait sans vraiment le voir, le reposait.

Frank dit : « Ils étaient trois dont une fille. – Trois ou plus, Marthe dit n'importe quoi. Ce matin, elle parlait de quatre, comment la croire. – Si j'allais lui rendre visite? – Non, vaut mieux pas... Je lui dirai que tu es venu... Tu as quelques objets pas vilains, tu ferais bien de les garer. Ce pays est devenu un pays de voleurs, à la police ils sont écœurés. Ils s'en foutent aussi. Pas de morts, bon, eh bien ça va, de quoi vous plaignez-vous... des centaines de vols chaque jour, paraît-il, et quand on les prend, le juge les relâche tout de suite, je ne compte pas sur eux... – Tu devrais interroger tes voisins et aussi les jeunes. Ils ont l'œil pour certains détails, un type de voiture, une façon de s'habiller, un animal... »

Il vit qu'il allait en dire trop : « Je te téléphonerai pour prendre des nouvelles de Marthe. – Oui... fais attention. Moi, je rouvre le magasin demain, ça m'occupera, je passe mon temps à tourner en rond. Ah! ça me fait peur, l'état de Marthe, je donnerais bien toute la collection, le magasin et l'appartement en prime pour qu'on me la rende en bonne santé. – Ils savaient que tu collectionnais? – On les avait renseignés, ils n'ont pas cessé de poser des questions à ma femme, et combien vaut ceci, cela, les laques, les armes. Marthe leur a raconté n'importe quoi, que ça n'avait pas de valeur, alors ils l'ont frappée, c'est la fille qui a commencé, une enragée, une vicieuse, c'est elle qui a eu l'idée du fer à repasser... »

Bernier le raccompagna. Frank était bouleversé, malade de dégoût. Il resta longtemps immobile dans sa voiture, suivant distraitement des yeux les estivants qui s'en allaient vers la mer, leur attirail de plage à la main. Oui, qu'il découvre la plus petite preuve et il irait trouver Mataro, la police. Il ne les raterait pas. Ni les deux filles. Il déballerait tout, la drogue, les vols dans les voitures, la secte. Il ne les épargnerait ni l'une ni l'autre, Cécile autant que Marie-Laure, même si on devait l'accuser, le juger durement, parler de lui dans la presse, même si Bernier devait le traiter de salaud et dire que c'était à cause de lui que...

Cécile était dans la cuisine. Assise à la table, elle mangeait des abricots. « Qu'est-ce que tu as? Tu en fais une drôle de tête. » Elle avisa le sac de provisions qu'il posait sur une chaise. « C'est à cette heure-là que tu fais le marché maintenant? »

Il lui tendit le journal, montra l'article. Elle le posa sur la table, et lut en mordant dans un abricot, ses cheveux en rideau. Elle comprit vite – beaucoup trop vite, pensa-t-il –, murmura : « Je vois. – Tu vois quoi? – Tu penses que j'ai fait le coup avec des copains, tout ça parce que tu nous as parlé à Marie-Laure et à moi de ce collectionneur de sabres japonais qui habite Antibes. – Tu as bonne mémoire. – Je n'oublie jamais rien, on me l'a assez reproché. Je suis pire qu'un éléphant, seulement hier après-midi, j'étais ici avec toi... Tu ne veux pas que je te cuisine quelque chose? Il y a l'air d'avoir des bonnes choses dans ton filet... »

Elle se penchait pour l'ouvrir. « Des orangeades, chouette!... Tu es gentil. » Elle se leva pour prendre une des bouteilles, la tâta : « Merde, elle est chaude! » La bouteille dans les bras, elle trouva la solution : « Je vais y mettre des gros glaçons... Tu en veux? Ça ne te fera pas de mal, tu es tout rouge, tu as l'air crevé. C'est cette histoire qui te retourne? »

Elle ouvrit le réfrigérateur. Il se laissa tomber sur une chaise. Il se sentait lourd, congestionné, encombré de son corps. « Tu veux que je te prépare une salade de tomates... avec de l'oignon et du basilic? » Il secoua la tête, prit machinalement le verre plein d'orangeade qu'elle lui tendait, le porta à ses lèvres. « Attends un peu, les glaçons ne sont pas fondus. »

Elle revint s'accouder en face de lui, roulant entre ses mains le verre où les cubes de glace tintaient. Il but une gorgée : « Il ne s'agit pas de toi mais des deux garçons qui t'attendaient hier devant l'immeuble et aussi de cette grande fille – Eliane? – Tu la connais? – Bien sûr, une grande carne qui se prend pour la réincarnation de je ne sais plus qui... – Toi ou Marie-Laure, vous auriez pu leur parler de ce collectionneur, d'autant plus que je vous avais dit qu'il tenait un magasin d'articles de sport à Antibes... – Arrête, j'ai compris, je suis pas idiote... Non, on l'a pas fait. Si on l'avait fait, je te le dirais. Après tout, faucher les objets d'un vieux mec qui dort sur son tas d'or c'est pas un crime, je trouve même ça plutôt marrant... Bois ton orangeade, elle est assez froide maintenant. »

Il reposa brutalement le verre : « A part, petite andouille, que la femme de Bernier est à l'hôpital, qu'elle est devenue à moitié folle... Tu sais ce qu'ils lui ont fait, tes copains? Ils lui ont brûlé le visage et les mains avec un fer à repasser. » Cécile cria : « Ce ne sont pas mes copains et en plus, c'est sûrement pas eux. Des vols, il y en a des centaines tous les jours ici et je vois mal Jean-Paul et Luc en train de faucher tes chinoiseries. Ils ont du fric, beaucoup de fric. – Et d'où il vient, leur fric? »

Elle fit un geste évasif : « J'en sais rien. Le père de Jean-Paul, je crois. – Celui qui dirige la secte? – Oui. Il a des millions, paraît-il, ce qui ne m'étonne pas, il exploite au moins quarante jeunes et ça dure depuis des années, il les fait marner comme des coolies... Tu ne veux vraiment pas que je te prépare une salade de tomates? J'en mangerais bien un peu moi aussi. Ce midi, j'ai juste pris un de leurs pans-bagnats, dégueulasse. »

Il ne répondit pas. Il la contemplait, morose, incertain. Elle était gracieuse et fraîche. Il lui en voulait d'être si belle, si désirable.

« Mais elle va se rétablir, ta bonne femme, n'en fais pas un drame! Les vieilles ça a la vie dure, c'est bien connu... »

Elle vit son regard. « D'accord, ceux qui ont fait ça sont des salauds mais tu n'y es pour rien et nous non plus. Tu veux mon avis? C'est du travail de professionnel. Des voyous de Marseille, de Toulon. Ceux-là sont de vrais pros, pas des ringards comme Jean-Paul, Luc et cette grande bringue à moitié sonnée d'Eliane... »

Il l'observait désespérément. Il aurait voulu la croire. Mon Dieu qu'elle était charmante et vive. Il demanda : « Et Marie-Laure? »

Elle sortait les tomates du sac en papier, les posait

sur la table. Elle resta un instant en suspens, une tomate à la main, dit : « Marie-Laure... Elle n'est pas très rusée, c'est sûr, mais de là à... – Elle aurait pu parler sans penser à mal. – Non. – Ça la passionnait les armes japonaises, elle voulait toujours que je les lui montre. »

Cécile répéta un ton plus haut : « Non. » Elle lui tourna le dos, ouvrit un tiroir à la recherche d'un couteau. Elle entrechoquait les couverts. Il la sentait nerveuse, irritée, et c'était vrai car lorsqu'elle se détourna, un couteau à la main, elle lui demanda, furieuse : « Qu'est-ce que tu cherches? On dirait que ça te plaît de nous mettre cette histoire sur le dos. » Il répondit aussi violemment : « Que j'apprenne qu'on a vu rôder tes deux copains et la fille ce jour-là autour du domicile de Bernier et je vais tout raconter à la police. – Tout quoi? – Tes copains voyous, votre manie à Marie-Laure et à toi de faucher tout ce qui se présente. »

Elle demanda : « Et le reste tu le raconteras aussi? – Quel reste? – Eh bien, après tout, si ce que tu dis est exact, c'est toi qui nous as donné l'adresse de ton copain collectionneur, tu serais donc aussi coupable que nous, plus coupable même. Je me trompe? – Non. – Mais tu n'es pas malade? Ainsi tu irais leur raconter qu'on est deux voleuses, que le sachant tu nous gardes chez toi depuis plus d'un mois par charité et que par charité aussi, tu t'envoies une des deux filles? Tu crois que tu vas bien et qu'ils ne vont pas te trouver bizarre à la police et plutôt suspect toi aussi quand tu leur avoueras que tu nous as donné l'adresse de ce bonhomme? D'ici qu'ils pensent que tu n'es venu les trouver que parce que tu as des remords ou encore la grosse trouille... »

Elle éclata d'un rire sec, le toisa, vit son visage fermé. Elle se pencha sur lui, planta son regard dans le sien. « Vraiment tu le ferais? Ah! tu es décidément encore plus con qu'on ne le pensait, Marie-Laure et moi... » Elle se redressa : « Une chance qu'on n'y soit pour rien dans ton cambriolage... Tiens, fais-la toi-même, ta salade, bouffe-la ou carre-la-toi dans le cul, tu me débectes... » Elle jeta le couteau sur la table avec force et quitta la cuisine.

Il ramassa le couteau qui avait rebondi et était tombé sur le carrelage. Il vida le sac de provisions, jeta à la poubelle les noyaux d'abricots que Cécile avait laissés sur la table et donna un coup de torchon.

Penché sur la table brillante, il tentait de démêler le vrai du faux, la comédie des mouvements sincères. Il se sentait malhabile à ce jeu. Ce qui le frappait, c'est qu'elle n'avait pris feu que lorsqu'il avait parlé de Marie-Laure, et puis ce n'était pas vrai que ces deux voyous étaient inoffensifs, elle-même en avait une peur bleue. Et cette grande fille qui se prenait pour une autre, une névrosée, une demi-folle?

Mais ce qui l'inquiétait plus encore et qui ressemblait à une menace, un chantage, c'était son insistance à le rendre responsable, à l'effrayer. Sans compter qu'elle avait vite compris, trop vite. Il aurait juré maintenant qu'elle était déjà au courant du cambriolage et que le temps qu'elle avait pris à lire, elle l'avait aussi employé à composer son attitude.

Il ouvrit le réfrigérateur, inventoria son contenu. Rien ne l'attira. Il se rassit, prit un abricot qu'il grignota. Jamais il ne saurait la vérité. Il se leva. Cécile sortit de sa chambre. Elle avait son sac en bandoulière. Il lui demanda, sans prêter attention à son expression butée :

« Hier, qu'est-ce qu'ils faisaient devant l'immeuble, tes deux copains?... Ils t'attendaient. Qu'est-ce qu'ils te voulaient? – Que je les accompagne quelque part. – Et c'est pour ça que tu criais si fort? »

Elle fit un pas vers lui, hocha la tête : « Tu es vraiment un fouille-merde... Ils voulaient m'emmener de force, c'est pour ça que j'ai gueulé. Les machos, j'en ai rien à foutre... » Elle mentait, elle avait commencé à crier avant que les garçons ne lui parlent.

Elle s'emporta soudain, voyant qu'il ne la croyait pas : « Et puis tu m'emmerdes, je n'ai pas de comptes à te rendre! Tu penses ce que tu veux, pour ça et pour le reste... »

Elle assura d'une secousse la courroie de son sac, dit en marchant vers l'entrée : « Je t'ai assez vu pour aujourd'hui et si tu as envie de pleurer dans le gilet des flics, surtout ne te gêne pas. Je leur dirai ce que je pense de toi, moi aussi. » Et, du seuil : « Si tu crois que c'est par plaisir qu'on reste ici... Sans ton fric et ta chambre! Tu as vu Marie-Laure, comment elle t'a plaquée! » Elle était déchaînée, acharnée à le blesser. Mais pourquoi? Parce qu'elle craignait qu'il aille à la police? Oui, c'était cela, elle avait peur. Qu'il aille leur dire ses soupçons la rendait folle de rage.

Elle avait les yeux rouges. S'il ne l'avait pas aussi bien connue, il aurait juré qu'elle avait pleuré.

La porte claqua. Il était vanné. Vanné et surexcité. Il alla dans sa chambre, s'étendit et ferma les yeux mais sous ses paupières closes, il retrouva Bernier, Cécile, la jeep, les deux garçons, Marie-Laure, toute une grimaçante sarabande et lui au milieu, petit bonhomme perplexe et pas très malin qui allait de l'un à l'autre comme un petit clebs aboyeur.

Marie-Laure rentra le lendemain. Elle tomba dans les bras de Frank, lui caressa le visage, l'enveloppant de son parfum et de sa voix légère. Elle le lâcha à regret pour embrasser Cécile qui était sortie de sa chambre et alla s'effondrer dans un fauteuil du salon, bras écartés, se débarrassant de ses chaussures à coups de talon. « Ah! je suis crevée! Il y avait une de ces foules dans le train! J'ai voyagé debout avec une bande de gosses qui n'arrêtaient pas de hurler, de chanter, une colo... Tu me fais un café, Cécile? »

Elle couvrait Frank d'un regard amical. « Tu as l'air en forme. On dirait que tu as grossi, bronzé aussi », toutes paroles en l'air pour réchauffer l'atmosphère car il n'avait pas l'air en forme, n'avait ni grossi ni bronzé. En revanche, il n'était pas aimable et la regardait à trois pas, sans aucune tendresse, n'ayant pas prononcé un mot depuis son entrée, et quand elle le serrait contre elle et lui piquait de petits baisers au hasard il s'était même dégagé sans douceur.

Il ne lui laissa pas le temps de reprendre ses esprits, coupa net le récit qu'elle entamait de ses vacances.

« C'est toi qui as parlé à tes amis de la secte du collectionneur d'Antibes? » Elle tombait des nues, jetait un coup d'œil d'appel à Cécile qui regardait Frank avec mépris. « Le collectionneur d'Antibes? » Il expliqua, irrité, montrant les sabres et les katanas sur le mur : « Oui, celui dont je t'ai dit un jour qu'il possédait la plus belle collection de la Côte. »

Marie-Laure attendait, la bouche entrouverte. Elle s'était redressée, les mains sur les accoudoirs. Cécile intervint : « Tu vois bien qu'elle n'est au courant de rien. » Frank se tourna vers elle : « Toi, tu me fous la paix... Et si tu allais dans ta chambre? » Elle secoua ses cheveux et ne bougea pas. « Tu es vraiment un sale con, un facho pourri. »

Il fit un pas vers elle et elle sentit qu'il n'hésiterait pas à la frapper, pas pour ce qu'elle venait de dire mais parce qu'il était hors de lui. Elle l'attendait de pied ferme, les yeux étincelants, alors il lui tourna le dos. Elle murmura : « Salaud, nazi. »

Il fit face à Marie-Laure : « Tu es bien restée là-haut avec eux pendant plusieurs jours? Ils t'ont maltraitée, frappée, c'est toi qui me l'as dit, d'ailleurs tu avais des traces de coups sur le corps. Et pourquoi t'auraient-ils frappée sinon pour que tu leur donnes l'adresse de ce collectionneur? – Mais non! Ce n'est pas pour ça qu'ils m'ont frappée. – Pourquoi alors? – Ils voulaient des choses... – Quelles choses? » Elle répéta, têtue, rencognée dans le fauteuil : « Des choses... »

Derrière lui, Cécile hurla : « Tu sais ce qu'ils voulaient? Qu'on revienne là-haut, qu'on trime pour eux, qu'on couche avec toute la bande, qu'on fasse leurs sales commissions. Avec moi aussi c'est ce qu'ils voulaient... »

Il ne se détourna pas, penché sur Marie-Laure : « Quelles choses voulaient-ils? – Ne lui réponds pas, Marie-Laure, il veut aller trouver les flics. »

Il attendait. Marie-Laure secouait follement la tête de droite et de gauche. Elle éclata soudain en sanglots, cria d'une voix aiguë : « Rien, rien, Cécile te l'a dit! – Mais ils t'ont questionnée... Avoue... »

Elle se leva brusquement, le bouscula au passage, faillit tomber, se raccrocha au dossier du fauteuil. Son visage ruisselait de larmes. Cécile dit à Frank : « Tu as gagné. » Elle saisit Marie-Laure par le bras. « Allez viens, on fout le camp, qu'il reste dans sa merde et qu'il y marine, quand on est borné et teigneux en plus... »

Frank retint Marie-Laure par l'autre bras. Il lui cria au visage : « Tu leur as donné l'adresse, alors ils y sont allés, ils ont volé, saccagé et maintenant, à cause de toi, la femme de Bernier est à l'hôpital, à moitié gâteuse. » Cécile dit, dédaigneuse : « Hier, c'était moi qu'il accusait, aujourd'hui c'est toi. Allez, on se tire... »

Elle entraînait Marie-Laure. Frank la retint et l'agrippa furieusement de son côté, alors Marie-Laure se mit soudain à hurler, à trépigner, en proie à une crise de nerfs, des larmes jaillissant de ses yeux, les lèvres retroussées. La voix stridente, elle secouait la tête à toute allure, criait : « Non, non... »

Cécile l'attira contre elle. Frank lâcha à regret le bras de Marie-Laure. Il regardait son dos secoué par les sanglots. Cécile qui caressait les cheveux de son amie dit : « Bravo! » puis la voix aiguë, hystérique à son tour : « Allez-vous-en! Allez-vous-en! On ne veut plus vous voir, vous avez compris, on ne veut plus, on en a plein le cul de vous et si vous allez à la police, il faudra dire aussi que c'est vous qui nous avez tout raconté. Vous verrez alors ce qu'ils diront... – En somme tu avoues que Marie-Laure ou toi vous avez parlé. – On n'avoue rien du tout. Tu attaques, on se défend. Comment te faire comprendre que toutes ces histoires, ça se passe dans ta tête? Comment est-ce qu'on peut se protéger de tes soupçons dégueulasses? Allez, fous le camp, tu nous dégoûtes... »

Il hésita, grogna hargneusement. Marie-Laure poussait de petits cris, le visage enfoui dans l'épaule de Cécile. Frank s'en alla vers sa chambre. Il n'était ni apitoyé ni repentant, il les aurait aussi bien bourrées de coups. Il tourna dans sa chambre, buta dans un pied du lit, jura, revint dans la salle de séjour. Elles n'étaient plus là. Il entendit la voix de Cécile. Elle tranquillisait Marie-Laure qui poussait des cris de souris.

Il s'en alla, claquant la porte de toutes ses forces pour montrer qu'il abandonnait la place mais que son opinion restait la même. Ils avaient frappé Marie-Laure et parce qu'elle était lâche, qu'elle avait peur des coups, elle avait parlé. Oui, c'est ainsi que les choses s'étaient passées et Cécile qui avait compris depuis la première seconde n'était intervenue que pour protéger sa copine, l'empêcher de parler. Elles étaient solidaires, complices depuis le premier jour, mais elles ne lui échapperaient pas. S'il le fallait, il irait à la police et peu importaient les conséquences.

En roulant vers la ville, il devint plus calme, s'étonna même de son emportement, pensa : « Qu'est-ce qui te rend si furieux, si acharné? Cécile? » Depuis longtemps, il prenait les choses comme elles venaient; la vie un bâton merdeux, à manier avec précaution mais elle est comme ça, c'est sa nature, à prendre ou à laisser, pas de quoi s'affoler sinon on tombe dans la tragédie, et la tragédie, classique ou pas, ça a toujours un côté con, fatalité/soumission. Pas se laisser embringuer donc, se dire qu'il n'y a jamais rien de vraiment neuf, qu'on n'est pas un cas, que c'est déjà arrivé cent mille fois et qu'avec un peu de patience et de réflexion, on finira bien par éteindre le tas de paille avant qu'il foute le feu au château.

Même quand il avait quitté Véronique, quand elle l'avait traité de cocu – un mot vulgaire qui appartenait à une autre époque, une autre manière de voir, et la définissait bien –, même ce jour-là, il s'était contenu. En fait, par sa trivialité, le mot avait précipité, le condensant brusquement, tout ce qu'il n'avait osé se formuler à son propos – auparavant, il lui découvrait toujours quelque excuse –, tout un lot de petites humiliations, de dédains et leurs conséquences, sa fille par exemple, qui avait fini par le tenir pour rien, la grosse bécasse, aussi la certitude que sa femme le rejetait maintenant comme un objet devenu inutile, l'ensemble se rejoignant si bien, si fortement qu'elle lui était apparue soudain dans toute son arrogante bassesse, en dépit de quoi il s'était contenu, et s'était dit simplement, le coup de rage écrasé : « Il faut qu'on se sépare, que je ne la voie plus », sous-entendu, bien sûr : « Si je continue de la voir, de l'écouter, je ne serai peut-être plus maître de moi et alors... »

Il avait pris la fuite avant que ça ne tourne au drame. Elle n'avait rien pressenti, insensible, peut-être prise par un nouvel amour, il n'avait pas cherché à le savoir. Ce qui l'avait frappé, en revanche, c'est qu'elle le traite encore comme l'employé de son père qu'elle avait épousé quelques années plus tôt. Pour elle, il n'avait pas changé. A moins que, telle qu'elle était faite, elle n'eût plus maintenant besoin de l'homme qu'il était devenu. Très prosaïque, infiniment pratique, ne croyant qu'à l'efficacité et au succès, ayant évolué après la petite sentimentalité de sa jeunesse dans une direction opposée à la sienne, peut-être méprisait-elle justement ce genre d'homme.

Ce jour-là, où elle s'était crûment exposée, provocante même, il s'en était fallu d'un cheveu. Il était sorti et pour plus de sûreté, il avait passé la soirée chez des amis et il avait bu à en tomber. Ils l'avaient gardé dormir. Sa femme ne savait pas à quoi elle avait échappé, et le plus drôle, c'est que s'il le lui avait dit, elle aurait ri, incrédule. Il devait y en avoir ainsi quelques-uns qui mouraient à contretemps, d'une manière bête et inutile, le tout-venant des faits divers probablement. Il est vrai qu'il avait bien cédé, lui, avec le sergent Lepage.

Il plongea jusqu'à cet après-midi ensoleillé où il avait tenu le sergent dans sa ligne de mire. Il avait attendu. Lepage se déplaçait vers le champ de cannes à sucre. Qu'il se détourne et... Il s'était détourné. Frank avait lâché le projectile. Cinq cents mètres de course. Le corps de Lepage avait pivoté, il avait disparu entre les herbes.

Il était tranquillement descendu de l'arbre où il se tenait aux aguets. Une exécution froide, préméditée depuis des semaines. Il fallait tuer ce sadique. Il l'avait fait. Il ne l'avait jamais regretté. Ni aucun des hommes de la compagnie, Juniot excepté, le meilleur ami du sergent, un sadique lui aussi mais on ne peut pas les tuer tous. Personne n'en avait parlé. Un sniper viet, avaient-ils dit, ils en avaient de bons eux aussi.

Après, la petite vie sans passion, Véronique bien sûr, mais juste un coup de sang tout de suite retombé, ne plus se voir, divorcer, on est des civilisés, pas des brutes. Qu'est-ce qui était vrai? L'homme tranquille, conciliant, des vingt dernières années ou le jeune homme furieux, intraitable? Les deux probablement, un faux problème donc. Il était comme les autres, un compromis entre sa nature et les événements, quelque chose de hasardeux et de défini tout à la fois, sa propre histoire avec ses péripéties prise dans la grande, celle de son époque, libre et conditionné en somme, ça dépendait des circonstances et, bien entendu, comme tous ceux qui subissent leur vie et n'en organisent que le détail, il avait passé son temps à enterrer sa jeunesse et ses illusions. Sur la liberté, la justice, l'amour. A se résigner comme on dit, ce qui, à y regarder de plus près, signifiait qu'il s'était aménagé une niche confortable, la tête et le cœur en veilleuse, d'abord tirer son épingle du jeu, quant au reste tourner le dos, moi d'abord, qu'ils s'arrangent entre eux, c'est pas moi qui interviendrais. En bref, il les avait transformés en étrangers ou en ennemis comme on veut, il s'était désolidarisé. Et voilà qu'à propos de deux filles, deux gamines dont il s'était entiché, l'une d'elles particulièrement, cette folie qu'il croyait à jamais disparue renaissait, vieille maladie qui faisait une poussée tous les vingt ans. Flanque-les dehors et qu'on n'en parle plus. Du reste quand il reviendrait ce soir, il espérait bien qu'elles seraient parties. En attendant, s'il allait faire un tour au champ de tir? Ça lui ferait du bien d'expédier quelques balles dans les cibles, ça le détendrait. Les armes l'avaient toujours apaisé, elles étaient simples et dociles. Le projectile obéit à des lois précises et gaies, oui gaies, car ce ne sont pas les mains ou l'œil seuls qui prennent du plaisir mais l'esprit. Elles ne l'avaient jamais déçu.

Mataro lisait un rapport. Il remarqua : « On ne te voit pas souvent, cette année. Tes jeunes filles?... Assieds-toi, j'ai fini dans une minute. » Il passa un doigt dans son col de chemise pour le desserrer, jeta un coup d'œil à Frank : « Tu n'as pas l'air gracieux. » Il revint à son rapport tandis que Frank contemplait, morose, un couple de touristes qui léchaient des glaces de l'autre côté de la vitrine.

Mataro retira les lunettes qu'il mettait pour lire. Il s'adossa au siège. « Des emmerdes?... Raconte... – Si on déjeunait ensemble? – Pourquoi pas? Zeila est à Nice pour deux jours, sa sœur lui manquait. Elle a toujours un petit retard d'affection, c'est comme ses retards de bouffe, sa boulimie. » Frank répondit machinalement : « Ça va ensemble. – Explique-moi. – Non... De toute façon tu t'en fous... Tu as entendu parler du cambriolage de Bernier à Antibes? – Oui, j'ai pensé à toi. Il aimait les armes japonaises lui aussi. On ne lui a volé que de la broutille, paraît-il. – Il y a sa femme... – Oui, je sais. C'est mauvais à cet âge-là de se faire tabasser. – On a une piste? – Je n'en sais rien, c'est du ressort de la brigade d'Antibes. »

Frank contemplait les deux touristes. Maintenant, le bras tendu, chacun faisait lécher sa glace à l'autre. Mataro dit : « Tu les vois faire ça dans leur village? Ici, ils se croient tout permis. L'autre jour, il y en a une qui s'est mise à barbouiller ma devanture avec son rouge à lèvres, " *love* " qu'elle avait écrit, cette paillasse, " *love* ", eux qui passent leur temps à se défoncer et à emmerder la population! Quand je m'en suis aperçu, elle dessinait un cœur plus gros que sa tête... Qu'est-ce qui te chiffonne dans l'affaire Bernier? La vieille, bonne pour la casse? La peur qu'on te fauche tes sabres à toi aussi? »

Les deux touristes s'en allaient bras dessus bras dessous. Mataro dit : « Ce cul! Mais tu as vu ce cul qu'elle expose! Il est plus large que ma bagnole. Au moins Zeila, elle s'habille flou... – Je pense que je suis responsable de ce cambriolage. J'ai parlé de Bernier, j'ai dit que c'était un des plus grands collectionneurs d'art japonais d'Europe et j'ai pratiquement donné son adresse. – A tes filles? – Oui. – Eh bien, mon canard!... Et à ton avis, c'est elles qui... – Non, mais j'ai peur que sans le vouloir elles aient transmis l'information à leurs copains. – Ceux de la secte? – Peut-être. »

Après un silence pendant lequel il digéra la nouvelle tout en observant attentivement Frank, Mataro demanda : « Qu'est-ce que je suis censé faire? – Tu t'informes, pas plus, et si tu découvres une preuve, je vais à la police. – Tu sais que tu seras mêlé à l'affaire, que Cerroquier, le commissaire, est un méchant, un maniaque de la délinquance. Quant à tes deux filles, il les fera mettre en cage. – Elles n'ont pas participé au cambriolage, j'en suis sûr. »

Mataro fit une grimace. « Qu'est-ce que ça change? Complicité... – Information involontaire, non? – C'est toi qui le dis. En plus, c'est dur à prouver... Même pour toi. Et si par l'intermédiaire de ces voyous tu avais voulu t'approprier la collection de ton vieux copain pour embellir la tienne? »

Il vit l'œil farouche de Frank, ne se démonta pas. « Ça s'est vu. Certains le diront, Cerroquier le premier... Réfléchis encore... On va déjeuner? »

Frank ne bougea pas. « Il faut chercher quelqu'un qui a vu un chien dans une jeep verte ce jour-là à Antibes. Deux garçons et une fille, tu les connais, tu pourras donner leur signalement. – A qui? A la police? Je préfère vérifier moi-même... »

Il rigola, dépliant sa haute carcasse : « En somme, tu engages mes services. » Frank répondit, sérieux : « C'est ça. Je te donnerai du pognon et tu me feras un rapport. – Un rapport qui t'enverrait droit en prison si je le communiquais à la police. N'oublie jamais que la source de l'information, c'est toi, et toi seul... Dis-moi, tes deux filles, tu les as toujours à domicile? – Pas pour longtemps. – Tu couches avec l'une d'elles?... Les deux? – Une, la plus grande, Marie-Laure. – C'est mauvais, ça... Tu sais ce que tu aurais dû faire? Te remarier. Tu ne serais pas là à froncer le sourcil, tu ressemblerais aux deux vieux crétins qui léchaient leur glace devant ma vitrine. Il n'y aurait pas d'affaire Bernier et s'il y en avait une, jamais tu ne serais venu m'en parler. – Tu veux dire que je m'en serais fichu? – C'est ça même. »

Mataro se tourna vers son ami : « Tandis qu'à cause de ces deux filles, tu tiens à toute force à être coupable, qu'on te punisse, et qu'on les punisse, elles aussi. Autant dire que tu ne veux pas t'en séparer, de l'une d'elles en tout cas, ta manière en somme de la garder, qu'elle s'intéresse à toi... Tous les moyens sont bons dans la passion. – Il ne s'agit pas de passion. – De quoi alors? Tu me prends pour un imbécile? »

Il était furieux. Il poursuivit : « Je vais te donner un conseil : largue les deux filles, Bernier, les petits voyous et passe à autre chose. – La femme de Bernier... – Ne te donne pas des prétextes. Laisse la femme de Bernier. Qu'est-ce qui te dit qu'à son âge, il ne vaut pas mieux finir sa vie un peu zozote avec la tête à l'envers? Ce n'est pas d'elle qu'il s'agit mais de toi et c'est ça qui me fait peur. »

Frank aurait eu beaucoup à dire, mais tel qu'il

connaissait Mataro, il préféra garder le silence. S'il y avait quelqu'un dont il n'avait pas envie de parler avec Mataro, c'était bien de Cécile.

Elles étaient dans la salle de séjour, assises côte à côte dans le même fauteuil, deux fauvettes sagement serrées l'une contre l'autre, le visage frais, rincé, le bras de Cécile passé derrière l'épaule de Marie-Laure et elles regardaient la télé avec des yeux de jeunes filles candides, Marie-Laure du moins, car Cécile lui jeta un regard en coup de sonde qui ne présageait rien de bon. Il ne dit mot et elles non plus comme si elles étaient fascinées par ce qui se passait sur l'écran, l'interview d'un politicien sur le découpage électoral, passionnant, pensa-t-il, et d'une gaieté!

Il passa dans la cuisine qui était rangée. On avait même lavé le carrelage et fait la vaisselle de la veille. Mauvais signe, ça aussi. Il chercha le flacon de bicarbonate de soude. Les calmars à l'américaine ne lui réussissaient pas. Mataro en avait repris. Il avait ensuite dévoré deux côtelettes. Sous ses airs austères, il bâfrait comme quatre et buvait tout autant. Une soupape. A moins que le vrai Mataro ne fût là, un fauve. Oui, voilà ce qu'il avait lâché sur les filles, sur Cécile, un carnassier. Frank soupira. Il aurait mieux fait de se taire, d'autant que s'il approuvait les raisons de Mataro, il n'avait jamais cru à ses conseils fraternels.

Son verre vide en main, il regardait par la fenêtre, rotant doucement des bulles, quand elles entrèrent. Cécile dit gaiement en faisant une grimace au flacon resté sur la table : « On a fait la foire?... Vous savez qu'il n'y a plus rien à manger ici, vous n'avez pas fait le marché, ce matin? » Il montra le réfrigérateur : « Il y a des surgelés. – Alors on reste... A moins que vous ne nous flanquiez dehors. – Pas pour l'instant. » Elle lui fit une révérence : « Monsieur est bien bon », et lui tourna le dos pour inventorier le contenu du congélateur. « Une tarte aux champignons, des filets de cabillaud... Le cabillaud et la morue, c'est la même bête, non? »

Il ne répondit pas, agacé par sa gaieté sous laquelle couvait de l'agressivité. Il observait Marie-Laure. Elle lui servait souvent de baromètre. A partir d'elle il pénétrait quelquefois les véritables sentiments de Cécile qu'elle reflétait à sa manière avec plus ou moins de retard. Elle était restée sur le seuil de la cuisine dans sa petite robe à fleurs roses qu'il ne lui connaissait pas – un cadeau de Coutelier? – et, ne sachant quoi faire de ses mains, elle les promenait au hasard sur son corps.

Cécile dont la tête plongeait dans le réfrigérateur dit : « Il ne reste que deux yaourts, un pour moi, un pour Marie-Laure. » Elle s'esclaffa, renvoya la porte avec force, se tourna vers Frank : « Alors c'est bien fini votre colère, vos accusations imbéciles? Vous n'êtes pas allé trouver les flics? » Elle lui riait au nez.

Il posa son verre et sortit de la cuisine. Au passage, Marie-Laure s'écarta, la mine craintive. Vu de près, son visage gardait la trace des larmes et ses yeux un peu obliques de chat pas mal hypocrite étaient gonflés. Elle lui sourit gauchement tandis que derrière elle Cécile riait toujours. « Elle est un peu folle, se dit-il, elle est exaspérée et d'ici qu'elle me cherche querelle ou parte sur un coup de tête... »

Il s'assit dans un des fauteuils et resta là, à se dire que dans deux semaines il serait à Paris, ce qui le rendit morose. D'habitude, saturé de soleil et de petits loisirs, il était plutôt content de rentrer. Il avisa les armes japonaises sur le mur. Demain, il téléphonerait à Bernier pour prendre des nouvelles.

Cécile entra. Elle s'installa sur le divan, lissa sur ses genoux sa robe imprimée de feuilles mortes. Bizarre ce goût des couleurs ternes chez une fille aussi vive, car elle était vive et gracieuse même quand elle s'essayait à la vulgarité comme en ce moment. Il l'aimait. Il lui jeta un regard d'ennui qui ne disait rien de ses sentiments. Bientôt elle partirait, elle poursuivrait sa vie quelque part, à Paris ou ailleurs et lui dans son deux-pièces... Le souffle lui manqua. Il se redressa et reçut de plein fouet son regard éclatant.

« On vous attendait, on allait faire nos valises. Puisque vous n'êtes pas allé nous dénoncer, on veut bien rester... » Elle s'agita sur son siège, se pencha vers Frank : « ... Mais il faut que les choses soient claires. On en a marre d'être accusées, jugées, on en a marre de vous voir jouer les braves types tolérants, alors qu'en dessous on sait ce que vous pensez et qu'on est deux petites putes, deux faucheuses qui se sont arrangées pour vivre à vos crochets et vous pomper votre fric. On vous regarde, on est pas aveugles, on vous entend, même quand vous ne parlez pas... Vous savez ce que vous êtes pour nous? » Il n'hésita pas : « Un vieux con. » C'était la journée, après Mataro les filles, il commençait à prendre le rythme, ça le fit sourire. « Un vieux con, exactement. »

Elle avait vraiment un culot incroyable. « Il fallait vraiment que... – Que? » Elle balaya l'air de la main. « Bon, ça va... » Il compléta pour elle. « Qu'on sache pas où aller coucher et qu'on assure les trois repas. – Exactement. » Elle aimait ce mot-là. Elle éclata de rire, un rire pas gentil qui donnait à Frank sa vraie place.

Il se leva, massa doucement son estomac. Dans quinze jours elle ne serait plus là. Quatorze exactement, il les avait comptés. Et pour la remplacer, des souvenirs. Il n'avait rien à en foutre des souvenirs, rien. Il lui ordonna avec une espèce d'allégresse qui n'était que l'expression de son désir furieux, saccageur, d'aller au fond des choses : « Continue, dis ce que tu penses, qu'on ne se quitte pas sur un malentendu surtout. » Il en aurait hurlé de rage. Où croyait-elle qu'ils en étaient? Elle n'avait rien compris. Bouchée, péroreuse, pleine de son petit discours imbécile, voilà ce qu'elle était.

Se massant toujours l'estomac avec prudence, il aperçut Marie-Laure qui naviguait à quatre pas de là dans un rayon de soleil. Elle louvoyait entre les meubles, effleurant du bout des doigts leur surface glissante. Elle n'était pas tellement d'accord pour qu'on trie, elle était moins bête ou plutôt moins naïve. Qu'est-ce qui prenait à Cécile de chausser de si grandes bottes, elle qui savait si bien d'ordinaire prendre le monde comme il venait? Il l'observa de biais, cherchant, la vit, l'œil vif, prête à la relance, car elle n'avait pas fini, elle soufflait juste un petit peu. Ce n'était pas possible, elles en avaient parlé tout l'après-midi!

« Tu sais ce qu'on te reproche? »

Elle passait au tutoiement. Ça lui fit plaisir. « C'est l'idée que tu te fais de toi, archifausse. Tu es raciste, tu détestes les jeunes. Oh! ne proteste pas! J'ai vu comment tu regardais les Arabes en ville et puis les groupes de jeunes, comment tu faisais la grimace quand ils devenaient trop remuants à ton gré... Rappelle-toi, tu ne nous as jamais caché que tu les tenais pour des feignants et des profiteurs... »

Il approuva : « Oui », rectifia : « Je t'ai dit ce que j'en pensais, qu'on change le système, d'accord, mais tous ces faux jetons, tous ces crasseux roupilleurs qui en profitent et n'en prennent que ce qui leur va, tous ces petits pourris qui parlent sans arrêt des autres et ne pensent qu'à eux, non. Tes copains voyous par exemple... »

Elle haussa les épaules : « Qu'est-ce que tu sais d'eux et de tous les autres justement? Tu es là au chaud, bien payé, mais les autres, tu y penses? » Il dit mollement : « On est en vacances. – Et ta tête, tu crois pas qu'elle est toujours en vacances? Il n'y a qu'à te voir... Il y a aussi les filles, la façon dont tu les évalues, celle-là, c'est un boudin, une horreur, à la poubelle, tu nous l'as dit, et t'as vu comme celle-là elle est moche, pas de cul, pas de seins, un bonhomme. Et jamais un mot sur les garçons, les hommes, ceux-là, ils peuvent tout se permettre, d'être laids, tordus, de puer de la gueule, d'avoir l'air con, demeuré. Ah! tu es bien de ton époque! On devrait t'empailler. » Elle se tourna, joyeuse, vers Marie-Laure : « Tu le vois dans une vitrine avec ses gros sourcils et son air pas au courant. »

Il se mit à rire à son tour, retourna s'asseoir en face de Cécile, demanda : « Qu'est-ce qui te prend? Tout ça n'est pas neuf, on en a déjà parlé cent fois. Tu crois que c'est le moment? Dans quinze jours, on sera partis. – Justement... Marie-Laure et moi, on te supporte plus... »

Il regarda Marie-Laure. Elle leur tournait carrément le dos. Il dit : « Vas-y. – Ne prends pas cet air ravi, dit-elle sèchement, Marie-Laure est de mon avis, on en a assez parlé mais elle ne te le dira pas, elle est comme ça. » Cela le fit sourire qu'elles aient ainsi débattu de sa nature, il était flatté, il les voyait plus lointaines.

Il croisa les mains sur son estomac et attendit, sérieux, les yeux posés sur Cécile. Mon Dieu qu'elle était jolie! Les joues roses d'excitation, ses yeux bleus lustrés de lumière, comme elle était jeune et soudain bien plus innocente qu'il ne l'avait imaginée car il fallait être innocent et croire de tout son cœur que le monde pouvait être meilleur pour tenir un pareil discours à un vieux type comme lui.

Il dit doucement : « Explique-toi. » Elle le fit : « Par exemple, tu es large, plutôt généreux, un peu fou, même, ce qui n'empêche pas que tu penses toujours à l'argent d'une manière ou d'une autre. On ne te le reproche pas, les autres sont pareils, ce qu'on te reproche, c'est de te prendre pour un type bien alors que tu ne donnes que le superflu, jamais l'essentiel, et puis surtout, parce que sans que tu le dises, tu traduis les rapports, les nôtres, en termes d'équivalences, ceci contre cela, je baise Marie-Laure, mais je les entretiens toutes les deux. On sent bien que dans un sens pour toi ça s'équilibre, donnant donnant... »

Il protesta, indigné : « Mais je n'ai jamais pensé ça, tu dérailles. Je le sais bien que c'est moi le grand gagnant, je me le suis dit cent fois. – Tu vois, même ton vocabulaire d'épicier te trahit. Gagnant! Ça dit tout, un mot pareil. On te voit d'ici en train de te frotter les mains comme si tu avais fait une bonne affaire... – Mais... Mais... » Il en bégayait de se voir si mal compris, qu'on puisse le juger ainsi : « Tu es complètement en dehors... Bon, d'accord, je me suis mal exprimé. Ce que je voulais dire, c'est que j'étais heureux tout simplement, reconnaissant, oui, c'est cela, reconnaissant que vous soyez là, je ne me suis jamais frotté les mains. Je sais que votre présence, rien ne saurait jamais la payer, ni ma fortune qui ne va pas loin, ni celle de n'importe qui, que c'est inestimable tous ces instants, ces cadeaux que vous m'avez donnés sans même le savoir... Votre... » Il se tut, à court de mots, écarta les mains.

Cécile fut un instant si déconcertée qu'elle se tourna vers Marie-Laure qui s'était arrêtée à deux pas et contemplait Frank, les yeux vides en se mordant les lèvres. Il murmura avec un petit rire : « S'il n'y avait que moi, je vous garderais jusqu'à la fin des temps... Oui, c'est ça, jusqu'à la fin des temps et je serais l'homme le plus heureux du monde. »

Il baissa la tête. Comment faire comprendre à Cécile qu'il parlait pour elle, pas pour Marie-Laure qui les examinait maintenant tour à tour, perplexe et avait l'air de se demander pourquoi on discutait tant, allez! qu'on passe l'éponge, qu'on fasse rouler le transistor, à quoi ça sert de tant causer?

Cécile le regardait fixement. « Peut-être que c'est pour ça et pas seulement pour le lit et la bouffe qu'on est restées et qu'on t'a pas plaqué plus tôt. Ce qui n'empêche pas que tu nous fais gerber avec tes opinions d'un autre âge. – Lesquelles? » Vraiment, il ne voyait pas, il se trouvait plutôt accommodant. Elle en souffla de colère : « Une femme, ça doit être comme ci, pas comme ça, être bonne ménagère, propre, ne pas regarder les autres hommes, ne pas montrer son cul, la boucler quand il faut et surtout ne pas te tromper, être à toi, seulement à toi, comme ta boîte de cigarillos. »

Il haussa un sourcil : « Normal, non? Faut être dingue pour prêter sa femme, faut pas l'aimer. – Tu vois! Mais on existe! A la limite, on n'en a rien à foutre de tes idées sur nous, sur ce que tu veux qu'on soit ou qu'on soit pas. On te dit merde et on a juste envie de faire le contraire rien que pour te faire chier et pour t'apprendre qu'on est pas venues au monde pour toi. Je te le répète, on existe, on est des personnes, on est pas là pour faire joli ou servir ta soupe. – Tu n'attends rien d'un garçon? » Elle trancha, catégorique : « Rien, seulement qu'il me fasse pas chier avec ses exigences... Vous vous croyez des petits rois par la naissance, eh bien on n'en veut plus des petits rois et de leurs privilèges à la con. Dehors les petits rois et s'il n'y avait que des filles comme moi, ils pourraient bien s'enfiler entre eux, c'est pas moi qui leur prêterais mon cul. »

Marie-Laure éclata d'un petit rire joyeux. Cécile la regarda surprise. Frank dit sans acrimonie : « Tu dis ça mais tu couches. » Il continuait de se demander pourquoi elle lui déballait tout ça, pourquoi aussi elle avait attendu si longtemps et ce que signifiait cette colère à ce moment particulier.

Il l'observait avec attention, moins sensible soudain à sa beauté qu'à son expression, à ce qui se dégageait de sa personne et il continuait de ne pas comprendre. De la colère, oui, mais quoi derrière? Il pressentait autre chose. Au fur et à mesure qu'elle parlait sa gaieté, son ironie s'en étaient allées.

Elle disait : « Oui, je couche. Pour moi. Et pas avec n'importe qui, pas avec toi par exemple ni avec ces petits cons qui croient que c'est arrivé, qu'on est juste faites pour ça. » Il ne put s'empêcher de répondre : « Ils vous baisent bien pourtant les petits cons. Surtout depuis qu'on vous a donné la pilule. C'est la fête pour eux, ils n'ont jamais tant couché gratis. »

Elle en sursauta d'indignation : « Tu ne vas pas nous reprocher de prendre la pilule sans risque maintenant? » Elle se tourna vers Marie-Laure : « Je te l'ai dit qu'avec lui, sous ses airs bonasses, on en était toujours au Moyen Age. Méfie-toi, Marie-Laure, il va t'empêcher de jouir en te disant que c'est de son plaisir qu'il s'agit, pas du tien, que tu es indécente à crier que c'est bon et d'en redemander. Je te le dis, il est pas seulement rétro, il est cro-magnon ton petit père... »

Elle ajouta : « Heureusement que tu te défends, hein Marie-Laure, et que tu ne lui as pas demandé la permission de te faire sauter par son copain Coutelier. » Marie-Laure eut un haut-le-corps : « Tu m'avais promis... – Qu'est-ce que ça peut faire? D'ailleurs il le sait que Coutelier t'a sautée. Et puis tu ne lui dois rien à Frank. Il te l'a dit, il t'est reconnaissant, il te remercie, il en est même très content. C'est pas vrai, Frank, que tu nous as dit que tout baignait? »

Marie-Laure protesta, les larmes aux yeux : « Tu exagères, il faut toujours que tu exagères. » Frank ordonna à Cécile : « Tais-toi. – Tu te gênes, toi qui veux nous dénoncer aux flics? »

Il hésita, finit par avouer : « J'en avais marre de laisser couler. – Avec nous? – Non, avec moi... Marre de me taire, de fermer les yeux... Si j'étais seulement ce que tu dis, à propos de Bernier, aujourd'hui, je ferais celui qui n'a rien vu et je continuerais tranquillement à profiter de vous et à coucher avec Marie-Laure. – Et comme par hasard quand tu vires ta cuti, c'est pour nous envoyer en prison. – Oui, à cause de toi. »

Il la regardait fixement. Elle était idiote, elle n'avait

pas la plus petite idée de ce qu'il voulait dire ou bien plus probablement le savait-elle mais elle ne voulait pas en entendre parler car elle coupa : « Parlons d'autre chose », et elle jeta un regard de dédain à Frank : « Mets la télé, Marie-Laure, ça vaudra mieux que de discuter pour rien. » Elle se leva : « Je vais aux chiottes. »

Frank avait fermé les yeux, la nuque appuyée au dossier du fauteuil. Elle le repoussait, elle n'avait rien à faire de lui et s'il le pensait, ce n'était pas à cause de ce qu'elle lui avait reproché qui n'avait pas d'importance ou très peu mais de sa manière de le faire. Il se sentait rejeté, à l'écart, un homme parmi une foule immense et elle ne savait pas qu'il était dans cette foule, qu'il l'aimait, ou elle le savait et ça ne l'intéressait pas. Comme s'il était tombé amoureux d'un personnage de l'Histoire, d'une femme morte depuis trois siècles. Oui, c'était aussi absurde, aussi ridicule que l'amour d'un homme pour une femme disparue à jamais, gracieux destin devenu poussière dans le gouffre du temps, si irréel, si suffoquant que cela donnait le vertige.

Marie-Laure demanda timidement : « Je la mets la télé, Frank? » Il répondit sans ouvrir les yeux : « Tu fais comme tu veux. » Elle hésita devant le récepteur puis après un coup d'œil vers Frank, elle s'en alla vers sa chambre, le visage triste.

Elles partirent un peu plus tard. Il les entendit rire devant l'ascenseur et quand de la fenêtre il les vit traverser l'esplanade bras dessus bras dessous, plus copines que jamais, elles étaient toujours aussi gaies. Il pensa : « Elles sont libres, amoureuses de personne, belles et en bonne santé, l'été est magnifique, elles rient pour un rien, simplement parce qu'elles ont envie de rire, c'est elles qui sont dans le vrai », et il adressa un petit salut à sa jeunesse, qui, il s'en fallait de beaucoup, n'avait pas été si joyeuse. Cela tenait aux idées qu'on lui avait mises dans la tête, pas de quoi se vanter donc, à déplorer plutôt. Toujours la même chanson, il n'était qu'un produit de son temps, plus ou moins bien ajusté à celui-ci, un personnage d'époque comme on dit d'un chandelier qu'il est d'époque.

C'étaient elles qui avaient raison de donner du prix à chaque instant, d'être si légères, si éprises de leur jeunesse, de leur beauté. Lui, avait toujours vécu un pied dans l'avenir, autant dire entre la crainte et l'espoir. Il se dit : « On passe sa vie à attendre. » Il imagina une multitude de Frank postés le long du chemin, chacun espérant ou redoutant quelque chose et il vit dans cette attente l'essence même de sa vie, un mirage qui l'avait aidé à passer le temps de façon souvent agréable mais il se demandait aujourd'hui si, à force de verser d'un désir à l'autre, il n'avait pas vécu à côté de lui-même, inutilement ou bêtement donc – c'était la même chose – comme ces voyageurs qui vont de ville en ville et ne s'enfoncent jamais dans le territoire.

Cécile et Marie-Laure, elles, ne faisaient pas de projets. Elles vivaient comme si elles n'avaient pas d'avenir. Il leur avait déjà demandé comment elles se voyaient dans dix, dans vingt ans. Elles avaient haussé les épaules comme si c'était sans importance ou hors de leur capacité d'intervention, du domaine du hasard ou de la fatalité, comme si cet avenir ne leur appartenait pas tout à fait donc et serait finalement décidé par d'autres et ailleurs. Le sujet, du reste, n'avait pas l'air de leur plaire.

Il avait insisté : « Vous serez moins jeunes, moins jolies aussi. » Cécile l'avait interrompu avec agacement : « Oui, et on sait même qu'on n'est ni très intelligentes, ni instruites, ni riches, qu'on n'a aucun talent particulier... Où vous voulez en venir? Prouver qu'on deviendra des femmes que personne ne regardera avec un travail peut-être ennuyeux – elle ne s'imaginait pas restant à la maison –, un mari, des chiards? On ne se fait pas d'illusions, on sait qu'on ressemble à n'importe qui, qu'on couchera avec le voisin de palier ou le collègue de bureau, qu'on ira en vacances, qu'on divorcera, qu'on se retrouvera un mec, la routine... »

Elle avait ri et dit à Marie-Laure : « Tu nous vois, deux bonnes femmes plus très jeunes en train de préparer la soupe de pépère tandis qu'il te raconte ce qu'il a fait ou ce qu'il a pas fait de sa journée? Encore que c'est pas ça le pire... Le pire ça serait qu'on en soit heureuses, qu'on voie pas plus loin, de manger de la merde en croyant que c'est du gâteau... »

Elle s'était violemment tournée vers lui : « Tu comprends pourquoi on veut pas y penser, pourquoi on en profite aujourd'hui? » Il avait failli lui dire que rien n'était joué, qu'en travaillant d'arrache-pied, en prenant les choses différemment à un autre niveau moins trivial... toutes les vieilles balançoires de sa génération enfin. Marie-Laure qui était devenue triste s'était soudain exclamée : « Peut-être qu'on gagnera au loto! » et Cécile lui avait fait une petite caresse sur la joue avant de dire à Frank : « Ce soir on va à Monte-Carlo, tu nous fileras cinq cents balles, ça t'apprendra à être moins con. »

Il voyait bien ce que signifiait l'absence de projets des deux filles. Ce n'était qu'un refus parmi d'autres. Dans cette génération, ils passaient leur temps à dire non, à tourner le dos. Les programmations, les hiérarchies, les schémas travail/récompense, donnant donnant, l'escalier social marche après marche et l'odeur puante que dégageait le ragoût, ils n'en voulaient plus, l'escroquerie était trop grosse et le marché déshonorant. Et puis au bout de la chaîne, qu'est-ce qu'un bourgeois, un bourgeois riche s'entend, sinon quelqu'un qui vous promet pour l'avenir ce qu'il possède lui-même déjà aujourd'hui, espèce aussi menteuse que le curé qui vous fait miroiter le Paradis? Mais quoi à la place? Il le voyait vaguement, bien sûr, mais à la vitesse où était lancée la locomotive, on ne l'arrêterait plus, au mieux, on la ferait dérailler.

Il regarda sa montre. Huit heures. Elles ne rentreraient pas dîner. Il arpenta la salle de séjour, mit la télé, l'éteignit. Il ne savait pas quoi faire. Il pensait à Cécile et parce qu'elle n'était pas là, il s'ennuyait. Le soleil qui tombait obliquement dans la pièce, le ciel bleu où passait un petit avion qui tirait une longue banderole pour annoncer un spectacle aux arènes de Fréjus, cela et la peur d'être seul qu'il éprouvait si rarement autrefois le décidèrent à sortir.

Il irait au bord de la mer, dans ce restaurant de coquillages près de Mandelieu. Une soirée de petit-bourgeois en vacances. Il aimait ça autrefois. Il lui arrivait même de faire la connaissance d'une touriste pas trop laide, pas trop jeune non plus. Il avait ainsi deux ou trois plaisants souvenirs. Il se dit : « Ce soir, je pourrais tenter ma chance », ce qui le fit rire. Il se demanda ce qu'elles diraient s'il ramenait une gentille estivante. Rien probablement. Elles trouveraient la chose toute naturelle.

Ce soir-là, il rentra tôt. Il avait bien rencontré la charmante estivante, la quarantaine potelée, mais il s'était contenté de lui sourire. Quand même, il avait hésité. Un bon tour à leur jouer. Il y avait ainsi des moments où il leur en voulait. Et demain, le petit déjeuner à quatre dans la cuisine. Il avait fait une grimace. Il n'y croyait pas. Ce qui était simple, naturel, ne l'était plus. Cécile et Marie-Laure avaient changé ça comme elles avaient changé tout le reste.

Vers minuit, il les entendit rentrer. A leurs voix un peu trop hautes qui chaviraient sur les mots, il se demanda si elles n'étaient pas un peu soûles. Soûles et de bonne humeur car elles faisaient allégrement claquer les portes des placards de la cuisine et il entendit Cécile crier : « Il a tout bouffé, même les pommes », ce qui n'était pas vrai. Elle avait tout oublié, sa colère et même qu'il existait, si indifférente qu'elle n'aurait pas fait trois pas pour s'assurer de sa présence.

Dans leur chambre, elles mirent la musique mais en sourdine, et il somnolait quand il découvrit Marie-Laure près de son lit. Elle se déshabillait, ses longues jambes nues, ses hanches surgissant de sa robe qu'elle passait par-dessus sa tête. Entre ses paupières presque closes, dans la faible clarté qui venait d'un des lampadaires de l'esplanade, il la regardait qui ôtait son soutien-gorge et secouait ses cheveux.

Elle vint contre lui, posa ses doigts légers sur sa poitrine puis sur son ventre. Il se dégagea. Elle murmura : « Tu m'en veux? – Non. » Elle l'étreignit plus étroitement, dit dans un souffle à son oreille : « A cause de Bernard? – Bernard? – Oui, ton copain. – Ah! Coutelier... Non. Tu es libre, on n'est pas mariés. » Elle dit, chagrine : « Tu ne m'aimes pas », ce qui le fit sourire. « ... Tu aimes Cécile, je te comprends, elle est plus intelligente que moi. – Pourquoi dis-tu que j'aime Cécile? » Elle haussa ses frêles épaules.

Il lui fit face : « Elle te l'a dit? – Oui mais c'était pas la peine. – Et ça la fait rire? – Elle s'en fiche... Avant, elle aimait tout le monde, maintenant elle aime plus personne mais ne crois pas qu'elle te déteste, elle t'aime bien, au contraire. – Tu dis n'importe quoi. – Mais non, je la connais... Sinon, elle serait pas restée. » Il grogna. Les contradictions ne gênaient pas Marie-Laure.

Elle lui grattait doucement l'oreille. Il caressa son dos frais. « Tu devrais dormir, tu as l'air lasse. – Oui. » Elle resta ainsi, ses lèvres sur son épaule, peureusement serrée, cherchant sa protection. Juste avant de s'assoupir, elle demanda encore : « C'est sûr que tu ne m'en veux pas? – Sûr. » Elle insista : « Je te reverrai à Paris? – Si tu en as envie. » Elle se serra un peu plus contre Frank, l'enveloppa de ses bras. « Bien sûr que j'en ai envie. »

Plus tard, il l'avait prise. Elle avait fait l'amour à sa

façon indolente et gracieuse, son long corps parcouru de souples élans, de détentes amorties, la gorge roucoulante, encore ensommeillée. Après, bien que le jour fût proche, elle était restée, ce qui n'était pas dans ses habitudes. Elle avait chuchoté : « Il n'est pas très gentil ton copain. – C'est une ordure. » Il le pensait. « C'est ce que Cécile m'a dit... Tu sais le coup qu'il m'a fait ? Il m'a plaquée à Vintimille sans un sou dans un hôtel. Ce n'est pas toi qui aurais fait ça. – Non. » Elle dit gravement : « J'en étais sûre. Cécile m'a dit qu'elle serait jamais allée avec un type comme lui. Elle a raison, elle a toujours raison. Je suis bête aussi... Tu sais que je pensais souvent à toi, que tu me manquais ? »

Il caressa sa nuque bouclée. Elle soupira et parce que l'approche du matin rendait l'air plus frais, elle attira le drap, l'étendit sur leurs deux corps et murmura quelques mots indistincts d'une voix tendre et rêveuse. Elle se rendormit bientôt, sursautant parfois dans son sommeil, son charmant visage posé de profil sur le drap blanc, la bouche entrouverte, une main sur l'épaule de Frank.

Au téléphone, Bernier disait : « Elle est toujours en pleine confusion. Elle me parle maintenant des premières années, quand on s'est connus. Pour elle, c'est hier. Elle est partie dans ces temps heureux, elle s'y promène comme dans un jardin, elle embellit, arrange à son gré. J'en pleurerais... ça fait mal, la folie de ceux qu'on aime. Je préférerais une bonne maladie, au moins on peut la regarder en face, se battre... Je t'embête avec mon malheur... – Tu sais bien que non. Et l'enquête? – Au point mort, déjà classée. Ils n'osent pas me le dire franchement. Et puis moi aussi, je finis par m'en foutre. L'un ou l'autre, qu'est-ce que ça change?... Marthe sort jeudi. Je ferme le magasin et je l'emmène passer une ou deux semaines à la montagne, un conseil des médecins, ils préfèrent qu'elle ne revienne pas à l'appartement, ils disent que ça risque de... enfin tu vois... »

Bernier revint à son souci : « Il y a des moments où je me demande si elle me reconnaît, si je ne suis pas plutôt un confident, une sorte de parent à qui elle parle de moi, pas du vieux bonhomme que je suis mais du jeunot d'il y a quarante ans. Et moi, je n'existe plus. Tu ne peux pas savoir comme ça me fout le noir... Tiens, tu sais ce qu'ils auraient dû faire? Me taper sur la gueule à moi aussi, me fêler le crâne, alors on déconnerait ensemble, Marthe et moi, sur le bel autrefois, on se bêlerait des conneries, on serait heureux avec nos souvenirs en toc. Je l'ai souhaité dix fois quand je me retrouve seul le soir dans l'appartement, à tourner et à me dire qu'il n'y a plus que de la misère devant nous... »

Frank contemplait fixement le combiné qu'il avait reposé. Dans la cuisine, les deux filles bavardaient sur fond de musique disco. Il les haïssait. Non, il avait tort, on ne peut pas céder à ce genre d'émotion, il ne devait pas être injuste. Elles n'avaient sûrement rien à voir avec l'agression. Des dizaines de bandes opéraient sur la Côte. Et puis la jeep verte, le chien, la grande fille arrogante, on les aurait remarqués, ça ne passe pas inaperçu, un pareil équipage.

Il s'était emballé, acharné aussi. Sur Cécile, sur Marie-Laure. Mataro avait raison, jamais il ne serait tombé dans de tels excès il y a deux mois. Alors? La passion? Oui, c'était cela, la passion, celle qui déforme tout, y compris soi-même. Et pourquoi? Pour garder Cécile. Mataro avait encore raison, pour qu'elle s'intéresse à lui, que leurs vies restent liées, qu'il compte pour elle, qu'elle ait besoin de lui, peu importait le moyen. Comme ces enfants qui font n'importe quoi, qui mettent le feu à la maison afin qu'on s'occupe d'eux...

Bernier qui disait : « Je saurais qui c'est, je les rencontrerais, je ne ferais rien ou bien je les tuerais mais comme on tue les nuisibles, pour les autres plus que pour moi, qu'ils ne recommencent pas... »

Bernier avait fait du chemin. Le chagrin, la peine extrême rendent clairvoyant, on se détache, on ne regarde plus les gens du même œil, on rentre tellement à l'intérieur de soi-même qu'ils finissent par ne plus avoir d'identité, pas des individus, non, des fonctions, des symboles qui n'ont plus que la vilaine gueule anonyme de la fatalité.

Lui n'en était pas là. D'instinct, il avait détesté les trois jeunes. Sans vraies raisons. Des voyous comme il en traînait des centaines ici, agressifs, malfaisants, on se demandait à quoi ils étaient bons, qu'est-ce qu'ils foutaient sur la planète ces petits nocturnes puants. Et après ? Des mondes parallèles qui ne communiquaient par aucun point, « communiquer/commun », ils n'avaient rien en commun, c'était ça.

Auparavant, il les aurait à peine regardés. Mais il y avait les deux filles, Cécile en particulier, ces relations ambiguës qu'elles avaient avec eux : ils me dégoûtent, ils me font peur mais je danse avec eux, je grimpe dans leur jeep, je les appelle par leurs prénoms, des copains en somme avec qui on ne s'entend pas si mal. Jalousie encore ? Pourquoi pas ? La jalousie imprégnait tous les rapports, seulement on l'identifiait mal parce qu'elle changeait toujours de nom, se parait même des plus flatteurs.

Il grogna, mécontent, pas convaincu. Il pressentait tout un enchevêtrement, un louche amalgame, tout un va-et-vient de sentiments vaseux où la logique, le bon sens n'avaient rien à faire et la sexualité un peu trop. Une certitude, il n'aimait pas ces trois salauds, et pour cela, pas besoin de Cécile, de Bernier, mais qu'est-ce que ça veut dire : « Celui-là il me plaît, l'autre là-bas, je l'écraserais comme une merde » ? Rien, un jugement qu'on porterait sur soi plus que sur les autres, comme ces critiques qui en disent plus sur eux-mêmes par leurs propos dénigreurs – véritable psychanalyse – que sur la personne qu'ils prétendent critiquer. Oui, en les détestant, c'était lui qu'il définissait mais sûrement pas eux.

Il décida : « Ne te laisse pas embarquer, passe l'éponge. Sur ces trois voyous, sur elles d'abord qui n'ont rien fait, qui ne sont que les victimes des soupçons saugrenus qui cavalent dans ta tête, des soupçons qui t'arrangent, tu le sais maintenant, et que tu n'aurais certainement pas eus si tu n'étais pas tombé amoureux, " tombé " comme on tombe dans un ravin et en se relevant, on est ahuri, aussi perclus d'esprit que de corps. »

Il fit comme il l'avait dit, ne parla plus de Bernier ni du cambriolage sinon pour leur dire qu'il s'était emporté à tort. Il expliqua : « Tout ça parce que j'étais l'ami de Bernier et de sa femme », pas toute la vérité donc, il n'en avait pas le courage. Bref, il leur fit des excuses. Marie-Laure dit : « On te comprend. Peut-être qu'à ta place, on aurait fait pareil. » Elle n'aimait pas la guerre ni que les choses grincent.

Cécile l'avait écouté avec froideur. Elle remarqua : « Et si on avait parlé à Luc et à Jean-Paul de tes accusations? – Je croyais que vous ne les aimiez pas. – Qu'est-ce que ça a à voir qu'on les aime ou qu'on ne les aime pas?... Et puis qu'est-ce que tu sais de ce qu'on pense des gens? »

Il mit les pouces : « Tu as raison. – Tu te serais excusé? – Oui. » Il était sincère. Jamais il n'avait hésité à reconnaître ses torts ou les mérites de ceux qu'il n'aimait pas. Il pressentait là une faiblesse et qu'il faut toujours haïr l'ennemi dans sa totalité, aveuglément, mais il était ainsi fait.

Cécile avait abandonné après l'avoir observé avec curiosité. On voyait qu'elle se posait une question. Laquelle? Il avait failli le lui demander mais elle était si vite hérissée depuis qu'il avait brusqué Marie-Laure qu'il renonça.

Cependant, plus tard, tandis que Marie-Laure s'épilait, assise sur le matelas pneumatique : « Et la femme de ton copain, cette vieille, elle s'en sort? – Mal... Elle croit qu'elle a vingt ans, qu'elle vient juste de se marier. – En somme, elle est heureuse. »

Elle était aussi cruelle que Mataro. Lui aussi pensait que les fous sont des gens heureux. Il ne les avait jamais regardés dans les yeux. Il dit : « J'ai un copain qui te ressemble. Il pense comme toi que la vie est une chiotte et que tous les moyens sont bons pour filer ailleurs. – Je m'entendrais avec ton copain. – Mon copain ne s'entend avec personne. Il est seul, comme Dieu sur son nuage et les petites connes comme toi, il a toujours regretté qu'on ne trouve pas en vente libre une bombe insecticide pour les bousiller comme des punaises. »

Cécile éclata de rire. « C'est un marrant. » Sur son matelas, Marie-Laure gémit, penchée sur sa crème à désherber : « Vous pourriez pas parler d'autre chose tous les deux? Je ne vous comprends pas, vous êtes toujours à vous chamailler. On est heureux, non? »

Elle leva les yeux vers Frank et Cécile. Ils la regardaient sévèrement, deux paires d'yeux parallèles qui lui disaient qu'elle était demeurée, bête à mâcher du gravier, ce qui ne la gêna pas, elle avait l'habitude, pour un peu elle les aurait approuvés mais c'est pas ça qui la ferait changer, ah non!

Elle revint à sa spatule, penchée sur ses jambes, entièrement nue, le corps en arc de cercle, la pointe de ses petits seins effleurant ses genoux relevés, ses longues côtes saillant légèrement, bien en ligne sous la belle peau dorée où s'enroulait soyeux et doux le soleil de la terrasse.

Cécile murmura, son regard adouci posé sur Marie-Laure : « Moi aussi faudrait que je me fasse les poils », et elle continua d'enduire du bout des doigts le semis de petits boutons qui ne voulaient jamais disparaître au sommet de son épaule. Marie-Laure dit à Frank : « Il faudra que je t'épile les sourcils. Tu as vu dans quel état ils sont, de la broussaille. Je t'enlèverai les blancs... » Il refusa, catégorique, comme chaque fois qu'elle voulait s'en prendre à ses sourcils. Elle sourit, déplia une jambe qu'elle examina avec satisfaction. « Tout à l'heure, je te ferai les ongles... »

Il se laissa aller dans le fauteuil qui craqua, ferma les yeux à demi et dit à voix basse, plus pour lui que pour elles : « Quel bel été! » et plus qu'à l'été, il pensait à la douce splendeur du monde, à son inépuisable beauté qui peut broyer le cœur. Marie-Laure répondit à son sourire mais Cécile ne fut pas dupe, si peu même qu'elle haussa les épaules : « Vivement qu'il se termine, votre bel été et qu'on passe à autre chose. » Marie-Laure se redressa vivement : « Mais tu es folle! Tu es maso ou quoi? Qu'est-ce que tu cherches encore? »

Elle était indignée. Cécile lui caressa la nuque. « Rien... Rien du tout, c'est toi qui as raison, c'est un bel été, le plus bel été que j'aie connu. » Elle regardait Frank. Quelque chose de fragile et de déchirant passa dans ses yeux et elle lui sourit avec une tendresse si soudaine, si inattendue qu'il détourna la tête. Quand il la regarda de nouveau, elle secouait les épaules avec ravissement, baignée dans la fracassante musique du transistor.

Le bel été et la paix revenue ne l'empêchèrent pas de fouiller minutieusement la chambre des filles. Il ne découvrit rien. Il en fut plus déçu que soulagé, ce qui lui fit penser qu'il continuait de les soupçonner, qu'il était de mauvaise foi donc. Et c'était si vrai, il était si désireux de les voir coupables qu'il poursuivit sa fouille dans la salle de séjour et même dans la cuisine, tout cela en se traitant de flic, d'obsédé, Cécile l'avait bien jugé. Cécile qui ne désarmait pas, tout de suite retournée à sa froideur.

Il rêva devant le tas de provisions posées sur la table. Dans moins de deux semaines, il rentrerait à Paris, il ne la reverrait plus. Les mains appuyées sur la table, tête basse, il en fut bouleversé, malade. Il en aurait dégueulé sur les paquets de spaghettis, les boîtes de conserve et les soupes en sachet.

Il ferma les yeux de douleur, gonflé à ras bord, sa tristesse, son désespoir au fond de la gorge comme un gros tampon sec et poilu qu'il aurait voulu expulser et il fit un tel effort, eut un si violent haut-le-cœur pour le rejeter hors de lui que des larmes jaillirent, mécaniques, qu'il essuya du revers de la main.

Il se redressa, alla chercher l'air au fond de ses poumons, rota un grand coup et remit méthodiquement les provisions dans les placards, l'esprit vide, les yeux raides, avec de temps en temps une petite grimace, un tic qui froissait sa joue et lui tirait le bord des lèvres.

Ils se retrouvaient chaque jour en fin d'après-midi dans un bar du front de mer où Frank venait prendre une bière.

Elles arrivaient, leur sac en bandoulière, se laissaient choir avec des soupirs de bien-être dans les fauteuils en lanières de plastique multicolores et commandaient des glaces.

Il s'était demandé pourquoi elles avaient pris cette habitude qui lui plaisait jusqu'à ce que Cécile lui explique que c'était toujours ça d'économisé sur l'argent qu'il leur donnait. Il avait ri de bon cœur, pas vexé, et demandé : « Vous voulez plus? – Oh! non, ça va. C'est juste mais ça va, et puis tu n'es pas si riche, on ne veut pas te mettre sur la paille. » Elle avait ri à son tour.

Elles ne savaient pas à quel point elles avaient raison. Il avait claqué trois fois plus d'argent que d'habitude et, à Paris, il faudrait qu'il se serre la ceinture mais il ne leur en voulait pas. Il en était plutôt égayé, sa façon à lui de les mériter. « On te bouffe tout ton pognon, mon pauvre Frank, on n'est vraiment pas gentilles. » Ils avaient ri tous les trois, et Cécile avait posé sa main sur celle de Frank : « Le pognon, c'est fait pour être heureux, sinon c'est de la merde », et elle avait bu la moitié de son verre de bière.

Parfois, tandis qu'elles bavardaient en piochant dans leur glace, ne s'occupant pas de lui ou à peine, il se disait qu'il était un père de famille avec ses deux grandes filles – c'est ainsi qu'ils devaient le voir aux tables voisines –, l'une avec qui il couchait et c'était sans véritable importance, l'autre qu'il aimait à en perdre le souffle mais rien n'en transparaissait. Ne restait que l'image d'un homme vieillissant qui passait de paisibles vacances avec ses deux ravissantes filles et ne leur accordait que l'attention distraite d'un père simplement heureux de les voir à ses côtés. Et la sensation était quelquefois si forte qu'il lui arrivait comme à un quelconque spectateur de se laisser prendre aux apparences et de se trouver à l'aise – ce qui le faisait rire ensuite – dans la peau de ce personnage imaginaire.

Ce jour-là, ils étaient à la terrasse depuis quelques minutes à peine quand il avait vu la jeep verte. Elle s'était rangée en double file devant le bar. Les deux garçons avaient sauté à terre et s'étaient dirigés d'un pas résolu vers la terrasse. La fille et le chien étaient restés dans la voiture.

Les deux garçons, le plus grand en tête, étaient arrivés devant leur table. Frank ne les avait jamais vus de si près et il leur trouva une sale gueule de petits mecs bouffis de prétention. Le grand, Jean-Paul, lui déplaisait particulièrement avec ses épaules larges, ses hanches étroites très serrées dans le jean délavé, et tout en haut, sous la crête de cheveux roussâtres, des yeux louches, les mêmes, dans les tons verts, que ceux de son chien et cette vilaine manière qu'il avait de chasser les mots de sa bouche aux lèvres sinueuses. Il était sûr de lui celui-là, sûr qu'il était le plus beau, le plus fort, le super-loulou, pas un poil d'inquiétude ni de doute dans son regard qui cherchait querelle. A côté, Luc, le petit, faisait pâlot, décalqué, on remarquait surtout sa ceinture énorme, cloutée, une pièce de choix, pour le reste plutôt clignotant, à la remorque, la bouche molle prête à ricaner.

De ce qui arriva cet après-midi-là, Frank garda une

impression d'irréalité, de burlesque aussi, comme on en a de ces scènes où tout s'emmanche de travers à partir de l'attitude préméditée d'un des interlocuteurs qui suit son idée fixe sans prendre conscience à aucun moment qu'il s'adresse à quelqu'un de fictif chez qui les sentiments seraient d'une autre nature, si bien que tout l'ensemble tombe à faux, prend une couleur ridicule et bien sûr humiliante.

Le grand avait tout de suite attaqué, la voix forte, bien campé et ce n'était pas à Frank qu'il parlait mais aux deux filles :

« Vous nous avez laissés tomber pour aller avec lui – il désigna Frank du doigt –, bon c'est votre affaire, on vous comprend, vous avez besoin de fric et nous on n'en a pas. Mais il faudrait peut-être lui dire à votre grand-père qu'on en a ras le bol de ses manières... »

Il parlait théâtre mais il bousculait un peu les mots comme s'il était encore sous le coup d'une émotion. Il avait viré d'un quart de tour sur ses grands pieds chaussés de bottillons, des instruments de torture par cette grosse chaleur, il s'était cette fois tourné franchement vers Frank : « Faudrait pas te figurer que ça va continuer... Que tu t'occupes de nos copines, que tu les baises ou que tu essaies, on s'en fout mais que tu racontes n'importe quel bobard sur notre compte, alors là, on n'encaisse plus... »

Frank avait demandé, pas à l'aise : « Quels bobards ? – Tu le sais très bien... C'est la jalousie qui te rend méchant ? On t'a pourtant foutu la paix, non ? »

Alentour, ils n'en perdaient pas une miette. Ça les passionnait. Il y avait même une tablée de jeunes qui commençaient à se trémousser sur leurs chaises. Les deux filles ne bougeaient pas. Le dos détaché de son siège, les mains sur les accoudoirs comme si elle allait bondir, Cécile couvrait le garçon d'un regard furieux. Marie-Laure mordait ses lèvres fines et à l'ombre de

Jean-Paul, son copain était en plein ricanement, ses yeux de chouette plus rapprochés que jamais

Frank flairait la mise en scène. Oui, à l'origine, quelque chose qui les avait mis en rage – il en restait des traces dans la voix de Jean-Paul – mais ensuite l'intervention préparée, à grand spectacle, pour frapper fort. Il les surveillait, le corps en alerte. Il n'avait pas peur, il était très gêné et se demandait comment l'affaire allait tourner.

Le grand faisait face à Cécile : « Alors, il continue votre grand-père, il se remet à délirer, même une seule fois et on s'occupe de lui et de vous aussi. » Cécile cria, la voix aiguë : « Qu'est-ce que tu viens nous emmerder? On y est pour rien, nous. – C'est pas notre avis. Vous verrez ce qui vous arrivera, à vous comme à lui, s'il ne ferme pas sa grande gueule, votre vieux con. »

Derrière, à la tablée de jeunes, ils en rigolaient très fort, d'une si magistrale leçon. Frank était si furieux qu'il aurait tué les deux garçons, mais qu'est-ce qu'il pouvait faire à part leur balancer la table dans les jambes, et alors il y aurait tout un raffut, les flics arriveraient au pas de course – le commissariat était à deux cents mètres –, sans compter que le grand n'attendait qu'un geste, c'était visible, pour passer à l'action.

Jean-Paul recula. Il dit, très chef de commando : « C'est compris », ce qui lui valut un « Va chier! » retentissant de Cécile. Il n'y eut que Marie-Laure qui inclina la tête, la gourde.

Il amorça un demi-tour, se ravisa, fit un pas en avant et d'un revers de main balaya le verre de bière et les deux glaces. La bière surtout fit du dégât, un geyser qui jaillit sur le pantalon et la chemise de Frank, éclaboussa les robes des deux filles. Le petit en hennissait de contentement et il n'y avait pas que la tablée de jeunes qui s'esclaffaient, ils rigolaient tous maintenant, sauf deux hommes qui fronçaient les sourcils et braquaient sur Frank des yeux méprisants.

Frank et les deux filles se levèrent dans une bousculade de fauteuils. Les deux garçons s'en allaient d'un pas martial, superman en tête, la crête haute, et son valet derrière qui aurait bien salué la compagnie tant il était satisfait de la représentation. Ils sautèrent dans la jeep qui démarra en trombe.

Frank se sentait le point de mire de tous les regards. Jusqu'au patron qui se penchait au-dessus du bar pour mieux le voir. Il aurait dû faire quelque chose. On doit toujours faire quelque chose pour sauver la face dans ce genre de situation. Mais quoi? Leur sauter dessus? Ça n'avait pas de sens. Si, agir a toujours un sens : les gestes se suffisent à eux-mêmes et peu importe que parfois ils soient déraisonnables. Et puis il avait fini par découvrir que savoir sans agir n'est pas vraiment savoir. Pour qui allaient-ils le prendre maintenant, Cécile la première?

Elles étaient déjà au bout de la terrasse, elles se désolidarisaient, elles avaient honte de lui, c'est ainsi qu'il voyait les choses à cet instant.

Il les rejoignit de l'autre côté de l'avenue. Elles piétinaient, nerveuses, Marie-Laure tout agitée, son sac sur le ventre, les gestes brouillés, saccadés : « Ah! quels salauds! », Cécile étincelante de colère.

Il proposa : « Si on allait ailleurs? Je boirais bien une autre bière. » Il essayait de minimiser, la voix placide, montrait en souriant les taches d'humidité sur sa chemise et son pantalon. Marie-Laure dit : « Ça ne tache pas, la bière, nous aussi on en a reçu. » Elle répéta : « Ah! quels salauds! » Elle était abasourdie, incapable de penser plus loin. « On y va? » Non, elles n'avaient pas envie, elles préféraient marcher.

Il surveillait Cécile. Elle dit soudain rageusement : « Ils vous ont assaisonné mais après tout, vous l'avez bien cherché. – Comment ça? – C'est quand même pas nous qui avons averti la police? »

Il dressa l'oreille. Jusque-là, il pensait aux deux garçons et sous son comportement tranquille d'homme qui en a vu d'autres il bouillonnait, il se projetait tout un cinéma, une bobine après l'autre, des versions différentes mais aussi péremptoires où il avait le dessus. Il écrasa ces fantasmes qui lui mettaient le feu aux oreilles : « La police? Mais je n'ai jamais parlé à la police », puis pensa aussitôt : « Mataro. » Il répéta : « Je n'ai jamais parlé à la police. »

Elle le croyait et elle en était soulagée, c'était visible. Elle murmura : « Alors je ne comprends plus... Qu'est-ce qui lui a pris à ce fumier? » Une réponse dut venir à son esprit car elle ouvrit la bouche, jeta un coup d'œil à Marie-Laure mais se contenta de secouer la tête avec irritation.

Il observa : « Dites-moi, il n'y a pas que moi qui ai laissé faire. Si j'ai bien compris ils vous ont traitées de petites putes et vous n'avez pas protesté. – On s'en fout de leur opinion à ces deux tarés. » Il hocha la tête. « Quand même... » Il avait envie de lui rappeler que ce n'était pas son genre de se laisser piétiner sans rien dire. Il remarqua simplement : « Ils vous font peur. De quoi vous ont-ils menacées? – Ils ne nous ont pas menacées. » Il n'insista pas, proposa encore : « On va la prendre cette glace? » Non, ça ne leur disait vraiment rien.

Elles marchaient côte à côte maintenant à un pas devant lui, Marie-Laure le dos rond, le cou rentré comme une poule malade, Cécile très droite. Elle se détourna brusquement : « On vous laisse, on a rendez-vous. » Elles accélérèrent d'un seul mouvement et se fondirent dans la foule de six heures tandis qu'il restait pensif, tourné vers le port, à remâcher son mécontentement.

Il ne se reprochait pas sa peur – il n'en avait éprouvé à aucun moment – mais son manque d'à-propos, son inertie, l'image donc qu'il avait donnée aux filles, aux spectateurs, et qu'ils pouvaient interpréter comme de la lâcheté. D'où son malaise qui ne venait pas de ce qu'il pensait de lui mais de ce qu'en pensaient les autres. Ce sentiment de l'honneur, ou d'amour-propre incongru le fit sourire. Il lui rendit son humour et revoyant la scène il fut cette fois sensible à son aspect ridicule et plutôt comique. Restaient les deux garçons, leur aplomb, quelque chose d'inquiétant aussi qui tenait moins à leur intervention qu'à leur personne et qui allait bien avec l'attitude des deux filles. Cela l'amena à penser que les choses ne s'arrêteraient pas là.

Mataro n'était pas à son bureau. Il lisait des feuillets dactylographiés dans l'arrière-salle du café voisin. Il leva la tête : « Tu te baignes tout habillé maintenant? » Frank lui raconta ce qui s'était passé au bar. Il demanda : « C'est toi qui as averti le commissariat? – Non, j'ai simplement vu Roustres à Antibes. Il n'a rien, pas un indice. – Et toi? – Je ne suis pas plus avancé. »

Il prit une photo dans son portefeuille, la tendit à Frank : « J'ai juste pris quelques clichés de tes Mickeys, de la jeep et du chien et je les ai montrés à quelques personnes à Antibes. – Ils t'ont vu les photographier? – Possible. – Ça expliquerait que... – J'ai aussi un peu fouiné dans l'arrière-pays. J'ai flairé une vague odeur de drogue. » Mataro l'agaçait avec sa drogue. C'était Bernier qui l'intéressait.

Mataro observa : « Tu t'en fous de la drogue. A part tes petites affaires et tes filles, la planète peut bien sauter... A propos, tu les as toujours à demeure?... Ne bois pas dans mon verre... »

Il cria au serveur : « Donnez une bière à monsieur », revint à Frank : « Elles ne te coûtent pas un peu cher? En somme, tu te paies des vacances de vedette. » Frank répéta, ahuri : « De vedette? – Oui, tu es comme elles, tu te permets tout. Chez les vedettes, tout est luxueux, extravagant, indécent, les sentiments comme le train de vie... Tu n'as pas remarqué que les sentiments vont avec la catégorie sociale et que les prolos ne peuvent pas plus se payer de caviar que d'états d'âme raffinés? Chez eux, ça fait tout de suite déplacé et dès qu'ils s'offrent un petit drame, ça tourne au sordide... »

Voilà qu'il philosophait maintenant! ça devait être la solitude, l'absence de Zeila. « ... Même le caviar, tu leur en donnes, ils peuvent le trouver surfait ou parfaitement dégueulasse... »

Il rigolait, l'œil sur Frank qui fronça les sourcils, commençant à voir où Mataro voulait en venir. « Tu parles de moi? – De qui d'autre? De toi et de tes deux filles et du brouhaha que tu mènes autour. Je ne t'ai jamais connu autant d'états d'âme, une vraie jeune fille, je parle de celles d'avant, pas des salopes qui circulent ici... Tu sais ce que je fais moi pendant ce temps-là? J'enquête sur l'incendie d'une usine de cartonnage. Une sombre histoire de vengeance. Je vais faire mettre en cabane un brave type qui en avait marre de jouer les souffre-douleur. La loi c'est la loi mais le patron a vraiment une tête de forban. – Laisse courir ton brave type. – C'est comme ça qu'on sape les institutions. Non, je vais faire arrêter le brave type. Et puis il est trop bête. Quand on fout le feu, on prend des précautions. Il a failli faire rôtir une famille de cinq personnes. ... Au placard pour bêtise congénitale... Tu ne m'écoutes pas, tu devrais pourtant. Toi aussi tu es un brave homme et... »

Frank se leva. Mataro poursuivit : « Tu te serais tenu tranquille comme les autres années, tu ne serais pas dans l'ennui. Ce sont tes filles qui ont accroché le grelot. Jamais tu n'aurais dû mettre les pieds dans ce petit monde avarié, ce n'est plus de ton âge et dans un sens, ce qui t'arrive, c'est bien fait pour toi... »

Frank se pencha au-dessus de la table. Il était exaspéré. Il cria, gueula plutôt : « Mais je l'aime, cette fille, je l'aime! Tu comprends... Non, tu ne comprends pas », ajouta-t-il, découragé. Mataro fronça le nez : « Tu m'offenses à bêler comme un vieux bouc. Je te voyais plus de dignité. – Je n'en ai plus de dignité. Et puis tu m'emmerdes avec tes principes. Est-ce que je t'emmerde avec Zeila, moi?... Je l'aime. Point à la ligne. Qu'est-ce que j'en ai à foutre de la dignité? Tu crois que ça m'aide, tes belles paroles, tes sous-entendus à la graisse de chevaux de bois, quand je pense qu'elle et moi on s'est loupés à quarante ans de distance, qu'il n'y a pas de remède? – Assieds-toi et finis ta bière. »

Mataro reprit : « Tes deux voyous, j'ai bien envie de les exciter à mort pour savoir ce qu'ils ont dans le ventre. » Frank demanda mollement, encore secoué, l'œil sur son verre : « Comment? – Oh! les moyens ne manquent pas... Ils t'ont menacé, ils ont menacé tes deux filles. Qu'est-ce qu'ils craignent? – Rien. S'ils sont innocents, j'imagine que ça les a mis en colère de te voir fureter autour de la secte et prendre des photos. – S'ils sont coupables, ils se seraient mis aussi en colère... J'ai réuni quelques renseignements sur eux. Ils découragent : pas futés, violents, arnaqueurs mais rien de saillant, du tout-venant, de la petite fripouille d'époque... J'ai aperçu une fois une de tes filles avec eux. – Laquelle? – La grande. Ils avaient l'air de bien s'entendre. – Et ça nous mène où? – Nulle part. Je voulais simplement que tu saches qu'elle les voit en cachette. – Peut-être qu'ils la menacent, c'est une trouillarde. »

Mataro se leva : « Je voulais te dire aussi que tes filles circulent. – Où ça? – Nice, Marseille, toute la Côte. – Les deux? – Oui, les deux. »

Il était couché quand Marie-Laure rentra. Elle vint directement dans sa chambre. Elle paraissait bouleversée, furieuse aussi. Il posa le livre qu'il lisait, demanda : « Où est Cécile? – Ne me parle plus de Cécile... On s'est disputées. »

Elle jeta son sac dans un fauteuil, éclata : « J'en ai par-dessus la tête d'elle, de ses reproches. Je le sais que j'ai des défauts mais de là à... » Elle allait et venait nerveusement devant le lit, croisant et décroisant ses doigts. Il ne l'avait jamais vue ainsi. « Pourquoi vous êtes-vous disputées? A cause de ce qui s'est passé cet après-midi? Je vous croyais amies... »

Elle passa sa main dans ses cheveux bouclés. « Amies, oui, mais il y a des limites. On ne peut pas être amie avec quelqu'un qui cherche toujours à vous enfoncer. » Elle éclata : « Mais elle me prend pour qui, Cécile? »

Elle s'approcha de Frank et son visage apparut dans la lumière de la lampe de chevet, rose d'excitation. « Et tu veux savoir pourquoi? Parce qu'elle s'est mis dans la tête que c'était moi qui avais parlé de ton ami à Jean-Paul. »

Il était un peu perdu : « Mon ami? Tu veux parler de Bernier? » Elle secoua la tête avec agacement : « Pas de celui-là, bien que pour lui aussi elle est persuadée que c'est ma faute. Je te dis, elle est folle... Non, c'est de l'autre qu'elle parlait, de ce flic qui fouine partout, paraît-il... Qu'est-ce que j'y peux moi s'il les a photographiés et s'il va poser des questions à tout le monde? Je savais même pas qu'il existait, ce type... »

Sa voix devint plaintive : « Mais pourquoi tu lui as tout raconté, Frank, à ce type? T'aurais pas dû... On était si tranquilles. – Je voulais savoir pour Bernier. » Il était embarrassé : « Tu es sûre que tu n'as jamais parlé de lui à tes copains?... Comme ça, sans intentions? – Mais non, je te le jure. Il y a longtemps que je n'y pensais plus, à ce collectionneur. »

Des larmes montèrent aux yeux de Marie-Laure : « Tu n'aurais jamais dû aller trouver ce détective. Si tu savais l'histoire que ça a fait! Ça l'a rendue enragée,

Cécile, qu'ils nous aient menacées à cause de ça. Moi aussi je leur ai dit que ça n'avait pas de sens, qu'on y était pour rien mais ils n'ont rien voulu savoir. Ils n'arrêtaient pas de répéter que c'était à cause de toi, de nous aussi, qu'on n'avait pas su y faire... Cet imbécile de Luc a même dit que c'était Cécile qui t'avait poussé, comme si... Ah! si tu les avais vus! »

Elle se pencha vers lui : « Tu devrais faire attention, Frank. D'après une fille, il leur est déjà arrivé des histoires. – Quelles histoires? – Je ne sais pas, ça ne s'est pas passé ici... Dis à ton ami le détective... » Il l'interrompit avec irritation, tout à son idée : « Cet après-midi, ils voulaient me faire peur... – Oui, pour que tu dises à ce détective de laisser tomber. – Alors vous saviez donc qu'ils allaient venir au bar faire leur numéro? – Mais non, on savait rien! Si on l'avait su, tu penses bien qu'on serait pas venues!... Et cette folle qui vient me dire après que sans moi rien ne serait arrivé... Quand je pense à tout ce que j'ai fait pour elle, comment je l'ai prise chez moi le jour où elle a failli mourir. Une chance que je sois passée la voir ce soir-là... »

Frank demanda : « Elle se droguait? – Non, non, elle voulait vraiment mourir. » Il se souvint de ce que Cécile lui avait raconté : « A cause de cet étudiant qui l'avait laissée? »

Marie-Laure tombait des nues : « Quel étudiant?... Ah! oui, Patrick, non, ça c'était fini depuis longtemps. Elle avait personne à ce moment-là, elle en avait marre, c'est tout, et hop, j'avale dix comprimés... C'était l'époque où elle voulait toujours se fiche en l'air, pourquoi mon Dieu, on se le demande. Et voilà maintenant que c'est moi qui prends. D'une façon ou d'une autre, il faut qu'elle embête les gens. »

Elle se leva de la chaise où elle s'était assise, alla jusqu'à la porte, revint. Non, il ne l'avait jamais vue ainsi, elle qu'il croyait infiniment douce, incapable de colère ou de rancune. Tout en suivant des yeux sa marche fébrile, il pensait à Cécile. Il dit : « Quand tu as quitté Cécile ce soir... » Elle s'immobilisa : « Je ne l'ai pas quittée, c'est elle qui est partie après nous avoir traités de tous les noms... C'est pas la première fois... »

Elle cria, et elle ne s'adressait pas particulièrement à Frank, elle s'occupait à peine de lui, elle était toute à sa rancune : « Mais qu'est-ce qu'elle croit? Qu'elle a gagné avec Jean-Paul et les autres?... C'est bien joli de dire : faut pas céder, faut jamais montrer qu'on a peur. Si elle se figure qu'elle s'en tirera comme ça! Elle fera comme les autres. En plus que Jean-Paul ne l'aime pas, qu'il se dispute tout le temps avec elle et la traite de sale petite gaucho. Il l'a assez dit pourtant qu'il savait comment mettre au pas les filles comme elles, qu'il connaissait un moyen infaillible... »

Elle s'était approchée du lit, jetant les mots de sa voix haute qui vacillait avec des sautes dans l'aigu, sa belle bouche rouge frémissante. Il lui saisit le poignet : « Quel moyen? » Il lui étreignait le poignet avec une telle force qu'elle tira pour se dégager, cria d'une voix plus aiguë encore : « Mais je n'en sais rien, il ne me l'a pas dit! » Elle mentait comme d'habitude. Elle mentait comme elle respirait. Il la regardait sans tendresse et les yeux de Marie-Laure n'étaient pas tendres non plus, ils étaient un peu fous et pleins de ressentiment.

Il la relâcha et elle recula aussitôt : « Que tes copains ne la touchent pas! » Il rectifia devant son visage amer : « Qu'ils ne te touchent pas, toi non plus! »

Elle alla se rasseoir. « Tu l'aimes, n'est-ce pas? Tu ne penses qu'à elle? » Il évita de répondre. Son exaltation retombée, Marie-Laure avait l'air découragée maintenant. Il dit : « Ce qui me dégoûte, c'est de voir deux filles comme vous terrifiées par ces voyous. »

Elle ne fut pas dupe, prit son sac, se leva. « Qu'est-ce que tu pourrais faire, mon pauvre Frank? » Elle était à peine ironique et lui parut soudain plus vieille, plus adulte, plus avertie aussi que la jeune fille qu'il croyait connaître. Il répondit : « Je n'en sais rien mais je trouverai bien quelque chose », ce qui ne voulait rien dire. Il était vieux, sans grands moyens, Jean-Paul et ses amis étaient jeunes, cruels. Cet après-midi, déjà...

Elle le prit bien ainsi, car elle haussa les épaules, lui sourit et c'était la première fois depuis qu'elle était entrée dans la chambre. Elle vint à lui, posa sa main sur son épaule, l'embrassa à sa tendre manière et s'en alla, serrant son vieux sac un peu râpé dans sa main. Elle avait changé ou, plus exactement, elle avait montré ce soir un autre aspect de sa nature – il revit la photo qu'il avait trouvée dans son sac –, un aspect qu'il avait parfois pressenti sous son entêtement à être heureuse coûte que coûte.

Elle se détourna pour supplier « Parle à ton copain le détective, Frank, dis-lui de plus embêter Jean-Paul et les autres... » Elle avait de nouveau sa voix fraîche et douce, ses yeux tendres. Il l'observait, pensif. Elle lui sourit sans gaieté : « Dors... ça m'étonnerait qu'elle rentre cette nuit, ta Cécile. »

Elle s'en alla aussitôt sans qu'il ait eu le temps de lui demander pourquoi elle paraissait si sûre d'elle.

Vers quatre heures du matin, il entendit une clef qui fourrageait dans la serrure. Il pensa : « Cécile », puis comme la clef continuait de cliqueter, que des heurts légers ébranlaient la porte, il se leva. Quelqu'un essayait de pénétrer dans l'appartement. Il marcha sans bruit jusqu'à l'entrée. Le cliquetis reprit accompagné par une voix qui disait : « Chierie de clef, tu entres, salope... » Il reconnut la voix de Cécile et tourna le verrou.

Elle se tenait devant lui respirant avec force. « Entre. » Elle fit deux pas en avant et sans le regarder passa dans le salon.

Quand il donna de la lumière, intrigué par son comportement, elle cligna des yeux et porta la main à son visage. Une tache noire salissait sa joue, le devant de sa robe était trempé et il vit une déchirure à hauteur de sa hanche. Ses doigts ratissant ses cheveux emmêlés, elle avait l'air d'une petite gitane soûle. Soûle ou droguée, se dit-il.

Elle oscillait un peu sur ses jambes, le regardait, pas hostile, plutôt de bonne humeur et elle lui sourit soudain comme si elle avait découvert dans son aspect quelque chose de drôle. Il demanda : « Tu as bu? » Elle approuva, ajouta, la voix un peu floue : « Je me suis aussi cassé la gueule dans ton bon dieu de chemin. »

Elle abaissa ses yeux sur sa robe trempée, passa deux doigts dans la déchirure. « Et cet horrible mec... Il a eu de la chance que j'étais bourrée... » Elle gloussa, joyeuse. « Quand même, il l'a bien pris dans la gueule... »

Elle riait maintenant, si fort même que pour ne pas perdre l'équilibre, elle agrippa le dossier d'un fauteuil. « Il est pas sûr, ton coin, mon pauvre Frank. Il est bourré de mecs qui rôdent. A pied, en bagnole, en moto. »

Elle se redressa, se cambra, fit une grimace inattendue et rota avec violence, ce qui la fit bien rire. Il perçut une odeur aigre, demanda à cause de son regard qui devenait incertain : « Tu ne t'es pas un peu droguée aussi? » Elle fit oui, puis : « Elle roupille, Marie-Laure? »

Elle se laissa tomber au bord d'un fauteuil, empoigna le bas de sa robe et en tordit l'étoffe avec dégoût. « Tu veux que je te prépare quelque chose? – Un petit whisky avec beaucoup d'eau, j'ai une de ces soifs! » Elle souffla pour écarter ses cheveux.

Il hésita, alla à la cuisine, mit du sirop de menthe

dans un grand verre qu'il remplit d'eau. Il revint, tendit le verre à Cécile qui était de nouveau debout. Elle ne fit aucun commentaire, le but jusqu'à la dernière goutte, la gorge renversée, poussa un soupir, rota encore, le visage satisfait et tendit le verre vide à Frank qui le posa sur la table basse. « Tu as vraiment bonne mine dans ton petit slip avec tes pieds à dix heures dix. » Elle rit.

Il rapprocha ses pieds, remonta son slip. Elle l'observait, joyeuse. Elle le trouvait comique, oui, c'était ça, comique. Il lui proposa : « Si tu allais te coucher maintenant? – Pourquoi? Pour aller retrouver cette grande salope? On est pas bien ici tous les deux?... Tu me le donnes ce whisky? Tu en prendras un toi aussi. On trinquera... »

Elle était là, en face de lui, poussant devant elle une haleine surie, sale, dépeignée, des brindilles dans ses cheveux, sa robe qu'elle avait tordue, froissée et qui pendait d'un côté, celui de la déchirure. Il l'aimait, il résistait à l'envie de la prendre dans ses bras. Il dit mollement, tant il avait peu envie qu'elle s'en aille : « Va dans ta chambre. – Elle est venue te voir ce soir, Marie-Laure? » Il ne répondit pas, alors elle hurla : « Réponds... Elle est venue? Oui, bien sûr qu'elle est venue... Tu t'en fous bien, de Marie-Laure. Tu la baises mais tu t'en fous... »

Elle devenait agressive, les yeux méchants. Soudain elle saisit sa robe à pleines mains et la fit passer par-dessus sa tête. Quelque chose résista, il y eut un craquement, elle jeta la robe sur le divan et ses yeux plantés dans ceux de Frank, elle ôta son soutien-gorge avec la même brutalité. Ses seins apparurent, très écartés, un regardant à droite l'autre à gauche, elle plia une jambe, puis l'autre, se dégagea de son slip qu'elle repoussa du pied.

Elle était entièrement nue. Il la contempla : son visage aux lèvres entrouvertes, ses seins divergents plus clairs que sa peau, leur pointe rose, pas d'aréole ou très peu, leur forme douce et molle, son ventre à peine bombé, celui étroit et mobile des danseuses tantriques, et au-dessous une toison brune, irrégulière, plus sombre que ses cheveux et qu'il n'avait pas imaginée si épaisse, si abondante. Elle dit : « Alors tu te décides, tu me fais l'amour?... Ne me dis pas que tu n'en as pas envie... »

Il l'absorbait de tous ses yeux, les lèvres sèches, son sexe surtout, la délicate jonction de ses cuisses pleines, leur peau douce et blonde où la lumière glissait : « Marie-Laure, tu as peur de Marie-Laure... Elle ronfle, Marie-Laure, et puis elle s'en fout... »

Elle tendit ses bras vers Frank, avança son ventre, et ses cuisses jusque-là exactement jointes se séparèrent. « Tu en crèves d'envie et ça se voit... Regarde ton slip. Allez viens, baise-moi, tu en rêves depuis qu'on se connaît, je le sais... »

Il se racla la gorge, dit : « Tu es soûle, je n'aime pas baiser les femmes soûles. – Il s'en fichait bien, le type tout à l'heure, au contraire ça avait l'air de le doper. »

Elle fit deux pas en avant, le toucha, ses mains progressant le long de ses bras. Elle se colla à son corps, y adhéra des épaules aux hanches. Sa peau était humide et glacée. Elle leva son visage vers lui et il vit ses yeux bleus où pétillaient de minuscules éclats brillants, ses pupilles dilatées. Il posa ses lèvres sur les siennes, reçut son souffle aigre, murmura contre sa bouche : « Demain, quand tu seras dessoulée, on en reparle... »

Il la sentit qui se durcissait. Elle planta ses ongles dans ses bras. « Non, pas demain, tout de suite. » Il l'écarta. Elle dit, l'œil méprisant : « Pauvre con, Frank con, et tu te prends pour une belle âme, je parie, comme d'habitude, moi je ne baise que les normales, pas les soûles ou les droguées... Et moi, bonne pomme, qui croyais te faire plaisir. Parce que tu espères peut-être que demain je... »

Elle bafouillait, furieuse, s'éloignait d'un pas. « Ah! tu ne sauras jamais saisir l'occasion. »

Ils se regardèrent, s'engloutirent plutôt dans les yeux l'un de l'autre. Il y eut ainsi quelques secondes suspendues, incertaines. Elle attendait, le corps offert, légèrement projeté, sa respiration courte soulevant ses seins et lui se disait : « Tu la couches par terre, tu la baises. Il faut toujours baiser d'abord, c'est connu, ensuite on voit. »

Il passa sa langue sur ses lèvres desséchées. Cela ne tint qu'à un fil, à un geste de trop qu'elle fit, provocant, ouvrant légèrement ses cuisses. Il lui ordonna, furieux : « Va te coucher », puis : « J'ai envie de te baiser, j'en crève d'envie. » Il montra son slip gonflé : « Ça se voit, non? » Elle demanda : « Alors, tout baigne dans l'huile? Qu'est-ce qu'on fait là à poireauter? – Alors il y a que je t'aime, que je pense à toi sans répit. » Il cria : « Je t'aime! Tu comprends, petite conne, je n'ai pas seulement envie de te sauter, je t'aime... » Il dit avec accablement : « Je devrais te baiser. – Eh bien, fais-le, cause pas tant. Je suis soûle, et après? Une femme soûle, c'est toujours une femme. Et puis qu'est-ce que ça veut dire aimer, c'est un mot dégueulasse. Tu as envie de coucher, couche, un point c'est mort... – Tu ne comprends rien... Allez, va te coucher. »

Il marcha vers elle avec décision, la fit pivoter et la poussa vers la chambre. Elle résistait, rigolait, se trémoussait, remuant ses fesses contre lui et se tortillant sur place comme si on la chatouillait, des friselis plein la gorge. Il la poussa encore, se dégagea.

Devant la porte, elle s'arc-bouta des deux mains, détourna la tête, plus du tout joyeuse : « Ce n'est pas moi qui comprends rien, c'est toi. Tu es toujours à côté de tes pompes. Mais tu te prends pour qui, pauvre tocard? »

Elle ouvrit la porte qu'elle lui claqua au nez sans souci de Marie-Laure qui criait : « Qu'est-ce qui se passe? » et Cécile cria aussi fort : « Allez dors et surtout n'allume pas. » Marie-Laure gémit : « Tu as encore fumé tes saloperies », puis ce fut le silence.

Frank revint dans la salle de séjour. Il ramassa la robe, le slip, le soutien-gorge, les roula en boule et alla les jeter dans le panier à linge, et marchant ensuite vers sa chambre il pensait si fort qu'il en remuait les lèvres : « Elle a raison, tu n'es qu'un tocard. Soûle, droguée, il fallait la baiser. Qu'est-ce que ça changeait? » Elle ne le dégoûtait pas, elle ne le dégoûterait jamais, puant le vomi, sale, couverte de pustules, une jambe en moins, il l'aimerait tout autant...

Il donna quelques coups de poing au traversin pour l'égaliser, s'étendit, ferma les yeux et imagina qu'il lui faisait l'amour, qu'elle l'aimait, oui qu'elle l'aimait, qu'elle éprouvait une violente jouissance et pourquoi faire le détail puisqu'on ramait en pleine dinguerie? Après avoir éjaculé, il lâcha son sexe. Les yeux ouverts, il dit à voix haute : « Merde, quand est-ce que tu vieilliras? »

Le lendemain, parce qu'il s'était endormi vers sept heures du matin, bien après que le jour fut levé, il s'éveilla à midi.

L'appartement était vide. Il chercha un mot, un signe montrant qu'elles avaient pensé à lui, il ne trouva rien. Amies comme avant, pensa-t-il, liguées contre sa personne. Il y avait des moments – plus nombreux qu'auparavant – où il les détestait d'être si indifférentes, si peu sensibles. Et là, dans la lumière violente de la cuisine, il regretta encore de ne pas avoir fait l'amour à Cécile. Coutelier, lui, n'aurait pas hésité. Un chef, Coutelier, il sautait Marie-Laure et la plaquait à l'hôtel sans un rond. Bon dieu, il hébergeait ces deux filles, depuis des semaines, il consentait à tous leurs caprices, la moindre des choses était de les baiser l'une après l'autre, logique, non? Et pourquoi pas ensemble? ça s'était vu.

Buvant son café, lourdement accoudé à la table, il en hochait la tête à de telles évocations. Hop! Cécile et puis après Marie-Laure. Ou le contraire. Il en fut tout émoustillé. Mais qu'est-ce qu'il espérait? Qu'avec Cécile une si belle occasion se représenterait? La vie est courte, pas souvent drôle. Pauvre rêveur. Il était fini, au bas de la pente, dans dix ans et même moins, un petit vieux aux semelles rasantes, ou pis encore, en proie à une de ces belles maladies incurables du troisième âge. Et pas de souvenirs, rien, juste cet amour imbécile, éblouissant, et au dernier moment, hier soir, la dérobade, la branlette adolescente pour remplacer. La bouche de Cécile, ses douces muqueuses, sa voix, son regard dans le plaisir, il ne les connaîtrait jamais. Soûle, droguée, mon cul, qu'est-ce que ça changeait, c'était le même corps, la même peau, le même ventre. Il l'aurait dévoré, ce corps. Du dégoût? Quelle foutaise! Il n'était ni soûl ni drogué, son cul, c'était le même, juste un peu plus excité, cette nuit, elle avait envie, c'était patent, indiscutable, il l'avait senti, flairé, elle était parfumée de désir des pieds à la tête, pas de la pitié seulement ou pour qu'il calme sa faim, ni même un caprice, non, elle avait envie, peut-être ce type qui l'avait assaillie dans le chemin. Lui ou un autre hier soir, c'était pareil...

Il reposa sa tasse, coupa son cinéma, rangea les bobines. Il se sentait las, élimé comme un vieux pneu. Il pensa : « Tu prends feu. Un corps c'est un corps. Il y en a des milliers. Aussi beaux. Plus désirables. Non, pas plus désirables. » Et puis ce n'était pas son corps seul qu'il convoitait.

L'amour est toujours triste, le vrai. Il rectifia : « Non, pas triste, tragique. » Il se versa un peu de café, l'esprit mou, remuant des désirs, des principes, des fragments effilochés de toute espèce, trognons flétris, vieux débris de rêves quii flottaient dans une soupe qui avait le goût et la consistance de sa vie et que le temps par son terrifiant travail avait gâtée et rendue immangeable.

Il se leva, fit le tour de la cuisine puis celui de la salle de séjour. Il entra dans leur chambre et resta là un moment devant le lit saccagé de Cécile. Il s'agenouilla et enfouit son visage dans l'oreiller. Il resta immobile, la tête vide, juste une idée bête en forme de regret qui ballottait dans ce vide sonore, la certitude que l'essentiel lui avait échappé. Une vie pour rien comme on dit un coup pour rien, et il en avait le cœur démoli de savoir que des vies comme celles-là, qu'aucune passion, aucun élan n'avaient soulevées, il aurait mieux valu ne pas les vivre. Restaient les « satisfactions », les « plaisirs » dont on jalonne les jours, pas plus gais que les poteaux télégraphiques le long de la route, sinistres même. Le plaisir vu rétrospectivement est sinistre, le bonheur ne l'est pas.

Il se releva. Voilà qu'il gémissait maintenant, il devenait sentimental, l'âge peut-être. Qu'est-ce qui lui prenait de jouer les héros déçus? Est-ce qu'il ne lui restait pas le principal, la trame des jours pour le plus grand nombre, et il en faisait partie : la petite baise, la bouffe, la fringue, la bagnole, le fric, les économies, les copains, moi, moi? Un côté île déserte d'accord mais très confortable, il ne faut rien exagérer, les autres s'en arrangeaient, tous en vacances pour le moment, et pourquoi pas lui?

Il revint dans la cuisine, ouvrit machinalement le réfrigérateur, le referma et décida d'aller faire un tour en ville. Ensuite, il irait sur la plage et au bar. Elles viendraient sûrement au bar. Cécile serait là. Il regarderait son visage, tous ces mille aspects de son corps dont il ne se rassasiait jamais, ses doigts frêles, ses jambes, leur peau blonde que la lumière enlaçait si tendrement et jusqu'à la façon – si contradictoire avec ce qui s'était passé hier soir – qui était la sienne de baisser les paupières, cils croisés comme une vierge sage – oui, il la voyait ainsi – quand elle surprenait dans son regard quelque chose qui l'offensait, le reflet probablement de l'amour qu'il avait pour elle et dont elle n'avait rien à faire, bien qu'elle ne s'en moquât jamais, ne montrant même pas qu'elle en était avertie.

Elles ne vinrent pas au bar où il les attendit jusqu'à sept heures. Où étaient-elles? A l'appartement? Pris d'une hâte soudaine, il sauta dans sa voiture, s'énerva sur le boulevard du front de mer où ils progressaient à petits sursauts, pare-chocs contre pare-chocs. C'était l'heure de la balade du soir. Ils étaient agglomérés par milliers, roulant au pas dans les deux sens, les uns allant d'où les autres venaient. Ils roulaient pour rouler. Ils le rendaient fou avec leurs sales habitudes moutonnières, des crustacés à la queue leu leu dans leurs carapaces, pas des humains, non, des bestioles, des bestioles qui brûlaient un peu d'essence à un dieu bizarre entre le rôtissage de l'après-midi et la bouffe barbecue, un rite, une cérémonie presque religieuse, sacrée, dévote en tout cas, et ils ne rigolaient pas, ils n'avaient même pas l'air heureux, ils étaient à leurs volants comme les bigotes autrefois à leurs prie-Dieu, à part qu'ils avaient remplacé les prières et les litanies par des coups de gueule : « Avance, hé! con, range-toi, salope », et les transistors en délire, juste le genre de bénédictions qu'ils se balançaient de l'un à l'autre, et lui n'était pas différent d'eux. Il les aurait tués d'avancer si lentement, d'être si nombreux surtout, et il était si nerveux, si impatient, qu'en bout de front de mer, quand la voie fut soudain libre, il faillit faire voltiger dans les airs deux touristes qui traversaient ce bout de route désert. Il les insulta, enfonça l'accélérateur et le relâcha cinquante mètres plus loin en se traitant de sagouin.

Elles étaient en effet à l'appartement. Mais elles n'étaient pas seules, les deux voyous leur tenaient compagnie. Pas dans la salle de séjour, dans la chambre des filles, le grand, Jean-Paul, assis sur un lit, Cécile à deux pas qui fumait dans le chahut du transistor qu'elle fit taire d'un doigt, le petit et Marie-Laure assis côte à côte sur l'autre lit. Il pensa, tant ils avaient un air peu naturel : « Ils viennent de faire l'amour », puis : « Cécile avec le grand, Marie-Laure avec son copain. »

Les deux garçons et Marie-Laure s'étaient levés. Ils ne paraissaient pas gênés, plutôt satisfaits même, pas aimables, non, l'œil froid mais pas ironique non plus, ni provocants, fonctionnels en somme – on voulait justement vous voir – et Marie-Laure pas embarrassée ou à peine, et c'était bien la première fois, d'accord avec eux, semblait-il, c'est bien naturel qu'on soit là avec ces deux garçons, qu'ils s'asseyent sur ton lit, qu'ils nous baisent sur ton matelas.

Adossée au mur, Cécile fumait un de ses cigarillos. Elle lui en volait tous les jours. Pas la Cécile de cette nuit mais la jeune fille de tous les jours en jean et petit corsage blanc à frou-frou. Entre deux bouffées, elle mordillait sa jolie bouche en réfléchissant, ça se voyait à son front soucieux.

Frank demanda : « Qu'est-ce que vous faites ici? Je ne me rappelle pas vous avoir invités. » Il s'adressait aux garçons, ce fut Cécile qui répondit : « On peut quand même bien amener des amis de temps en temps. – Il ne manque pas d'endroits pour les inviter... Allez, sortez... »

Les deux garçons quittèrent la chambre avec nonchalance, le grand en tête et dans le salon il fit un crochet pour aller se percher sur l'accoudoir d'un fauteuil tandis que le gringalet se laissait choir sur le divan.

Le grand dit : « Elle a raison, Cécile. De quel droit vous leur interdisez de voir des amis? » Frank n'écoutait pas. Il observait les deux filles qui dérivaient d'un meuble à l'autre et hésitaient comme si elles ne savaient où se fixer. Le comportement de Marie-Laure en particulier l'intriguait. Elle si indécise et qui souriait si facilement d'ordinaire présentait un visage fermé, lèvres serrées et sérieuse comme il ne l'avait jamais vue sous ses bouclettes. De toute évidence, elle savait ce que signifiait cette visite. Cécile était moins à l'aise, plutôt songeuse et son regard passait de Frank aux deux garçons. Il se dit : « Elle a complètement oublié ce qui s'est passé cette nuit. Il est vrai qu'elle était ivre, peut-être droguée. »

« On est venus voir Marie-Laure et Cécile en copains mais on voulait surtout vous parler. – Et de quoi? Au Lutèce, vous vous êtes conduits comme des goujats. C'est pour refaire votre numéro que vous êtes venus ici? » Il ajouta : « Si vous voulez les sauter, ce n'est pas le terrain qui manque, il y a toute la Côte », ce qui lui valut un coup d'œil surpris de Marie-Laure. « ... Maintenant, foutez le camp... »

Son humiliation de la veille en travers de la gorge, il était déterminé à ne pas les supporter. Le grand leva la main : « Oh! là, vous énervez pas! On veut juste causer et mettre les choses au point. »

Sur le divan, le petit ricanait, une manie, mais Frank nota qu'il avait tiré un couteau de sa poche et se curait ostensiblement les ongles, un couteau à cran d'arrêt dont il avait fait claquer la lame en l'ouvrant.

Il regarda les deux filles. Cécile avait les yeux fixés sur le couteau. Marie-Laure contemplait Jean-Paul, fascinée. Il se demanda encore qui avait couché avec qui. Cécile avec le grand? Peu probable, elle le surveillait avec trop de froideur. Avec l'avorton à grosse ceinture? Comment savoir? Il les examinait férocement, à la recherche d'un indice révélateur. Jean-Paul disait, de sa voix pompeuse, celle du bar : « Vous avez bien prétendu que c'est nous qui avions cambriolé vos amis d'Antibes et assommé cette vieille femme? »

Frank détourna son attention du petit qui laissait tomber son couteau la pointe en bas sur le divan. Le couteau rebondissait sur le skaï tendu. « J'ai pensé en effet que vous pouviez en être les auteurs. – Et si on vous donnait la preuve qu'on y est pour rien? »

Il ne répondit pas. La lame venait de pénétrer dans le skaï où elle resta plantée. Frank fit deux pas rapides, arracha le couteau d'une main et empoigna l'avorton de l'autre. Il le mit debout et le repoussa violemment. Le grand hurla : « Tu nous fous la paix, Luc... » Le gringalet hésita. Il n'avait aucune peur mais le couteau que Frank avait maintenant en main le rendait indécis.

Il tendit le bras. « Donnez-le-moi. » Frank referma le couteau et le lança sur le carrelage.

Près du fauteuil où elle s'appuyait des deux mains, Cécile avait sursauté, le corps penché en avant. Luc ramassa le couteau après un coup d'œil prudent sur Frank. Jean-Paul ordonna : « Range-moi ça et va t'asseoir. » Le gringalet obéit avec une lenteur voulue.

Jean-Paul revint à Frank : « Oui, si on vous prouvait qu'on n'est pour rien dans le cambriolage de vos amis? On s'est renseignés. L'affaire a bien eu lieu vers quatre heures de l'après-midi, le 5 août, un mercredi? On est bien d'accord? »

Frank attendait. Le grand poursuivit : « On est bien d'accord aussi qu'Antibes est à plus de trente kilomètres d'ici? Eh bien, demandez donc aux filles où on était ce jour-là... Et faut pas croire qu'on n'a qu'un témoin, on en a dix, vingt s'il le faut... »

Et parce que Frank attendait toujours : « A cette heure-là, le 5 août, on se trouvait au Marajo. On y a passé tout l'après-midi. C'est pas vrai, Marie-Laure? » Elle approuva.

Il se tourna vers Cécile : « Dis-lui toi aussi qu'on n'invente pas. Raconte-lui ce qui s'est passé, l'histoire qu'on a eue avec ce type à la Susuki qui est arrivé sur la terrasse à cheval sur son engin. Il est rentré dans notre table, le con, ça a fait tout un raffut, le patron, tous les garçons sont venus... Quelle heure il était, Luc? – Dans les cinq heures, cinq heures un quart. » Il avait une petite voix rouillée. « Et avant, il y a ce type au bowling qui nous a eus de cent balles, lui aussi il peut témoigner... »

Le grand écarta les mains : « Des témoins, je vous dis, on en a cinquante. Pas un, cinquante... On n'a pas quitté la boîte du déjeuner au dîner, Cécile et Marie-Laure vous le confirmeront. Aujourd'hui, on les a emmenées au Marajo, on leur a même fait relever les noms de ceux qui nous ont vus... Hein, Cécile, que tu as fait une liste? Les noms, les adresses, tout, comme avec les gendarmes. On l'a obligée pour que vous soyez sûr... Allez, dis-lui, Cécile... » Cécile dit : « C'est vrai, j'ai bien vérifié. Je te donnerai la liste pour que tu contrôles si tu en as envie. Tu pourras aussi la passer à ton copain détective... »

Sa voix était réticente mais c'était à cause des deux garçons, parce qu'elle ne les aimait pas. Il pensa : « Elle n'a couché avec aucun », puis : « Qu'est-ce que ça change? » Dans cette génération, ils couchaient sans raison ou pour n'importe laquelle.

« Bien, je vérifierai et si ce que vous prétendez est vrai, je vous fais mes excuses. » Les mots lui avaient écorché la gorge. « ... Et maintenant, si vous voulez sortir... »

Jean-Paul sauta de l'accoudoir du fauteuil. « Parce que vous croyez que ça va s'arrêter là? Au revoir les amis, je me suis trompé, autant pour moi, allez, sans rancune, à la prochaine... » Il avança sur Frank : « Alors vous racontez n'importe quoi, vous accusez à tort et à travers et maintenant vous voulez qu'on s'écrase?... Et votre copain qui nous file le train depuis huit jours, qui nous photographie et qui va ensuite montrer nos têtes à toute la population d'Antibes pour savoir si par hasard on traînait pas par là ce jour-là, vous trouvez que c'est rien?... Sans compter qu'il a peut-être averti la police... » Il était sincèrement indigné.

Frank surveillait Cécile qui avait détourné la tête. Il commençait à voir pourquoi elle était si réticente. Il dit à Jean-Paul : « Puisque vous êtes innocents, vous n'avez rien à craindre. – Vous ne manquez pas de souffle... Et le préjudice, vous y avez pensé? C'est pour ça qu'on est là, pas pour entendre vos excuses. On a rien à en foutre de vos excuses maintenant que le mal est fait. Ce qu'on veut, c'est que vous compensiez... Si on portait plainte pour diffamation, le tribunal vous condamnerait, il nous attribuerait des dommages-intérêts, c'est pas vrai? Eh bien, c'est ça ce qu'on veut : des dommages-intérêts. Quand on a fait une connerie, il faut payer... On en a parlé, tout le monde est d'accord, les filles aussi... Hein, Marie-Laure, que tu es d'accord? »

Elle fit un petit signe qui pouvait passer pour un acquiescement. « Et toi, Cécile? – Vous faites du bruit pour pas grand-chose. – Pas grand-chose? Si c'était ton vieux type qu'on accusait, tu crois qu'il trouverait que c'est pas grand-chose? Je suis sûr qu'il serait déjà allé trouver les flics, ses avocats, et en avant le procès. Il ne se gênerait pas, lui, et nous, parce qu'on est jeunes, il faudrait qu'on laisse couler? Déjà qu'à cause de notre âge, on est mal vus... »

Cécile baissait la tête. Frank pensa : « Elle ne les aime pas, ils lui font peur mais elle est de leur avis. »

Le grand décréta, très sûr de lui : « On en a discuté entre nous et on a fixé la somme... Vingt mille francs... Nouveaux bien entendu. On estime que c'est pas exagéré. »

Frank haussa les épaules. Jean-Paul commençait à l'ennuyer avec ses fallacieux boniments. « Je n'en ai pas le quart. Et puis qu'est-ce qui me prouve que même si vous êtes innocents vous n'avez pas donné l'information à vos amis et que ce sont eux qui... »

Jean-Paul le regardait avec stupeur. « Eh bien vous! On vous savait pas mal tordu d'après ce que nous ont raconté les filles mais à ce point-là... Des informations, on en a jamais eu et des amis de ce genre on en a pas non plus. – Et ceux de la secte à laquelle vous appartenez? – Mais c'est pas une secte! C'est juste un centre d'accueil que mon père a créé pour les jeunes... Dis-lui, Marie-Laure, ce qu'on fait à Cauderan... »

Elle murmura : « On fabrique des trucs... » Elle s'arrêta, bafouilla encore quelques mots que personne ne comprit. Le grand trancha : « On a dit vingt mille, on va pas revenir dessus. »

Cécile éclata brusquement de rire. Jean-Paul se tourna vers elle, sourcils hauts. Elle dit : « Ah! vous me faites bien marrer tous les trois, on se croirait au cinéma, vous, c'est les gentils cow-boys à qui on a manqué et Frank, c'est le méchant qui vous veut du mal. – Tu te marreras pas toujours. » Il ajouta, menaçant : « Tu nous connais pourtant. » Elle ne répondit pas et Frank se demanda une fois de plus de quoi ils l'avaient menacée. Il n'arrivait toujours pas, telle qu'il la connaissait, à imaginer une menace qui la réduisît au silence.

On entendit soudain la voix raisonnable de Marie-Laure : « Je vous avais bien dit qu'il n'avait pas d'argent. On le sait, nous, on vit avec lui. » Jean-Paul répondit : « Les vieux dans son genre ont toujours du fric, c'est connu. »

Il montra les armes japonaises sur le mur : « Et ça, ça vaut rien? D'après ce que tu m'as raconté, il y en aurait pour des millions. C'est bien toi qui nous l'as dit, non? » Cécile intervint : « C'est des objets, pas du fric et ce qui vous intéresse, c'est seulement le fric... »

Le grand marcha vers le mur. Il allait décrocher un des sabres. Frank fit un pas en avant : « Laissez ça en place. » Jean-Paul prit le sabre. Il essaya de tirer la lame du fourreau et n'y parvint pas. Il murmura, examinant la garde : « C'est plus lourd que je ne pensais. » Frank tendit la main : « Donnez, je vais vous montrer. » Il saisit le sabre et fit jaillir la lame d'une traction sèche. Elle était longue de près d'un mètre, large et épaisse. Pointée vers la fenêtre, elle étincela dans la lumière.

Frank fit deux pas en arrière et laissa couler le sabre contre sa jambe. La pointe effleurait le sol. Luc qui se tenait derrière un fauteuil ne quittait pas la lame des yeux. Il avait de nouveau son couteau à la main. Frank demanda : « Vous savez comment on se sert de cette arme? » Il l'empoigna à deux mains. Jean-Paul suivait ses gestes des yeux, mal à l'aise. Frank frappant le sol des deux pieds poussa un hurlement, un cri rauque et brutal, celui des Japonais donnant l'assaut. La lame trancha l'air en sifflant. Elle passa au ras de l'épaule de Jean-Paul qui fit un bond en arrière, le visage blanc.

Campé sur ses jambes écartées, Frank pivota. Il hurla de nouveau. La lame siffla obliquement. Elle frappa le couteau de Luc avec une telle violence qu'il jaillit comme un projectile et alla heurter le mur quatre mètres plus loin. Frank fit un nouveau bond de côté. Il y eut un bruit sec. La lame plongeant presque à la verticale venait de trancher le tronc épais comme le bras de la plante verte près du bahut. La tige était coupée comme au rasoir mais Jean-Paul ne lui accorda pas un regard, il était tout occupé à palper son épaule que la lame avait effleurée.

Un peu essoufflé mais la voix aimable, Frank dit : « Vous voyez, c'est une arme terrifiante. » Cécile qui avait suivi la démonstration, médusée, murmura : « Eh bien, si j'avais pensé... » Elle se mit à rire comme une folle : « C'est quelque chose, hein, Jean-Paul? Je commence à comprendre la réputation des samouraïs. C'étaient des vraies terreurs, ces gars, avec des outils pareils! »

Frank examinait la lame. Il découvrit une entaille, un décrochement léger. Elle était fichue maintenant ou il faudrait qu'il la fasse repolir. Il la laissa aller contre sa jambe, pensa : « Qu'ils n'insistent pas trop sinon... » Pendant une fraction de seconde, l'arme en suspens, il avait regardé fixement le cou de Jean-Paul. Il expliqua, beaucoup moins aimable : « Un geste maladroit tout à l'heure et j'aurais pu vous décapiter ou sectionner la main de votre ami. »

Jean-Paul avait reculé, hors de portée du sabre. Il ne répondit pas. Au fond de la pièce, Luc qui était allé ramasser son couteau poussa une exclamation. Il le tendit avec dégoût à Jean-Paul. La lame était tordue et déchirée. Jean-Paul haussa les épaules avec irritation.

Luc tenta de refermer le couteau mais la lame ne rentrait plus dans son logement, alors il le jeta rageusement sur un siège.

Jean-Paul remarqua : « Ça doit valoir une somme une arme pareille, des mille et des mille... » Il montra le mur : « Et celles-là aussi doivent valoir cher. Vous aurez vite fait de trouver vingt mille francs, c'est rien pour vous. – N'y comptez pas. »

Frank remit d'un seul jet le sabre dans son fourreau. « Si, on y compte, ça vaudra mieux pour vous. » Jean-Paul montra les deux filles. « Et pour elles aussi... Tu entends, Cécile? Tu devrais convaincre ton escrimeur. Je suis sûr que toi, il t'écoutera. »

Frank fit un pas en avant, le sabre en travers de son corps, une main sur la garde, l'autre sur le fourreau, prêt à dégainer. « Bon, eh bien, on s'en va... Tu viens, Luc... » Sur le pas de la porte il répéta : « Vingt mille et ne tardez pas trop sinon vous aurez de nos nouvelles, et surtout ne croyez pas que c'est avec votre grand sabre que vous vous en tirerez. »

Il rabattit brutalement la porte. Frank écouta le pas des deux garçons qui dégringolaient l'escalier. Il rentra dans le salon, remit l'arme à sa place, jetant un coup d'œil aux deux filles qui se tenaient l'une près de l'autre à côté de la télévision. Marie-Laure chuchotait avec excitation. Ce qu'elle disait ne devait pas plaire à Cécile qui lui opposait un visage fermé en suivant Frank du regard. Il traversa la pièce sans leur dire un mot.

De la fenêtre, il vit la jeep sur l'esplanade. La grande fille était appuyée au capot. Elle levait les yeux vers l'immeuble. Il chercha le chien. Il était couché de tout son long à l'ombre d'une des roues.

Les deux garçons débouchèrent en courant. Ils sautèrent dans la jeep qui démarra en trombe et disparut dans le chemin.

Après avoir pris une douche, il alla retrouver Cécile et Marie-Laure à la cuisine. Elles buvaient des citronnades. « On a eu de la chance, dit Cécile, ça aurait pu mal tourner... Où est-ce que tu as appris les arts martiaux? – Un ami japonais qui cherchait des documents sur les armes du XVIe siècle et comme je connaissais quelques collectionneurs... »

Il prit le verre de bière qu'elle lui avait versé. « Et puis, ça m'intéressait. J'aime les armes, je les ai toujours aimées. – Ça en dit long. » Il haussa les épaules. « C'est leur précision que j'aime, leur beauté, pas leur fonction meurtrière. » Cécile se mit à rire : « Tu es naïf ou quoi? Leur beauté vient justement de leur fonction meurtrière. » Il réfléchit un instant : « Oui, tu as raison. »

En Indochine, il soignait sans cesse son fusil, une arme lourde et sophistiquée, celle des tireurs d'élite. Il le démontait, le remontait, l'astiquait, il aimait l'avoir en main. Et puis un jour, lui qui décapitait un pigeon à cent mètres, il s'était mis à rater les cibles. Mataro qui aimait Freud aurait dit que c'était parce qu'il n'avait plus envie de tuer, ce qui était probablement vrai mais il n'avait connu Mataro que vers la fin de son séjour quand il s'était fait muter dans une compagnie de déminage.

Il sourit à Cécile qui rêvait, accoudée, son verre de citronnade qu'elle tenait à deux mains au bord des lèvres. « Tu sais qu'aucun peuple n'a eu autant que les Japonais le goût des armes? – Les samouraïs, le hara-kiri, tout le bazar? – Oui, ils portaient deux sabres, l'un long, l'autre court, qui leur servaient à se battre et à mourir. – Tu veux dire à se suicider? – Le suicide était la seule mort honorable pour le guerrier vaincu et il n'acceptait jamais d'être fait prisonnier. Du reste, en japonais, *toriko,* le mot qui signifie prisonnier, est une grave injure. – Alors ils se faisaient hara-kiri... – Ils s'ouvraient le ventre progressivement à hauteur du nombril en remontant et ensuite quand ils avaient bien souffert, ils se faisaient trancher la tête avec le plus grand sabre par un compagnon d'arme. – Je vois ça d'ici, une vraie boucherie!... Des illuminés, barbares en plus... C'est vrai qu'ils mangeaient du sel à poignées pour aiguiser leurs réflexes et taper plus vite sur l'ennemi? – On le dit. »

Il jeta un coup d'œil à Marie-Laure qui faisait plus de bruit qu'il n'en fallait en s'affairant devant l'évier. « Ces barbares, comme tu dis, avant de se faire hara-kiri, composaient des poèmes qu'ils envoyaient à un de leurs proches avec une mèche de leurs cheveux. – C'étaient des marrants... Allez, raconte encore, Frank... Tu veux une autre bière? – Oui... Dans ce dernier message, ils ajoutaient quelquefois des rognures de leurs ongles. – Des brutes sentimentales, tes samouraïs. Les tortionnaires d'Auschwitz élevaient aussi des petits oiseaux... Heureusement que les Japonais d'aujourd'hui ne ressemblent plus à tes samouraïs. »

Frank sourit, sceptique. « On les a remplacés il y a plus d'un siècle par une armée régulière comme en Europe, on leur a interdit de porter le sabre et le chignon mais je ne suis pas sûr que l'esprit samouraï n'ait pas survécu. Tu te souviens des kamikazes? – Ceux qui se jetaient avec leurs avions sur les navires américains?... De beaux cinglés, ceux-là aussi. – En fait, pour la plupart, il ne s'agissait pas de farouches guerriers mais de pâles jeunes gens à lunettes qui n'avaient pas encore fini leurs études... Eux aussi prenaient poétiquement congé du monde dans de longues lettres qu'ils adressaient à leurs parents avant d'aller faire exploser leur engin contre les navires américains. »

Il but un peu de bière, observant Cécile avec ironie. « Et dans leurs poèmes d'adieu, comme leurs ancêtres samouraïs, ils évoquaient la chute des fleurs fragiles du cerisier sauvage. – Et tu ne trouves pas ça un peu ridicule? – Ce n'est qu'un symbole. Les Japonais sont plus sensibles que nous à l'éphémère, au déclin de toute vie, à ce qu'ils appellent " le pathétique des choses "... – Après quoi, avec leur charge d'explosifs, ils allaient se jeter sur... – Oui et leur volonté de mourir était si forte que s'ils ne rencontraient pas l'ennemi, ils préféraient disparaître avec leur appareil en le précipitant en mer plutôt que rentrer à leur base. – Par honte? – Peut-être mais d'abord parce que pour un Japonais, et c'est là où ils diffèrent totalement de nous, il y a toujours plus de noblesse dans l'échec que dans la réussite... »

Cécile qui écoutait passionnément dit : « Tu crois pas qu'on rame en pleine connerie? – Le véritable esprit samouraï c'est de mourir pour une cause perdue, même si elle est mauvaise. Ce qui compte, ce n'est ni l'échec ni la cause, c'est ce qu'ils appellent " la pureté du cœur ". – En somme, ils font des héros avec leurs vaincus, jamais avec leurs vainqueurs, et chez eux Ulysse ne pourrait pas exister ou s'il existait il ne reviendrait jamais à Ithaque et ne retrouverait jamais sa femme et sa maison. »

Frank approuva : « C'est exact. Dans la tradition japonaise, il mourrait avant. On enseignait aux samouraïs : « Pense sans cesse à ta mort puisque c'est elle « qui donnera un sens à ta vie », et ils ne craignaient qu'une chose : qu'on les prive de cette apothéose... et il en allait de même pour les kamikazes. »

Cécile murmura : « Complètement débile! Et il en est mort beaucoup, de ces kamikazes? – Cinq ou six mille mais le pis, c'est qu'ils n'ont servi à rien. – Comment ça? – On ne connaît qu'un seul porte-avions qu'ils aient endommagé. L'état-major japonais savait que ces sacrifices étaient inutiles, mais c'est l'empereur qui a dû faire cesser le massacre après Hiroshima. »

Cécile observait Frank. « On dirait que tu approuves ce rassemblement de dingues... D'accord, tout le monde sait que l'essence de l'héroïsme c'est le refus de se conformer aux exigences pratiques, au bon sens donc, mais moi, ce que je n'aime pas justement dans tes samouraïs et tes kamikazes, c'est leur forme d'héroïsme, cette façon bête qu'ils ont eue de se suicider. »

Frank sourit : « Je suis content qu'aujourd'hui tu me tiennes de tels propos sur le suicide. » Cécile parut gênée un instant puis elle sourit à son tour, les yeux gais, et finit par rire en posant sa main sur celle de Frank : « J'ai changé et c'est ta faute. Je trouve maintenant que c'est idiot de vouloir mourir mais il ne faudrait pas que tu en profites pour renverser les rôles et que tu te mettes à défendre tes samouraïs et tes kamikazes. On n'en a plus rien à foutre de ce genre de héros... » Il sourit sans répondre, alors elle dit, soudain violente : « On n'en a rien à foutre, tu entends, Frank? Ne va pas jouer au con avec Jean-Paul et avec les autres. »

Elle reprit : « D'ailleurs tout ça, c'est fini. Il y a deux ans, j'ai travaillé dans une agence de voyage. On voyait des tas de Japonais. Ils n'avaient rien à voir avec les tiens. Des rigolos, très pratiques, pas du tout pessimistes, des maniaques de la photo. » Frank dit, l'œil joyeux : « C'est peut-être leur façon aujourd'hui de fixer l'éphémère, le nouveau camouflage des " cerisiers en fleur ". – Ça m'étonnerait, ceux-là aimaient trop leur confort. Ce n'étaient pas des gens à prendre des risques, tes nouveaux samouraïs. »

Marie-Laure avait quitté la cuisine après leur avoir lancé un coup d'œil mécontent. Visiblement, elle leur en voulait de bavarder aussi paisiblement après ce qui s'était passé avec les deux garçons.

Cécile rêvait, le menton dans la main. Frank lui demanda, touché par l'innocence de son regard : « A quoi tu penses? – Aux femmes des samouraïs », et elle éclata de rire.

Marie-Laure qui rentrait dans la cuisine s'enquit

avec humeur : « On dîne ou vous restez à causer? » Cécile tapa avec force dans ses mains : « On bouffe et après on sort. J'ai envie de danser et d'écouter de la musique à me faire éclater la tête après la séance de ces deux pourris », et elle se leva, s'étira, le corps cambré, son joli cou rejeté en arrière.

Marie-Laure qui débarrassait la table se pencha vers Frank : « Tu as pensé à ces vingt mille francs qu'ils t'ont demandés?... Qu'est-ce que tu comptes faire? – Rien. – Ils t'ont pourtant donné la preuve qu'ils étaient bien au Marajo ce jour-là... »

Frank regarda Cécile qui enduisait de salive le petit semis de bouton sur son épaule. Elle leva les yeux mais garda le silence. Marie-Laure insista : « Si tu peux payer, Frank, fais-le. – En somme tu penses que je leur dois bien cette réparation? »

Elle ne dit ni oui ni non et continua de disposer les couverts. Elle découvrit soudain : « Tu n'as pas d'argent, on le sait, mais tu pourrais vendre ta voiture ou emprunter à un ami. – Je n'ai pas d'ami et j'ai besoin de ma voiture. » Marie-Laure posa bruyamment la bouteille d'orangeade sur la table. « Jean-Paul te tuera et nous avec. »

Elle était au bord des larmes. « Pourquoi vous? » Elle haussa les épaules et lui tourna le dos pour déchirer l'emballage des croquettes de poisson surgelées. La tête dans le réfrigérateur, Cécile explorait les étagères. « Tu pourrais vendre tes sabres? – Comment ça, vendre mes sabres? – Eh bien, tu les proposes à un antiquaire de Cannes ou de Marseille, ça vaut des sous... »

Cécile refermait le réfrigérateur, des pots de yaourts et de confitures dans les mains. « C'est pas vrai, Cécile, ce que je dis? » Cécile fit oui et déposa les pots sur la table.

Plus tard, tandis qu'il mangeait sans appétit sa croquette de poisson, Frank grommela : « De toute façon, ces deux garçons me déplaisent. Bien sûr, je les ai accusés à tort mais je suis certain qu'ils n'en sont pas à leur premier mauvais coup. » Cécile se mit à rire : « Tu t'arranges bien avec toi-même. » Il répondit : « Pas tant que ça. »

Elle mangeait à sa manière habituelle, lourdement écrasée sur la table, avalant sans mâcher avec de grandes gorgées d'orangeade pour faire passer. Marie-Laure pignochait, maussade. Ses deux yaourts liquidés, Cécile s'en alla dans la salle de bain. Ils l'entendirent qui chantonnait et Frank se demanda ce qui la rendait si heureuse.

Avant de quitter la cuisine, Marie-Laure dit encore avec une mine de chien battu : « Vends ta voiture. » Il lui répondit sans colère : « Tu m'emmerdes. » Elle commençait à l'excéder.

Il s'installa devant la télé. « Tu viens avec nous? » C'était Cécile. Elle lissait sa robe sur ses hanches, en vérifiait la tombée. Il pensa : « Elle est futile, elle aussi », puis : « Elle a dix-huit ans. » Il suivait distraitement le film qu'il avait pris au vol, une histoire de jeunes voyous justement, quand il devina dans son dos la présence de Cécile. Elle cria : « Presse-toi, Marie-Laure. »

Elle s'appuya contre le dossier du fauteuil, mit ses deux mains sur le cou de Frank et chuchota, ses lèvres contre son oreille : « Tu es un vieux coq déplumé, très courageux, un vrai samouraï », et elle l'embrassa sur le sommet du crâne, là où il n'avait plus de cheveux. Il se détourna : « Quand ils étaient vieux, les samouraïs pauvres ne servaient plus à rien. Ils étaient obligés pour vivre de mendier et de faire de petites besognes serviles. » Elle pouffa contre son cou. « Pauvres samouraïs! »

Marie-Laure entra dans la salle de séjour. Elle demanda : « Où on va? » mais ne proposa pas à Frank de les accompagner. Cécile riait et il se demanda encore ce qui la rendait si joyeuse ce soir. Il n'y avait vraiment pas de quoi à la réflexion. Un pied levé, elle était tout à la bride de sa chaussure qu'elle resserrait et elle s'en alla à la suite de Marie-Laure, balançant son sac, sans plus s'occuper de lui.

Les yeux sur l'écran, il pensait à ses lèvres sur son crâne, à sa voix tendre. Il était heureux, et le film oublié, il s'abandonna à une douce rêverie – imbécile, il le savait, mais si agréable – où Cécile et lui tenaient les beaux rôles.

Ce n'est que plus tard, en allant se coucher, qu'il pensa aux garçons et ce fut juste pour aller décrocher le sabre, le sortir de sa gaine de bois et voir jusqu'à quel point il était endommagé. Un léger repolissage suffirait pour lui rendre sa perfection. Il regarda la signature, celle de Yukamitsu, un grand forgeron, lui avait-on dit. L'arme valait à peu près les vingt mille francs exigés. Cécile n'avait pas tort de prétendre qu'il ne donnait jamais que le superflu.

Il remit la lame dans son fourreau, évitant de la toucher de ses doigts afin de ne pas la ternir. Prétentieuses petites crapules, et cette peureuse de Marie-Laure qui voulait lui faire vendre sa voiture. Il se dit : « Cécile regarde. Elle se demande comment je m'en tirerai. Elle a peur mais ne le montre pas. » Lui aussi avait peur pour d'autres raisons. Pour elle, surtout. Sous la colère, il y avait la peur et puis cette sensation de faiblesse, d'impuissance qu'il connaissait bien maintenant. Et pour compliquer, plus de son âge, le sentiment de l'honneur. Pas celui, sans concession, des samouraïs mais celui plus banal qui fait mettre en balance le respect de soi et l'instinct de conservation.

Quand elles rentrèrent, très tard, il entendit leurs voix dans la cuisine, celle de Marie-Laure, vive et gaie. Cécile ne dit que quelques mots, la bouche pleine et ce fut pour la rabrouer. Elle était de méchante humeur car dans la salle de séjour qu'elle traversait à sa suite et où elles n'avaient pas éclairé, il l'entendit dire : « Allez, avance, grande conne ! » et il devina au cri plaintif que poussa Marie-Laure qu'elle la bousculait sans ménagements. Quant à lui, il en était venu à la conclusion que tout ce remue-ménage, Jean-Paul, Luc, les deux filles, les vingt mille francs, n'avait pas beaucoup d'importance. Dans dix jours, il serait à Paris, Cécile serait partie, il serait malheureux et il faudrait bien que d'une façon ou d'une autre il s'en arrange.

MATARO lui avait téléphoné : « Passe me voir vers cinq heures. » Et dès qu'il était entré dans son bureau : « Viens, je veux te montrer quelque chose. »

Dans une rue voisine, ils étaient entrés dans la vaste cour d'une entreprise de construction. Mataro avait expliqué : « C'est là que je me gare pendant la saison. »

Il contourna un camion, montra sa voiture, une Peugeot grise. Le pare-brise, les vitres et la lunette arrière avaient été brisés, le coffre et le capot enfoncés à coups de masse, les quatre pneus lacérés. « Ils ont fait ça entre midi et deux heures, pendant la pause. »

Les débris de verre qui formaient une frange étincelante autour de la voiture craquaient sous ses semelles. Il ouvrit une portière, montra les sièges dévastés. « Des méthodiques. Je crois que ça ne vaut plus la peine de la remettre en état », et il claqua la portière qui fermait mal. « Viens... Elle m'allait bien cette voiture depuis quatre ans qu'on était ensemble. »

Frank demanda : « Tu es sûr que ce sont les deux jeunes et la fille? – Qui d'autre?... Eux ou leurs copains... ça fait trois fois que je vais la voir depuis qu'on m'a averti et chaque fois je dois aller boire un demi pour ne pas m'énerver... J'ai bien réfléchi. En ce moment je ne m'occupe que d'affaires de tout repos. Ils ont voulu me donner un avertissement... » Il ajouta : « Ce qui veut dire que je commençais à brûler. »

Dans l'arrière-salle du café, Frank rapporta la visite des deux garçons. Mataro écouta avec attention. « Tu es certain qu'ils ne pouvaient pas être à Antibes ce jour-là?... Tu me passeras quand même la liste des témoins, je veux vérifier leur alibi au Marajo... Vingt mille francs... Ils veulent décidément gagner sur tous les tableaux. Bien entendu, tu ne paies pas. – J'ai juste de quoi boucler le mois. Et puis même si j'en avais eu l'intention, après ce qu'ils ont fait à ta voiture... – Ce n'est pas eux qui l'ont massacrée. Qu'est-ce que tu paries qu'entre midi et deux heures ils ont encore un alibi en béton? – Qui alors? – D'autres membres de la secte. »

Mataro tira des photos de son portefeuille. « Jette un coup d'œil. Quatre garçons et deux filles. Tous appartiennent à la secte. » Frank repoussa les photos. « Je n'en connais aucun. »

Mataro désigna du doigt deux garçons. « On les a vus rôder aux environs de l'immeuble de Bernier et la voiture dans laquelle ils s'apprêtent à monter, on l'a vue aussi le même jour. C'est un des quatre véhicules de la secte. Tu vois donc que tes deux voyous ont fait exécuter le travail par leurs amis. – C'est ce que je leur ai dit hier. »

Frank demanda : « Et la fille? – La voilà. » Frank examina la photo. « Mais elle a plus de quarante ans! – Oui. Jacqueline Lebief, trois fois condamnée. Pas ici mais à Nantes. Cocaïne. A Antibes quatre personnes l'ont reconnue. – Qu'est-ce que tu vas faire? – Remettre le dossier à la police. A eux de jouer maintenant. »

Il vit l'air soucieux de Frank. « Ne crains rien. Ils ne remonteront pas jusqu'à toi ni même jusqu'à tes deux filles... A propos la plus grande paraît en bons termes avec Jacqueline Lebief. – S'ils prennent les deux garçons, ils parleront et de là... – Ne te fais pas d'illusions, on aura du mal à les inculper et ce n'est pas parce que trois ou quatre personnes les ont vus se promener à Antibes ce jour-là dans une Renault bleue que... Je ne compte pas sur l'affaire Bernier. Pour eux, le cambriolage de ton ami, c'était juste de l'argent de poche, une occasion dont ils ont profité au passage à cause de toi et de tes deux filles. Leur vrai trafic, c'est la drogue. J'ai senti son odeur là-haut tous les trois pas... Regarde le plus vieux des garçons sur cette photo. Il a été pris il y a cinq ans à Aix. Cocaïne lui aussi. Dans la secte, il joue au chauffeur du patron. Il s'appelle Henri Dubuisson. Cinq condamnations. Lui et Jacqueline Lebief ça fait beaucoup. Même les gendarmes là-haut commencent à s'agiter et à fureter. D'autant plus que je leur ai fait miroiter le gros coup de filet, celui qui fait prendre du galon... Tu ne finis pas ta bière?... »

Mataro se rejeta en arrière. « Quand remontes-tu à Paris? – Début septembre. – Tu ferais mieux de rentrer immédiatement. Tu as une voiture toi aussi et un appartement où, avec tes deux filles, on entre comme dans un moulin. Et si tu les virais? Depuis le temps que tu en parles. Tu pourrais au moins leur reprendre les clefs. C'est vrai que tordues comme elles le sont, il y a longtemps qu'elles ont dû faire fabriquer des doubles qu'elles ont remis à leurs petits amis. A ta place, je ferais changer les serrures, encore qu'aujourd'hui les serrures... »

Frank demanda, alarmé : « Tu crois? » Mataro haussa les épaules. « Tu me fais pitié. Tu es là à essayer de les blanchir... Et tout ça parce qu'elles sont un peu plus jolies que les autres et qu'elles te font du charme... Tu m'affliges. Je te l'ai toujours dit, il faudrait passer toute cette engeance au lance-flammes, les garçons, les filles. Tu verrais le calme après... Et toi, pauvre vieux phoque, tu t'essouffles derrière elles, tu leur donnes ton argent, tu les renseignes, tu fais voler tes meilleurs amis et cabosser leur voiture, et à cause de quoi, dis-moi? D'un méchant coup de passion qui t'a pris sur le retour. »

Frank faillit protester, dire que ce n'était pas du tout ça, que Cécile... Il se tut. C'était trop compliqué et puis il n'était pas très assuré de ses arguments.

Mataro se leva. « ... Si je m'attendais à ce qu'on s'attaque à ma voiture! A moi, oui, mais à ma voiture! »

Ils revinrent à l'agence où Zeila tapait du courrier en grignotant des chips. Mataro avisa le paquet presque vide posé près de la machine. « Alors, après le sucré, le salé maintenant? Et si tu t'arrêtais un peu de manger? » Il était de mauvaise humeur. Zeila dit de sa voix légère : « Depuis qu'on lui a ratatiné sa Peugeot, c'est l'enfer ici. » Elle croqua les dernières chips, balaya quelques miettes. « Tu as eu une drôle d'idée, Frank, de lui parler de ton collectionneur. On était tranquilles avec nos petits escrocs et voilà que tu le branches sur cette secte et sa bande de drogués. Sa marotte, la drogue, il les tuerait tous. La nuit, il me réveille pour m'en parler. »

Elle froissa le sac qu'elle jeta dans la corbeille à papiers. Mataro dit à Frank qui allait partir : « Et n'oublie pas de changer tes serrures. » Zeila demanda, surprise : « Qu'est-ce que c'est que cette histoire de serrures? »

Il fallut lui expliquer toute l'histoire. Elle écoutait, passionnée, demanda : « Et ces deux filles, c'est quoi? Des salopes? » Mataro dit : « Des petits anges. Il est à genoux devant. » Elle ne l'écoutait pas, elle regardait Frank. « Et tu aimes celle qui s'appelle Cécile?... Ne dis pas non, j'en suis sûre, il suffit de t'entendre quand tu parles d'elle. Et elle a dix-huit ans? »

Elle se tourna vers son mari : « Au moins, il vit, lui. Moi, à ta place, Frank, je l'emmènerais à Paris. » Mataro demanda : « Tu connais son âge à Frank?
– Oui, le même que le tien. Qu'est-ce que ça change? L'amour, ce n'est pas une affaire d'âge. A quarante

ans, quand on s'est connus, tu avais déjà un parapluie dans le croupion. C'est le cœur qui compte, pas les années... » Mataro dit en s'asseyant : « Quand elle bouffe pas, elle feuilletonne... Il t'a dit qu'elle ne l'aime pas, c'est clair, non? – C'est jamais joué. »

Mataro abandonna. Il dit à Frank : « Quitte la Côte. Si tu restes ici, ils reviendront. Tu ne vas quand même pas tout gâcher pour cette gamine... » Zeila intervint : « S'il l'aime... – N'écoute pas cette folle... » Mataro jeta un coup d'œil à son ami qui suivait le va-et-vient des touristes à travers la vitrine. « Oh! et puis je te connais, Frank. Tu vas rester. Les gens comme toi croient toujours qu'ils s'en tireront, alors autant que ton entêtement serve à quelque chose... Dans quelques jours, je te proposerai une petite manigance. »

Frank demanda, méfiant : « Qu'est-ce que tu as derrière la tête? – On en reparlera. Il faut d'abord que je réfléchisse. Tes deux voyous sont vicieux mais moi aussi, je peux l'être... Et puis ça te permettra peut-être de voir jusqu'à quel point tes deux filles se moquent de toi. Au fond, je te rendrai service... »

Il ne voulut rien dire de plus. Il riait à sa manière rentrée, bien droit devant son bureau dans son veston à quatre boutons. Pas de femmes, pas d'amis, c'était sa devise, c'est comme la grosse chaleur, disait-il, si tu la laisses faire, elle te décompose.

Il avait encore fouillé l'appartement. Il ne savait pas ce qu'il cherchait, mais il le cherchait avec entêtement. Ce jour-là, il y passa une partie de l'après-midi tandis qu'elles étaient à la plage – ou ailleurs. Plus probablement ailleurs, car ni hier ni avant-hier, elles n'étaient venues au bar.

Elles ne le fuyaient pas, elles étaient là, présentes et absentes tout à la fois, elles s'occupaient d'elles-mêmes, de leurs corps, peu bavardes, même Marie-Laure, plutôt gaies, profitons des vacances et si on allait au Zodiac, une nouvelle boîte, mais derrière, mal à l'aise, inquiètes, l'une autant que l'autre, l'observant à la dérobée, qu'est-ce qu'il a à nous regarder avec cet air content de lui, il n'y a vraiment pas de quoi, il est fauché, on le sait, et s'il croit que Jean-Paul et Luc abandonneront... Et quand elles lui parlaient, c'était pour lui conseiller de payer les vingt mille francs.

Ils avaient réclamé l'argent par téléphone, donné un délai : deux jours, pas plus, ils avaient même fixé l'heure, ensuite... « Ensuite quoi? », avait-il demandé. « Ça va être ta fête », avait répondu Jean-Paul dans la bonne tradition voyou.

« Vends tes sabres, répétait Marie-Laure, c'est rien que de la décoration, t'en rachèteras d'autres. » Cécile ne soufflait mot mais elle était bien d'accord, faisait oui. Il avait dit nettement : « Même si j'avais de l'argent, je ne leur donnerais pas un sou » et il leur avait parlé de la voiture de Mataro. Cécile avait constaté : « Tu vois bien qu'ils se vengeront. – Sur nous aussi ils se vengeront », avait pleurniché Marie-Laure.

Cécile qui ne le quittait pas des yeux – elle n'avait jamais autant observé Frank sous tous les angles, comme un spécimen insolite –, Cécile avait demandé : « Tu joues à quoi? Au héros? Ils ont craqué la voiture de ton copain, ils en feront autant de la tienne, et si tu t'obstines, en plus ils te bousilleront... Allez, cède, Frank... Laisse ton honneur au placard, le fric on l'emporte pas au cimetière, tu en refabriqueras... »

Mais elle avait refusé de parler des menaces que les deux garçons leur avaient faites. Elle avait encore prié : « Allez, cède, tu n'es plus jeune... – Justement, je te l'ai déjà dit : j'en ai marre de laisser aller. Ça fait trop longtemps. Pour moi comme pour les autres. Je ne me suis déjà pardonné que trop de choses. – Lesquelles? – Ça ne te regarde pas. »

Elle n'avait pas insisté, elle avait murmuré : « Le jour où tu nous as rencontrées... » et il avait senti qu'elle regrettait ce jour-là. Il y avait vu la preuve que, pour elle, il était n'importe qui, un vieux bonhomme à prétentions qui leur compliquait la vie. Une vie au jour le jour avec ses difficultés bien sûr, ses mauvais moments, mais dont elles finissaient toujours par s'accommoder, rien de tragique en tout cas ni d'irrémédiable.

Et tout à fait par hasard, cet après-midi-là, parce qu'il avait tiré trop brutalement, le tiroir de leur table de chevet était sorti de son logement, et ce qu'il contenait s'était éparpillé sur la moquette. En le ramassant – toujours par hasard – il jeta un coup d'œil au fond du logement et découvrit les billets fixés par un ruban adhésif. Il les détacha : quatre coupures de cinq cents francs pliées dans le sens de la longueur. Un genou sur la moquette, il pensa : « Le prix de l'information qu'elles ont donnée aux deux garçons, leur part en somme. »

Ce soir-là, il les avait invitées au Cairo, le meilleur restaurant de la ville. En faisant son choix sur la carte, Cécile avait dit : « Tu es complètement tapé! Tu as vu les prix? Ta langouste, tu sais à combien ils vont te la facturer? Et tu choisis juste le moment où on n'a pas de fric. – J'ai eu un petit bonus cet après-midi. – En allant jouer au casino? Ta fameuse méthode? avait demandé Marie-Laure qui était aux anges... Mais à propos, avec ta martingale, on les aurait vite les deux millions. On n'y a pas pensé, mais c'est ça la solution! Tout à l'heure on y retourne. »

Eclatante de toute sa beauté, elle jetait des regards ravis autour d'elle, sur les clients qui parlaient à voix basse, sur les serveurs cérémonieux à nœud papillon qui la traitaient comme une petite reine. Avant la langouste Thermidor, elle commanda un cocktail de crevettes qu'elle dégusta, la mine gourmande. « C'est bon, dit-elle, vous voulez goûter? » et elle en tendit une cuillerée à chacun.

Cécile et Frank se regardaient en silence, Cécile

accoudée à la table qui fumait un cigarillo et qui par toute son attitude lui laissait clairement entendre qu'il était un vieux fou irresponsable.

Elle vida d'un trait son verre de vin blanc. Il lui dit, choqué : « C'est du pouligny-montrachet. – Je ne suis pas idiote, je sais lire une étiquette », et brusquement, changeant d'humeur, elle lui sourit. « Mon oncle aussi aimait ce vin. Quand il avait des sous il s'en payait une bouteille et il me faisait trinquer avec lui. Un jour, on s'est soûlés au pouligny, moi, il ne m'en fallait pas beaucoup. On a ronflé sur la table. »

Quand le garçon apporta l'addition après l'omelette norvégienne et les cafés, Marie-Laure retint une exclamation, une main sur la bouche. Elle dit : « C'était bon mais quand même... A ce prix-là, on devrait emporter la vaisselle. – Je vous ai dit que j'ai eu un petit coup de chance cet après-midi. En ouvrant un tiroir, j'ai trouvé deux mille francs dissimulés tout au fond. » Marie-Laure poussa un cri : « Mais c'était à moi!... Je les avais fixés avec un ruban de scotch, je m'en rappelle. »

Elle en aurait pleuré. Cécile demanda à Frank : « Tu as trouvé du pognon dans la table de nuit? Celle de notre chambre? Mais il n'y avait rien dans le tiroir, j'en suis sûre. Je l'ai encore ouvert hier pour y chercher de l'aspirine. » Il expliqua : « Pas dans le tiroir, derrière, tout au fond. »

Marie-Laure dit : « Moi qui comptais là-dessus pour m'habiller cet hiver. » Cécile se tourna vers son amie : « Où tu l'as eu ce fric? – Mais je l'ai gagné! Comme Frank. Je suis allée à la boule un soir et ça a marché. – Con comme tu es? – J'ai même pas mis dix minutes à les gagner ces deux mille francs. J'ai tout de suite eu de la chance, il sortait que des rouges. » Elle fit face à Frank : « Tu as quand même du culot de nous inviter avec mon argent. Déjà qu'une fois tu as jeté celui qu'on avait gagné. »

Il riait. Cécile regardait fixement Marie-Laure. Elle

dit soudain : « Allez, on s'en va. J'en ai ma claque de cet endroit. Il n'y a que des vieilles et des petits cons à lunettes. »

Elle vit l'énorme pourboire laissé par Frank – ce qui restait en fait des quatre billets de cinq cents francs –, souffla de colère et marcha vers la porte. Marie-Laure qui suivait demanda à Frank : « Et qu'est-ce que je vais faire maintenant? » Puis : « Tu me les rendras? – Bien sûr. – Oui, tu me les rendras. A Paris. »

Dehors, le long du port, tandis que Marie-Laure marchait devant eux, Cécile dit à Frank : « Et si tu m'en avais parlé avant de ces deux mille francs, tu crois que ça n'aurait pas été plus honnête? Toujours tes cachotteries, hein? Tes opinions tu les gardes pour toi. Et si tu te trompais? »

Elle lui avait pris le bras, le serrait. Il se pencha vers elle, respira l'odeur de ses cheveux. « Tu me parles, toi? Tu me dis les idées qui te courent dans la tête, tu me racontes ce que tu fais? Est-ce que je sais même de quel côté tu te ranges, un jour avec l'un, le lendemain avec l'autre? »

Elle lâcha son bras. « Tu as ta vie, j'ai la mienne. On est ensemble pour un moment, bravo, mais tu sais aussi bien que moi qu'on finit toujours par s'en aller chacun de son côté. Pense à tous ces gens que tu as connus, à qui tu as parlé, raconté tes affaires. Tu les as oubliés aujourd'hui, ils ne sont plus rien pour toi. A quoi ça servait de les avoir rencontrés à part le plaisir de l'instant? » Il pensa : « Elle est seule et veut le rester. » C'était bien cela car elle poursuivit : « Ce qu'il faut, c'est ne jamais avoir besoin des autres, ne jamais s'attacher ou dépendre. Tu n'as pas remarqué que l'essentiel se passe toujours quand on est seul, en face de soi? »

Il n'était pas d'accord et protesta doucement : « Moi, j'ai besoin de toi. » Elle ne répondit pas. Après quelques pas elle dit : « Tu as tout largué, tes amis, ta Lisa, ton fric et pourquoi? Pour deux filles que tu ne connaissais pas il y a six semaines, qui seront parties dans huit jours et que tu ne reverras jamais. Résultat : tu es dans les emmerdes... – Je ne vois pas le rapport. – Moi, je le vois et que tu aurais mieux fait de continuer à mener ta vie tranquille. – Je ne regrette pas. »

Elle revint près de lui. « Moi non plus je ne regrette pas. Je n'ai jamais été aussi heureuse. Pas de soucis, la belle vie, et tu étais là. »

Elle lui reprit le bras : « Tout mon temps pour remettre un peu d'ordre dans ma tête. Jamais je n'aurais osé en espérer autant. Tu ne sais pas ce que c'est que... » Elle se tut, et ils marchèrent en silence.

Ils avaient rangé la voiture sur le parking du port. Marie-Laure les attendait tout au bout dans la lumière d'un lampadaire haut perché, face aux énormes roches qui bordaient la mer. Elle leur dit : « Qu'est-ce que vous faites à traîner? On va au Pélican ou au Télex? » Elle était toujours de mauvaise humeur, remâchant sa déconvenue et Frank se demanda si elle était consciente de ce qu'il la soupçonnait d'avoir fait. « Elle n'est pas idiote à ce point, pensa-t-il, elle fait l'innocente, c'est tout. »

Les deux garçons surgirent des rochers. Jean-Paul fut tout de suite sur Frank. « On t'a appelé à huit heures comme convenu, mais tu es comme ton copain, tu as la tête dure... Tu as l'argent?... Non? Je parierais que tu ne t'en es même pas occupé. Pourtant on s'est renseignés, tu peux payer. – Je n'ai pas l'intention de donner un sou à des voyous de votre espèce. – C'est bien ce qu'on s'est dit et c'est pourquoi on est venus. »

Il frappa aussitôt, bouscula Frank contre la voiture et frappa encore. Frank glissa de côté et fit face quand le garçon revint à la charge. Il frappa à son tour, mais le coup qu'il reçut en pleine poitrine le fit reculer. Le garçon se servait de ses deux mains et de sa tête. Frank tenta de se protéger, de vieux réflexes de close-combat jouèrent, l'un d'eux qui plia Jean-Paul en deux, mais il manquait de souffle, de force aussi et quand le garçon qui avait fait un bond en arrière se jeta sur lui, pieds en avant, le choc fut si violent qu'il l'envoya à terre. Alors Jean-Paul s'acharna sur son corps roulé en boule.

On entendait Marie-Laure qui hurlait. Elle courait à travers le parking, trébuchant sur ses talons, rebondissant d'une voiture à l'autre, et Cécile aussi hurlait, mais c'était parce que Luc l'avait empoignée et heurtait sa tête contre la carrosserie d'une voiture. Elle lui planta ses ongles dans les yeux. Il hurla à son tour, fit deux pas en arrière et pointa son couteau. Cécile s'élança, contourna la voiture et buta sur Jean-Paul qui s'acharnait toujours sur le corps de Frank. Il la renvoya d'une bourrade qu'il accompagna d'un coup de pied. Elle tomba à terre, se releva immédiatement, tenant à la main une grosse pierre.

A cinquante mètres de là, Marie-Laure poussait des cris perçants, à la pointe de sa voix, les bras en croix dans un cercle de lumière quand on entendit les sirènes d'une voiture de police.

Le car fut tout de suite en haut de la pente qui menait au parking. Les deux garçons hésitèrent. Cécile qui brandissait sa grosse pierre attendait l'assaut de Luc. Jean-Paul dit : « Allez, on dégage. » Ils sautèrent entre les rochers, les escaladèrent et disparurent.

Le car de police arrivait, gyrophares tournants. Il se dirigea vers Marie-Laure qui criait toujours dans le cercle de lumière et tendait la main vers les rochers.

Cécile lâcha sa pierre et courut vers Frank. Il se relevait avec difficulté, mettait un genou à terre. Elle poussa une exclamation à la vue de son visage ensanglanté.

Debout, il faillit retomber et dut se retenir à son épaule. Il passa sa paume sur ses lèvres, cracha du sang puis, portant ses mains à ses reins, fit un pas maladroit, soutenu par Cécile qui répétait, affolée : « Où tu as mal? » Il bafouilla, fourrageant à deux doigts dans sa bouche. « Merde, mon bridge est pété. » Il fit claquer ses mâchoires. « Non, il a l'air de tenir », et il cracha encore du sang.

Le car de police s'immobilisa devant eux. Deux agents en descendirent. « Où sont-ils? » Cécile montra l'entassement de rochers. Un des hommes grimpa en souplesse. Dressé au sommet, il explora la plage du regard. « Ils sont loin. »

Un troisième policier descendit sans hâte du véhicule. Il alla à Frank qui essuyait ses lèvres avec son mouchoir. « Rien de cassé? » Frank fit un geste d'ignorance. « Vous voulez qu'on vous conduise à la polyclinique? » Frank fit jouer ses jambes. Il se palpa les flancs avec prudence. Ce salaud lui avait surtout tapé dans les côtes. Une chance qu'il n'avait pas ses bottes aujourd'hui.

« Et vous? » Le brigadier avait orienté le faisceau de sa torche vers Cécile. Elle avait le visage meurtri et du sang coulait de son front que Marie-Laure tamponnait avec un Kleenex en chuchotant à son oreille.

Les trois agents, qui se tenaient côte à côte devant le car, les observaient dans la lueur des phares. Leur chef dit : « Vous pourriez les identifier? » Marie-Laure qui fouillait dans son sac dit : « Il y en avait un grand et un plus petit », ce qui fit rire un des agents.

Le chef qui braquait sans vergogne sa torche sur Frank et avait dû percevoir son hésitation, répéta : « Vous les connaissez? – Non. » Il montra les sacs des deux filles. « On ne vous a rien volé à ce que je vois... Et vous, monsieur? » Frank fit un signe négatif. Le chef dit : « Si je comprends bien, on ne vous a pas attaqués pour vous voler... Pour quelle raison alors? – Peut-être qu'ils n'ont pas eu le temps de nous faucher nos sacs. » C'était Cécile qui avait repoussé Marie-Laure et s'occupait maintenant de Frank.

L'agent dit et ses collègues l'approuvèrent : « C'est

rare qu'on attaque sur ce parking... Vous avez vu où est le commissariat? » Il précisa : « Il est à trois cents mètres d'ici, juste devant le port. C'est d'ailleurs pour ça qu'on est venus si vite... » Un des agents suggéra : « A moins qu'ils n'aient voulu forcer une portière et que... » Le chef dit : « Sûrement pas », et il lança un coup d'œil sans amitié à Frank et aux deux filles qu'il n'avait pas cessé d'examiner attentivement.

« Le mieux serait que vous veniez avec nous au commissariat... Je suppose que vous allez porter plainte? » Il attendit la réponse, pas aimable. Frank approuva. « On va vous emmener... Laissez votre voiture ici, vous la reprendrez tout à l'heure. – Je préférerais rentrer chez moi pour me soigner. – On a ce qu'il faut sur place et si vous avez besoin d'un médecin il sera là en cinq minutes... » Il insista : « Vous êtes certains de ne les avoir jamais vus? » Frank haussa les épaules.

Ils montèrent dans le car de police. Un des agents chuchota quelque chose à son chef qui prit un air entendu. Frank sentait ses soupçons, son dédain aussi, et il n'aimait pas la façon malveillante dont il les toisait, lui et les deux filles.

Au poste de police, le brigadier les quitta pour entrer dans un bureau. Cécile qui était serrée sur le banc contre Frank examinait chaque partie de sa personne avec inquiétude. Elle lui palpa la tête, les mâchoires. « Ouvre la bouche. » Il l'ouvrit, docile, ôtant le mouchoir qu'il pressait sur ses lèvres. « Tu as une dent qui a sauté. » Il tâta. « C'est une couronne. » Il écarta une mèche de cheveux de Cécile pour mieux voir la plaie qui balafrait son front et le sang coagulé dans ses sourcils. « Toi aussi, ils t'ont bien arrangée. »

Un agent entra, une boîte de pharmacie à la main. Il les soignait avec habileté quand le brigadier sortit du bureau dont il laissa la porte ouverte. « Le commissaire aimerait vous voir. »

Mataro avait parlé à Frank du commissaire Cerroquier : « Un jeune type, genre play-boy, avec des airs mous de gonzesse, lui avait-il dit, toujours un sourire aux lèvres comme s'il se payait ta tête, mais derrière un flic comme je les aime, pas de pitié, la loi c'est la loi, un peu sadique même, ses hommes en ont une trouille noire. »

Il souriait en effet. Il leur montra des sièges devant son bureau, attendit, pas pressé, aménageant un long silence pendant lequel il les regarda l'un après l'autre. « Je vois que vous vous en tirez sans trop de mal. Racontez-moi ce qui s'est passé... Non, pas vous, monsieur. » Il désigna Marie-Laure : « Vous, mademoiselle, qui avez eu la chance d'échapper à ces voyous. »

Tandis qu'elle parlait, il laissait aller son regard sur Cécile puis sur Frank. Il revint à Marie-Laure : « Je crains que votre description de ces deux garçons ne nous soit pas d'un grand secours. » Il s'adressa à Cécile : « ... Et vous, mademoiselle, qui les avez vus de plus près? » Elle décrivit Luc mais sans préciser qu'il était de petite taille. « Il vous a parlé? – Non, il voulait m'arracher mon sac. – Et vous vous êtes défendue... Vous êtes très courageuse... Il y avait beaucoup d'argent dans votre sac? – Une trentaine de francs. »

Il attendit jusqu'à ce que Cécile explique : « Je n'avais pas envie qu'il me fauche mes papiers. Après, c'est tout un bazar pour les refaire. – Je vous comprends... On ne vous a rien volé à vous non plus, monsieur? »

Frank secoua la tête. « Pourtant vous étiez à terre et assez mal en point si j'en crois ce que m'a rapporté mon adjoint... Vous êtes certain que c'est pour vous voler qu'on vous a attaqués? »

Cécile intervint avec irritation : « On n'en sait rien et on s'en fiche, on sait seulement qu'ils étaient cachés derrière les rochers et qu'ils nous ont tabassés. – Vous semblez dire qu'ils vous attendaient... Et s'ils ne voulaient pas vous voler, pourquoi vous auraient-ils attendus?... Peut-être qu'en cherchant dans vos souvenirs... »

Et parce que personne ne répondait : « Dans vos souvenirs récents, bien entendu... » Il attendit encore, leva une main désabusée et se tourna vers Cécile : « Mon adjoint m'a dit vous avoir aperçue un soir au Saint-Germain. Vous étiez en compagnie de plusieurs garçons bien connus de nos services qui ont cherché querelle à un client... J'avais pensé que deux de ces garçons peut-être... »

Cécile parut chercher. « Je ne me souviens pas... Vous êtes certain que c'était moi? – Je vous posais simplement la question... Tant pis. » Il s'adressa à Frank et demanda à sa manière aimable : « Est-ce que nous ne nous sommes pas déjà vus? – C'est possible, je viens ici tous les étés. – Et ces jeunes filles résident chez vous? – Oui. – Depuis longtemps? – Un mois et demi environ. »

Il attendit une explication. Il avait vraiment l'art d'aménager des silences embarrassants. Ce fut Marie-Laure qui dit : « On s'est rencontrés et... – Et? – On a sympathisé, alors on est venues habiter chez lui... – Bien sûr... »

Le commissaire se leva. Déhanché, une main sur sa ceinture, il semblait réfléchir. Il dit : « Curieuse histoire... » Il ne s'occupait pas des deux filles, c'était Frank qui l'intéressait. Il lui sourit : « On m'a dit qu'on vous avait vu en compagnie de M. Mataro il y a quelques jours. – Nous sommes de vieux amis. – M. Mataro a de grandes qualités professionnelles et je sais que la police parfois... » Il regarda Frank : « Je comprendrais très bien que vous ayez eu recours à lui. »

Il répondit, plus sèchement qu'il ne l'aurait souhaité : « Le cas ne s'est pas présenté. » Un vrai chien de chasse. Il n'aimait pas la tournure que prenait l'entretien. Cerroquier avait entendu parler des deux filles, et Frank avait lu aussi de la sympathie dans son regard comme s'il le plaignait.

Le commissaire disait de sa voix nonchalante, en marchant vers la porte : « Nous connaissons la plupart des petites bandes qui opèrent dans la région. Elles s'acharnent rarement sur leur victime... Sauf s'il s'agit d'une vengeance personnelle... »

Il n'acheva pas, les regardait l'un après l'autre, et Frank comprit que c'était une dernière chance qu'il leur donnait là. Personne ne lui répondant, il les laissa aller.

Un agent prit leur déposition. Tandis qu'il tapait le procès-verbal, ils virent le commissaire qui sortait de son bureau. Il s'éloigna dans son jean serré et sa chemise de cow-boy sans leur avoir accordé d'attention et ils le virent sauter dans une voiture de police qui démarra aussitôt en branchant sa sirène.

Ils regagnèrent le parking. Frank et Cécile boitillaient. Marchant à leurs côtés, Marie-Laure leur lançait des regards. Elle dit soudain : « Si vous aviez payé, il ne serait rien arrivé. Même, vous auriez pu payer en plusieurs fois, je suis sûre qu'ils auraient été d'accord. – A tempérament en somme, dit Frank, comme les frigos... »

Il marqua une pause avant de monter sur le trottoir, souleva sa jambe avec peine en s'aidant de la main, et remarqua, mécontent : « On aurait mieux fait de donner l'identité de ces deux voyous et de tout dire au commissaire. C'est à cause de toi, Marie-Laure, qu'on ne l'a pas fait, parce que tu as prétendu que tu ne les avais jamais vus. Pourquoi? – Tu veux qu'ils nous tuent tous les trois? Hein, Cécile, que j'ai bien fait? »

Cécile demanda : « Ces deux mille francs, qui te les

a donnés? – Mais je t'ai expliqué... – Oui, mais on ne te croit pas, tu mens tout le temps. »

Elle s'approcha de Marie-Laure : « Tu les aurais gagnés avec ton cul, comme tu l'as déjà fait, d'accord, on aurait rien à dire mais... » Marie-Laure cria : « Je te le jure, je suis allée jouer. – Avec quel argent? – J'en avais gardé un peu sur ce que me donne Frank. – Je te connais, le jeu, c'est pas ton genre. » Elles se jetaient les mots au visage, insoucieuses de la foule qui les contournait et se retournait sur elles. Frank qui les attendait dit : « Venez », et Marie-Laure partit devant eux en essuyant de petites larmes de colère.

Dans la voiture, il se sentit mieux. Tout en conduisant avec précaution car tout mouvement un peu vif éveillait une douleur, il réfléchissait. Il décida soudain : « Demain, vous allez à l'hôtel. A Nice, par exemple, c'est une grande ville. »

Cécile qui passait de la salive sur son coude meurtri releva la tête. « Et toi? » A ce moment seulement, il remarqua qu'elle s'était assise près de lui et que Marie-Laure se tenait à l'arrière. C'était la première fois. « Moi je reste. » Il ajouta : « A moins que je n'aille à Paris mais ça sera juste pour la journée. – Et pour y faire quoi? – Une affaire à régler. » Tout en continuant d'humecter son coude, Cécile scrutait le profil de Frank, méfiante. Marie-Laure demanda : « Tu y vas pour trouver de l'argent? Alors pas la peine qu'on parte. On t'attend et on fait dire à Jean-Paul que... »

Elle se tut brusquement devant le visage féroce de Cécile qui s'était tournée vers elle. « C'est moi qui te tuerai, Marie-Laure, pas Jean-Paul... Tu es sûre que ce n'est pas toi qui leur as dit que la voiture était rangée près des rochers? – Mais tu es folle! Et comment j'aurais su d'avance que Frank allait trouver de la place à cet endroit-là?... Et quand c'est que je l'aurais fait?... Tu inventerais n'importe quoi pour que Frank pense du mal de moi! – Au restaurant, tu es bien allée te refaire les yeux? Tu aurais pu en profiter pour leur téléphoner. »

Marie-Laure cria : « Ah! je le savais depuis le début que tu n'étais pas une amie. Tu ne respectes rien. Jamais j'aurais fait ça, jamais! » et elle éclata en sanglots.

Cécile regardait la route. « Ils ne t'ont pas tabassée, toi! » Marie-Laure dit, la voix hoquetante : « Parce que je me suis sauvée. » Frank pensa : « Elle ne leur a pas téléphoné, ils nous ont suivi jusqu'à l'entrée du parking », mais il ne fit aucun commentaire, ça ne l'intéressait pas.

A l'appartement, il prit une douche et examina ses contusions. Il avait mal en respirant. Il prit deux aspirines et rejoignit les filles dans la cuisine où elles buvaient des Coca en silence assises l'une en face de l'autre.

Frank toucha l'épaule de Cécile. « Va te rafraîchir, ça te fera du bien. » Elle flaira l'odeur d'eau de Cologne : « Tu t'es parfumé comme une poulette. » Elle rit : « Dans quoi on t'a embarqué, mon pauvre Frank. On ne te porte vraiment pas bonheur. On t'embête, on te claque ton fric et pour conclure, on te fait tabasser », et elle jeta un coup d'œil à Marie-Laure qui contemplait le vide en mordillant ses doigts. « Je vais me coucher. »

Elle s'éloigna en boitillant. Marie-Laure dit : « C'est pas une vraie amie. » Frank demanda : « Et toi tu es une vraie quoi? »

Il finit sa bière et s'en alla se coucher à son tour. Malgré l'aspirine, il se sentait fiévreux. Il éteignit, ferma les yeux mais ça se mit à gambader derrière ses paupières : Jean-Paul, le commissaire, Cécile, Marie-Laure. Ils se donnaient la main et caracolaient comme des pantins tristes. Il pensa : « Tu l'as cherché. » Demain, il irait voir Mataro. Pas pour écouter ses conseils. Pour l'informer. Il pensa, menaçant : « Et si ces deux petites ordures ou leurs copains reviennent à l'assaut... » Mais d'abord, écarter les filles.

On alluma la lampe de l'entrée. Il distingua la silhouette de Cécile. Appuyée au chambranle de la porte, elle tirait sur un cigarillo et la fumée s'en allait derrière elle, grise sur le fond faiblement éclairé. « Je ne peux pas dormir. – Tu as mal? – Un peu... c'est pas ça. »

Elle vint s'asseoir au bord du lit. « Ça va, toi? – C'est pas le Pérou. – C'est surtout demain qu'on va souffrir... Il t'a vraiment bourré de coups, ce salaud... »

Elle était en slip et en soutien-gorge et dégageait une odeur de sueur et de tabac. Elle dit : « Demain, je ne vais pas à l'hôtel, je reste avec toi... Qu'est-ce que tu as derrière la tête, Frank? – Rien. – Ne mens pas. Quand tu mens, tes oreilles remuent. »

De son visage noyé dans l'ombre, il ne voyait que ses yeux, leur pellicule de lumière brillante. Il posa sa main sur son épaule. Sa peau était froide, humide de transpiration. « Tu aurais dû prendre une douche, moi ça m'a fait du bien. » A l'éclat de ses dents, il vit qu'elle souriait. Elle écrasa sa cigarette dans le cendrier, s'acharna sur un fragment incandescent puis elle se pencha : « Fais-moi une place... »

Ils restèrent un long moment flanc contre flanc. Il effleura son visage, en fit le tour du bout des doigts, s'étonnant de la merveilleuse finesse de sa peau. Soudain, elle s'assit sur le lit, ôta son soutien-gorge et son slip et lui enleva le sien.

Ils firent l'amour. Elle était brusque, pleine de fougue et plutôt maladroite. Elle chuchota, ses mains enveloppant son visage : « Ne bouge plus. » Elle était au-dessus de lui et il caressait sa taille étroite, ses fesses pleines et douces. Il était si tendu, si plein de son désir qu'il atteignit le plaisir avant elle, mais il résista, le retarda pour l'accompagner jusqu'au terme du sien qu'il perçut, battant à larges contractions au creux de son corps.

Sa main posée sur son ventre glissant de sueur qui frémissait encore, il reprenait haleine. Elle respirait avec force, sa bouche touchant son cou, et à chaque expiration, il recevait un petit jet d'air froid. Elle resta quelques instants immobile puis elle se dégagea, murmura : « Il fait une chaleur à crever », et ramassa son slip et son soutien-gorge.

Elle se rhabilla à deux pas du lit, et à son silence, à ses gestes nerveux, il devina que son humeur avait changé. Elle s'en alla sans avoir dit un mot et il l'entendit qui prenait une douche, s'arrosait interminablement. Il avait espéré qu'elle reviendrait mais la lumière de la salle de bain s'éteignit puis celle de l'entrée. Une porte se referma et l'appartement retomba dans le silence.

Il demeura longtemps éveillé. Il était heureux, si heureux qu'il se dit : « N'importe quoi peut arriver maintenant, c'est sans importance. » Il le pensait sincèrement mais ce vif bonheur s'estompa peu à peu, comme un puissant bras d'eau qui se divise en ruisseaux sans force. D'une manière ou d'une autre, il l'avait déçue. Ou bien ce n'était qu'un besoin qu'elle avait hâtivement satisfait après la violence, la cruauté de cette nuit.

Peut-être aurait-il mieux valu qu'il ne se passât jamais rien. Il se leva, alla jusqu'à la fenêtre et jeta un coup d'œil sur l'esplanade. Pour elle, c'était probable, certain même. Pour lui qui l'aimait, c'était différent. Découvrir son corps, l'avoir enfin pleinement à lui n'avait été que l'aboutissement dix fois rêvé de quelque chose de fort, de constant.

Il se recoucha. Maintenant qu'il connaissait le goût de sa peau, l'intimité et l'odeur de son corps dans le plaisir, qu'elle le rejette, il s'en arrangerait encore. Il avait assez d'imagination pour l'aimer seul. A la limite, il aurait pu prétendre même qu'il n'avait plus besoin d'elle, de sa réalité. Il pouvait s'en passer, et ce qu'elle ne saurait pas lui offrir, il se sentait de taille à l'inventer.

ELLES finissaient leur petit déjeuner. Il dit : « Bonjour. – Bonjour », lui répondit-on sans élan. Marie-Laure tendit sa joue. « Tu as toujours mal? » Oui, il avait mal. Aux reins, au genou mais surtout aux côtes, si bien qu'il ne respirait qu'avec précaution.

Cécile avait un coquard à l'œil et un sparadrap neuf en travers du front. « Ça va? » Elle haussa les épaules. Elle avait à peine levé les yeux. Le transistor ronronnait des nouvelles au milieu de la table. Elles écoutaient ou n'écoutaient pas. Elles étaient molles, incertaines, elles nageaient dans le flou.

De la fenêtre, il vit la fumée sur les collines. « Il y a un feu de forêt », dit-il. La fumée, une épaisse colonne, beige à sa racine, se déroulait au-dessus en grosses volutes blanches et vaguement rosâtres, énorme barbe floconneuse qui envahissait le ciel.

Elles n'avaient pas tourné la tête. Elles se foutaient de l'incendie, ça ne les intéressait pas. Pas plus que la radio qui débitait des informations. Ils pouvaient s'étriper, s'entretuer aux quatre coins de la planète, les collines pouvaient bien flamber à trois kilomètres de leur bol de café, elles n'entendaient même pas, elles roulaient dans leurs petits circuits personnels – ou encore elles ne pensaient à rien, Marie-Laure c'était sûr, qui dit : « Qu'est-ce qu'ils peuvent être barbants! » et elle appuya sur une touche. Un méchant chanteur rock se mit à brailler qu'il avait trouvé le bonheur à Miami. Elle le fit taire aux trois quarts en secouant ses bouclettes : « Ah! celui-là! » puis : « On t'a gardé du café chaud. »

Il s'assit, une main sur ses reins. Marie-Laure qui faisait craquer une biscotte remarqua : « Y a plus de pain. » Elle était comme tous les jours, à peine plus dolente et il se demanda si cette nuit elle avait entendu. On ne pouvait pas savoir avec elle. Elle ne se contrôlait pas à proprement parler, elle remettait à plus tard, elle rangeait dans son petit placard et refermait la porte pour passer à autre chose.

Il les observait, pensif. Cécile aussi était ambiguë en dépit de son apparente franchise. Elle ne dissimulait pas, non, elle minimisait, renvoyait au néant. Par amertume, par timidité. Comme si elle éprouvait des élans, des sentiments dont elle refusait de reconnaître l'importance, alors elle les réduisait à rien par une sorte d'autocritique, se dévalorisant, comme si elle se déniait le droit entre deux éclats à une pensée personnelle. En somme, faute de détruire le monde, elle se détruisait elle-même.

En ce moment, elle buvait du café, accoudée, étreignant le bol à deux mains et elle posait sur lui un œil flapi et vaguement excédé comme on le fait pour les avatars malheureux et inévitables de la vie quotidienne. « Elle me regarde comme un pneu crevé ou une casserole de lait qui a débordé. Elle m'en veut à peine, elle me trouve surtout encombrant. »

Il chercha sur son épaule nue les petits boutons qui ne voulaient pas partir, vérifia que ses seins pas très fermes étaient toujours accrochés un peu bas. Il aimait qu'elle fût imparfaite. Il se dit : « Ça doit me rassurer, compenser, ou peut-être que j'aime ses imperfections comme j'aime le reste de sa personne. Une fois bien amorcé, l'amour peut assimiler n'importe quoi, la morale, la beauté n'y jouent plus de rôle, il globalise tout ce qu'il rencontre. »

Marie-Laure qui s'était levée dit soudain avec affairement : « Bon! eh bien j'y vais. » Elle lissa à deux mains son short sur ses hanches, s'ébroua, les épaules en mouvement, sourit gracieusement. « Tu ne viens pas, Cé? – Non, je tiens à peine sur mes jambes. »

Elle ajouta : « En plus que j'ai la chiasse », et elle regarda Frank comme s'il en était responsable. « Je te rapporte quelque chose? Un médicament?... Et toi, Frank, tu sors? – Plus tard. – Tu sais qu'on a plus rien à manger, que des surgelés? » Et parce qu'elle piétinait à vide autour de la table, ne se décidant pas à partir, « Tu as besoin d'argent? »

Elle fit oui de la tête. Il se leva. Elle prit les billets. « Merci... » et voyant qu'il se tenait les reins : « Mon pauvre Frank... Tu ne veux vraiment pas que je te rapporte quelque chose? Une pommade? » Elle l'embrassa tendrement, la main posée sur son épaule et il sentit qu'elle l'aimait bien, qu'elle le plaignait aussi. Il se demanda de quoi au juste, non qu'il n'y eut pas de raisons, il y en avait trop au contraire.

Elle était belle, fraîche, élégante et mince, indestructible, elle avançait dans la vie comme une étrave. Cécile et lui avaient quelque chose de déglingué, il ne savait trop quoi – pas la même chose peut-être –, qui les tordait, les secouait de l'intérieur, une incertitude, mille questions sans réponses, et cela les rendait hésitants, ils en étaient tout fripés. Oui, ils en étaient malades de ce médiocre ajustement entre le corps et le reste. Jeune déjà, il était tiraillé en tous sens par ce mauvais attelage, des idées décourageantes qui lui venaient, saugrenues. « Psychosomatique, disaient les médecins, le moteur qui fait vibrer la carrosserie. »

De la fenêtre de sa chambre, il vit Marie-Laure qui trottait, fringante, ses longues jambes se déplaçant harmonieusement. Si on lui avait coupé la tête, elle aurait encore trotté un moment de ce pas vif qu'aucune interrogation intempestive, aucune inquiétude fondamentale ne pouvaient dérégler, semblait-il, tant le corps chez elle était en plein accord avec l'esprit, la paix de l'un contribuant à l'épanouissement de l'autre.

Frank revint dans la cuisine. Bras croisés, Cécile regardait sa tasse de café presque vide. Il lui posa la main sur l'épaule. Elle se dégagea avec brusquerie : « Qu'est-ce qui te prend? Tu te crois devenu propriétaire? »

Déconcerté par la dureté de sa voix, il ne trouva pas de réponse et s'assit en face d'elle avec maladresse. « Les types comme toi, j'en ai rien à faire, surtout quand ils croient que c'est arrivé. »

Elle repoussa sa tasse. « Ta petite bagnole, tes petites vacances, tes sabres japonais et tes arrière-pensées pourries, tout ça me débecte. » Il répondit et s'en voulut aussitôt comme d'une faute de goût : « Malgré quoi, tu as bien voulu coucher avec moi. » Elle haussa un sourcil : « Pourquoi pas? – C'était pour me faire plaisir? – Tu en crevais d'envie, non? »

Il plongea dans ses yeux bleus que la colère assombrissait. Elle veut me faire mal. Elle se venge mais de quoi, bon dieu? Il dit : « J'en avais encore plus envie que tu ne crois, j'en rêvais depuis des semaines, et pas seulement dc cela, de bien plus encore. » Elle souffla de mépris. « Si tu crois que ça ne se voyait pas! Même Marie-Laure... »

Qu'elle n'imagine pas qu'elle le ferait taire. Il lui dirait ce qu'il avait sur le cœur. Il était las des équivoques, du non-dit, de ces silences hostiles ou dédaigneux qui empoisonnaient leurs rapports et les dénaturaient.

Tête baissée, il jouait avec une cuiller qu'il prenait, reposait. « Oui, j'ai envie de te tenir dans mes bras, de respirer ton odeur, de toucher ta peau, et ça à tous les moments, j'en suis malade... »

Elle se rejeta en arrière, s'adossa au siège. « Si tu te voyais, pas rasé, les cheveux en bataille. » Elle rit mais sans méchanceté. « ... On dirait que tu es tombé du lit... Un moineau déplumé tombé du lit! » Ça la fit rire plus encore. Il n'avait pas relevé la tête et jouait toujours avec sa cuiller. Il se sentait las, inutile. Et pas content en plus.

Elle s'accouda commodément. « Et d'abord, qu'est-ce qui te dit que ça m'a déplu? Non, ce que je voulais te faire comprendre c'est que c'était un moment, rien de plus. »

Il releva la tête : « Tu veux dire un caprice?... » Il dit, la voix unie : « Tu es une petite salope. » Elle approuva, contente : « C'est ça, je suis une petite salope. » Elle riait. « C'est le blessé qui t'excitait, le bonhomme qu'on avait tabassé, le sang, les pansements? – Oui, oui, tu as trouvé. » Elle riait franchement. Pour un peu elle aurait applaudi. « Et moi, qu'on m'ait tapé dessus, dit-elle, ça m'avait excitée, le processus est bien connu, répertorié. » Sa voix retomba. Elle murmura, gentille : « Mon pauvre Frank... » et elle tapota sa main qu'il retira, vexé.

Elle souriait, les yeux gais. Il regardait son visage doré, sa lèvre inférieure roulée comme une petite vague fraîche et ce long cou qu'elle étirait parfois comme si elle se dégageait gracieusement d'elle-même. Si elle savait comme elle était séduisante quand elle souriait ainsi, le visage heureux, et ne se défendait ni d'elle ni de personne.

Mais elle reprit vite son expression morose. Elle se leva, se dirigea vers la salle de séjour et quand il regagna sa chambre il l'entendit qui sifflait. Elle était bizarre, sautait d'une humeur à l'autre. Il la comprenait mal ou même pas du tout.

Il se rasa, s'examina dans le miroir et recula d'un pas pour mieux voir les bleus sur sa poitrine et sur ses flancs. Peut-être avait-il atteint cet âge désolant où on n'aime plus que les très jeunes filles? Il en doutait. Alors, pourquoi Cécile? Elle était jolie mais pas plus que bien d'autres, moins que Marie-Laure par exemple, et dans son corps quelque chose s'était déjà dégradé, il portait la marque d'une usure légère, d'un amollissement qui annonçaient la femme pas si belle que ça qu'elle deviendrait dans une dizaine d'années. Et il chérissait ces faiblesses, ces douces meurtrissures par où la jeunesse avait commencé de s'enfuir.

Il se frotta d'eau de Cologne, prit de l'aspirine. Il avait mal dans tous ses muscles. Ce matin, ni Marie-Laure ni Cécile n'avaient parlé de ce qui s'était passé la veille. La trêve. Chacun réfléchissait et gardait ses idées pour soi.

Cécile était assise dans la salle de séjour, un livre sur les genoux. Elle ne sifflait plus et paraissait même de méchante humeur. Il pensa ingénument – il n'en faisait pas un reproche : « Elle a décidément mauvais caractère. » Il la prenait comme elle était. A cause d'elle, j'ai perdu mon esprit critique ou plus exactement je l'ai encore mais il ne me sert à rien. Et si j'avais changé? Si elles m'avaient changé? Il ne le croyait pas. Juste des virtualités qu'elles avaient éveillées. Vingt ans de moins et je me comporterais d'une manière différente. Comment? Il n'en savait rien. Il n'arrivait pas à s'imaginer autre et c'était bien ça le drame : croire à la permanence de sa nature et que tout était encore possible.

Assis en face d'elle, il la contemplait, satisfait, et ne faisait rien d'autre. Elle déclara soudain : « Demain, je rentre à Paris. » Il fut si surpris, si bouleversé qu'il bégaya : « Mais... Mais... » Elle l'imita : « Bêe... Bêe... Tu tournes chèvre ou quoi? »

Elle referma son livre et le jeta sur le siège voisin. Encore un de ces ouvrages d'ethnologie dont elle était friande.

L'esprit agité, il essayait de découvrir un argument qui la retiendrait. Il ne sut que murmurer : « Tu pourrais aller à l'hôtel dans une autre ville de la Côte jusqu'à la fin des vacances, comme je te l'ai proposé. Ensuite, je te raccompagnerai à Paris. – Non... Demain on prend ta voiture et on remonte. Tu me laisseras à la porte d'Italie. – A la porte d'Italie? – Oui, j'ai un copain qui habite tout près et qui peut me loger. »

Il le voyait déjà le copain, un barbu très relax. Il dit nettement : « Non. » S'ils se quittaient ainsi au bord d'un trottoir, ils ne se reverraient pas. Sa peur fut si forte qu'il se releva d'une détente et sursauta à cause de la douleur. « Qu'est-ce que tu as? » Il allait répondre quand le téléphone sonna.

Dans l'entrée il décrocha l'appareil. « On te donne encore deux jours, le temps de vendre tes sabres ou ta bagnole. On passera chercher l'argent jeudi, à midi. Si tu ne l'as pas... » Il hurla : « Va te faire foutre, petit con », et raccrocha bruyamment. Il revint, une main sur ses reins. Il ne pensait pas à Jean-Paul – il l'avait déjà oublié – mais à Cécile, à son départ.

Elle l'attendait sur le seuil, alarmée. « Jean-Paul? » Il fit oui. « Qu'est-ce qu'il t'a dit? – Que dans deux jours... Sinon... – Sinon quoi? – Comment veux-tu que je le sache? – Tu vois pourquoi je veux qu'on parte tout de suite. – Pour ça? – Oui... Entre autres choses. »

Elle le suivit dans la salle de séjour. « Tu me laisses à la porte d'Italie, je me débrouille et toi tu rentres chez toi. » Il demanda, et c'était juste pour gagner du temps : « Et Marie-Laure? – Marie-Laure?... Tu deviens idiot ou quoi? »

Il retourna s'asseoir sur le divan. Elle vint se planter devant lui. « Ou tu paies, Frank, ou on part. – Et si je paie, tu restes? » Elle hésita. « Je ne sais pas. » Il trancha catégorique : « Je ne paierai pas », puis : « Ils te font si peur? » Elle fit un petit signe de tête. Oui, elle avait peur. « De quoi t'ont-ils menacée? – Ils ne m'ont pas menacée. »

Quand cesserait-elle de mentir? « Tu me prends vraiment pour un imbécile. – Il ne s'agit pas de ça... Alors on part?... Pas la peine de traîner. Demain matin on peut être à Paris. – Non. – Ce que tu peux être buté! – J'ai décidé que je ne donnerais pas d'argent à ces deux petits salauds. »

Elle le scrutait, se mordant les lèvres, calculant il ne savait quoi en pressant ses mains fines l'une contre l'autre. Il pensa : « Elle descend à la porte d'Italie et ensuite adieu. » Elle se moquait vraiment de lui. Il la voyait d'ici dans son jean serré, qui lui faisait bye-bye au petit matin avant de courir rejoindre son barbu. Cette vision lui fit si mal qu'il en secoua la tête et encensa comme un cheval.

Elle proposa soudain : « Frank... On ne va pas à Paris. On va où tu veux, on s'installe à l'hôtel mais d'abord on fout le camp. » Il hésitait à comprendre, la regardait de tous ses yeux. Elle cria, penchée vers lui : « Oui, oui, on couchera ensemble... Tous les soirs, l'après-midi aussi et le matin. Autant que tu voudras... On baisera à mort mais on fout le camp, tu entends, Frank, on dégage... »

Et comme il se taisait, suffoqué : « On baisera, Frank, on fera que ça... Jour et nuit... » Et parce qu'il ne bougeait pas, restait sans voix : « Mais qu'est-ce que je peux lui proposer de plus à ce con? »

Il détourna la tête, dit, offensé. « Et toi, qu'est-ce que la peur ne te ferait pas faire? – Oh! le con, le sale con qui ne comprend jamais rien... »

Elle le quitta en tempête, fila dans sa chambre et en ressortit aussitôt, son sac à la main. Elle traversa le salon, ne lui accorda pas un regard, marchant à grandes enjambées disgracieuses. Il appela : « Cécile... » Elle était déjà à la porte qu'elle ouvrit et referma à la volée.

Debout, il pensa : « Elle est morte de peur », puis : « Qu'est-ce qui l'empêche de partir seule? Il lui suffit de me demander de l'argent, elle sait bien que je lui en donnerai. » Non, elle voulait qu'il l'accompagne. Elle n'avait pas seulement peur pour elle mais pour lui. Peur qu'ils l'assomment, qu'ils le tuent peut-être.

Il courut à sa chambre en boitant mais elle avait

déjà traversé l'esplanade. Donc elle tenait à lui. Ou peut-être, ce qui était plus vraisemblable, avait-elle peur du scandale et que ça finisse dans le sang, le sien, et qu'elle en soit éclaboussée.

Le téléphone sonna. Il allait hurler des insultes. Il reconnut la voix de Mataro. « On peut venir te voir? – Quand tu veux. – Tes filles seront là cet après-midi? – Je ne crois pas. Pourquoi? – Alors je passe vers deux heures. Je t'expliquerai. »

Il refusa d'en dire plus. Il riait, content de lui. Frank raccrocha l'appareil, agacé. On lui ratatinait sa voiture à celui-là et il avait l'air joyeux, plein d'allant. Plus il prenait de l'âge, moins il les comprenait. Il les trouvait opaques, bizarres, des Martiens. Il pensa : « On ne me l'a jamais dit mais je dois être plus bête que je ne l'imagine. » Il avait toujours su qu'il y avait deux sortes d'imbéciles : ceux qui sont intelligents et les autres. Il se demanda plutôt gaiement – mais sa gaieté avait d'autres raisons – à quelle catégorie il appartenait.

Mataro se présenta à deux heures. Il était en effet de bonne humeur, l'œil en coin et la voix gaie, farceur en somme, ce qui n'était pas dans sa nature.

Il examina Frank. « Pas trop de bobo? » Le commissaire l'avait mis au courant. « Un ami, le commissaire, dit-il, un grand poseur de questions aussi. Il voit tes deux filles complices et trouve ta conduite déplorable pour un homme de ton âge. »

Frank grommela sans répondre. Il n'avait ni le goût ni la force de protester. Il lorgnait avec méfiance la boîte à outils et le carton que Mataro avait posés sur le carrelage.

Il demanda : « Bien entendu, tu as parlé à ton commissaire des vingt mille francs? – Non, non. – Tu es bien délicat soudain. » Mataro dit : « C'est vrai que je suis délicat. Et puis il serait venu mettre son nez dans mes affaires. Déjà qu'à propos de ma voiture bousillée... Non, rassure-toi, je ne lui ai dit que l'essentiel, ce qui ne l'empêche pas de penser que tu connais tes deux agresseurs et que tes filles aussi les connaissent... A propos, ils t'ont donné signe de vie? – Ce matin... Dernier délai jeudi, à midi. Tu veux une bière? – Non, du rosé, s'il est frais. »

Frank alla chercher une bouteille et un verre. Quand il revint, Mataro suggéra : « Et si tu allais faire un petit voyage? A Paris, par exemple. C'est Lisa qui serait contente. » Il insista devant l'air fermé de Frank. « Non? Pas de voyage? Tu préfères souffler dans ton petit clairon? » Oui, il préférait.

Frank montra la boîte à outils. « Qu'est-ce que tu manigances? » Mataro qui dénouait la ficelle du carton expliqua : « Je vais disposer un ou deux micros dans l'appartement, en particulier dans la chambre de tes jeunes filles. – Je refuse. – Pourquoi? » Frank faillit répondre : « Parce qu'elles ont confiance en moi », et parce que ça lui parut soudain ridicule, il dit : « Je déteste ces méthodes de police. – Si on veut vraiment comprendre, il n'y a pas d'autre moyen. »

Mataro ajouta, ironique : « Et puis ça te donnera l'occasion d'apprendre ce qu'elles pensent de toi. Avoue que tu en grilles d'envie. – Ce qu'elles pensent de moi n'a pas grande importance. – Et si tout ce petit monde était d'accord pour t'empaumer? Tu sais que c'est l'opinion du commissaire? Si on te jouait la comédie depuis le premier jour? » Il y avait pensé. Il avait pensé aussi que c'était dans la nature des choses.

Son carton ouvert, Mataro se redressa. « Tu as peur de découvrir des choses désagréables... La vérité, Frank, la vérité et la justice, l'avenir est là. Je n'ai jamais cru à rien d'autre. »

Il but son verre de rosé. « Je suis un homme de progrès, moi, la vérité, j'en bois un grand verre tous les matins, c'est mes vitamines. Toi, tu te caches sous ta pierre... Il est pas très frais, ton rosé... »

Mains aux hanches, sa haute carcasse déployée, il toisa Frank. « Un jour tu me remercieras mais si tu préfères qu'on te trompe, tu fais une chose : tu me remets les enregistrements sans les écouter. » Frank dit : « Je t'emmerde, toi et tes principes », puis il se tut, les yeux sur les bobines.

Mataro qui rigolait choisit un crampon d'acier dans la boîte à outils. « Bon! eh bien puisque tes gamines ont les clefs, je vais commencer par coincer le verrou. Je n'aimerais pas qu'elles me surprennent en plein travail. »

Il entra dans leur chambre, remarqua à la vue des lits défaits, des vêtements emmêlés sur le sol : « On ne peut pas dire qu'elles soient soigneuses. Enfin, je préfère les souillons, c'est rarement observateur, les souillons. »

Il expliqua à Frank ce qu'il allait faire : « Un micro dans la lampe de chevet, un autre dans le lustre. J'installerai les bobines dans le placard de ta chambre... Tu sais que ça m'a coûté une fortune, ce matériel? Rien que du japonais, très sophistiqué et pratiquement invisible. Tu entends une mouche se nettoyer les oreilles à dix mètres. »

Frank objecta : « Elles font marcher le transistor sans arrêt. – Tu fais bien de me le dire. Je vais le mettre en panne. » Frank le suivait, pensif. Mataro qui triait des pièces, penché sur le carton, se détourna : « Tu te demandes ce qu'elles vont dire, avoue-le. »

Il se demandait surtout s'il n'allait pas flanquer Mataro et son attirail dehors. « Puisque tu ne veux pas m'aider, va dans ta chambre. Tu jetteras de temps en temps un coup d'œil par la fenêtre pour voir si tes demoiselles n'arrivent pas... Et remets aussi ton rosé au frigo. Sur l'étagère du haut. »

Il prit la lampe de chevet. Il l'examina, la tournant

en tous sens. Frank fit quelques pas au hasard. Il souleva une jupe qui appartenait à Marie-Laure et la reposa sur un lit. Il pensa : « La vérité... » Pour lui, les jeux étaient faits et il préférait vivre à tâtons. Il vient toujours un moment, se dit-il, où la vérité ne sert plus à rien. Elle dérange et à la regarder de trop près, on se fabrique des remords, ce qui n'a jamais servi à personne. Ça doit être pour ça que les vieux sont si conservateurs. Fermer les yeux, ne pas remettre en question, penser surtout qu'on a raison, c'est ça qui rend heureux.

Il mit le rosé dans la réfrigérateur, se dit sans conviction : « Et si je mangeais un peu? », ne donna pas suite et revint dans la salle de séjour. A côté, Mataro perçait un trou avec sa chignole. Bientôt il saurait. Cette idée l'excita puis son excitation retomba.

Savoir quoi? Que les deux voyous étaient vraiment malfaisants? Que Marie-Laure était leur complice, qu'elle lui jouait la comédie depuis deux mois, plutôt mal que bien du reste? Que Cécile détestait les gens de son espèce, et qu'elle-même peut-être...

Il se versa une bière, les épaules tassées, les yeux posés sur l'esplanade écrasée de soleil qui étincelait de tous ses silex. Les bobines de Mataro ne lui apprendraient rien. Il n'en tirerait qu'amertume et tristesse.

Elles rentrèrent vers minuit. Etendu dans l'obscurité, il les entendit qui parlaient. Elles étaient de nouveau amies. Sous leur emboîtage de plexiglas, les bobines tournaient avec lenteur.

Le bruit d'une porte le fit redescendre en hâte de la chaise sur laquelle il s'était perché. Il referma la penderie, regagna son lit. Marie-Laure venait à lui, souriante : « Tu ne dors pas? Tout à l'heure ta chambre n'était pas éclairée sinon je serais venue te dire bonsoir. »

Elle ôtait son soutien-gorge. Il dit : « Je suis crevé. » Il se faisait plus endolori qu'il n'était. Elle s'approcha, posa sa main fraîche sur son bras. « C'est vrai que ça a dû te faire un choc... Tu aurais dû aller voir le médecin. Tu veux que je te prépare une aspirine? »

Elle se penchait, palpait son flanc avec douceur. « Où est-ce que tu as mal? » Ses mains effleurèrent son ventre mais il n'éprouva aucun désir, plutôt un léger agacement. « Je vais essayer de dormir. »

Elle lui sourit, consentante à son habitude, posa un baiser au coin de ses lèvres et sa chaude odeur un peu amère l'enveloppa. Elle reprit ses vêtements et s'en alla, haute et mince, ses belles hanches en mouvement au-dessous de sa taille que chaque pas creusait et tordait un peu.

A la porte, elle se détourna. « Cécile m'a dit qu'ils t'avaient appelé. Tu n'aurais pas dû les injurier, Frank. Ce n'est rien quelques billets. Moi, si j'avais de l'argent, je te le donnerais tout de suite pour qu'ils nous laissent en paix. – Tu es une bonne fille. » Elle dut percevoir l'ironie car elle devint triste. « Pars, Frank, ne reste pas ici. On ne voudrait pas qu'il t'arrive malheur. On sait bien que c'est à cause de nous que c'est arrivé. »

Il se dressa sur un coude, en alerte. « Qu'est-ce que tu veux dire? » Elle haussa les épaules et ses petits seins bougèrent. « Eh bien, si on n'avait pas connu Jean-Paul et Luc... » Comme d'habitude, elle parlait pour ne rien dire.

« Essaie de dormir. » Elle s'en alla et il se recoucha. Il était déconcerté. Voilà qu'elle lui conseillait maintenant de partir. Il essaya d'y voir clair parmi ces contradictions mais demeura perplexe.

Il alla voir les bobines. Elles tournaient. Quand elles s'immobilisèrent, il était tard, près d'une heure du matin. Elles avaient beaucoup parlé et il avait hâte d'être au lendemain. En fin de compte, Mataro avait eu une excellente idée. Mataro, toujours optimiste qui lui avait dit en le quittant : « Prépare-toi à recevoir quelques bons coups entre les oreilles, et si ça peut t'aider, dis-toi que ce que les gens cachent, ce n'est jamais de premier choix, le métier me l'a appris, et aussi que dans ton cas particulier, si on t'appréciait autant que tu l'espères, on se serait arrangé depuis longtemps pour te le faire savoir, les moyens ne manquent pas. En résumé, méfie-toi de l'équivoque, méfie-toi du silence, ça cache rarement de la bienveillance ou de l'approbation ou de bonnes intentions. »

Il aurait continué si Frank ne l'avait pas mis dehors, ce qui avait bien fait rire Mataro qui balançait joyeusement sa boîte à outils et son carton vide.

QUAND il s'éveilla, elles n'étaient pas là. Il ne se précipita pas sur les bobines et prit son café, pas pressé. Après quelques heures de sommeil, l'appréhension l'emportait sur la curiosité et pour un peu, il aurait remis la bande sans l'écouter. Mataro avait raison. A cause d'elles, de Cécile, il était devenu lâche.

Il apporta le magnétophone dans la salle de séjour et enfonça la touche noire ainsi que Mataro le lui avait montré.

On s'est préparé à des révélations et l'insomnie aidant, on a fantasmé sans mesure et on n'entend que des propos sans importance. Marie-Laure qui disait : « Il voulait m'emmener sur une île, tu sais, celle où nous sommes allées un jour avec Gérard... Je lui ai dit que je la connaissais son île, un tas de cailloux où on se coupe les pieds. – Il t'a reparlé de cet emploi? – Oui, mais j'y crois pas. C'est trop bien payé, ça cache quelque chose... » Cécile rit : « Tu ne vas pas me dire que ça te fait peur, surtout que Bruno... – Je me fais toujours avoir, tu le sais bien. Maintenant, je me méfie... Où tu as trouvé ces chocolats? ils sont bons. – Je les ai piqués au Prisu. »

Il entendit un bruissement de papier qu'on déplie puis la voix enrobée de Marie-Laure qui mâchait son chocolat. « Tu vois, ce que j'aimerais, c'est un travail tranquille dans un bureau. – Avec ton orthographe? – Ça s'apprend l'orthographe. J'aurais un type tranquille lui aussi, bien payé. – C'est incroyable, tu ne peux pas imaginer ta vie sans un mec. – Mais qu'est-ce que tu veux qu'on fasse avec un seul salaire? »

Elle était indignée. « Et puis j'aime pas être seule, ça me rend folle. On sortirait, on se paierait des vacances, on aurait une voiture, tout le monde en a une aujourd'hui... – Et au bout de trois mois, tu mettrais la merde comme d'habitude. – Moi? – Oui, toi... – Et comment, je mettrais la merde? – J'en sais rien mais tu la mettrais. Tu aimes trop le changement. Ou bien le mec te plairait plus et tu irais en allumer un autre sous son nez, rappelle-toi avec Alain. – Il voulait plus sortir, Alain, il parlait plus que de faire des économies, il restait bloqué devant la télé... A vingt-huit ans, il était pire que Frank... A propos, Frank t'a donné de l'argent ce matin? – Non. – Moi, j'ai tout claqué avec Thierry, les matelas, le parasol, les consommations. En plus qu'il ne va que dans les endroits chers. »

Frank se laissa aller dans son fauteuil. Ainsi, elles passaient leurs journées avec des garçons de leur âge. Il aurait dû s'en douter, c'était normal.

Il dressa soudain l'oreille. C'était Marie-Laure. « Tu sais ce qu'il m'a dit, Régis, que la vie des gens n'avait pas d'importance et que quand on les faisait souffrir, on leur rendait plutôt service. Il est complètement tapé celui-là. Il a bien vu que j'étais pas d'accord, alors tu sais ce qu'il m'a dit, que c'était dans l'Evangile. Je demande à voir. Et Luc qui approuvait. Il sautait en l'air comme un crétin, on est des anges exterminateurs qu'il criait, on est le bras de Dieu. Moi, ils me fichent les chocottes quand ils parlent comme ça. – C'est chez Alain que tu les as vus? – Oui, ils étaient tous là et les filles aussi. Tu aurais dû les entendre. Frank, toi et moi on est rien du tout qu'il m'a dit Jean-Paul, juste des herbes qu'il faut brûler et enfouir dans la terre pour que la récolte soit plus belle. »

Cécile demanda : « Ils s'étaient pas un peu camés? – Je crois pas... Il y avait Stéphanie, elle se drogue jamais, elle est comme moi, et elle était pire que les autres. Régis disait que de toute façon on était que de la moisissure et que le seul moyen pour qu'on serve à quelque chose c'était qu'on grille, et qu'avant, pour qu'on ait une chance de revivre et d'être sauvés, il fallait nous en faire baver. »

Cécile suçait un bonbon bruyamment. « ... Il paraît que c'est le maître qui leur a raconté ça et aussi un type venu d'Amérique, et qu'ils auraient tous un rôle à jouer le moment venu, qu'ils étaient les porteurs de feu ou de lumière, je ne sais quoi, et nous les esclaves, enfin des discours de cinglés. J'ai préféré rien dire, et ce débile de Luc qui s'est mis à crier que son couteau c'était le bras du Seigneur et il le plantait partout en poussant des cris. Il a fallu que Régis l'arrête et lui dise qu'il était pas là pour abîmer le mobilier. C'est un maniaque, sans son couteau, il existe plus... »

Cécile dit : « Ça lui tient lieu de biroute. – Tu crois? C'est vrai que les filles, lui, à part leur faire du mal... Sais-tu ce qu'il m'a dit? Que Frank avait détruit la lame du Seigneur et qu'il le paierait de son sang. T'as bien fait de pas venir. Et leur chien qu'ils arrêtaient pas d'exciter. Un abruti ce chien, ou il roupille ou il aboie. Ah! j'aurais voulu que tu les voies quand ils se sont mis à chanter leurs hymnes et à pousser des cris. – Oh! je les ai assez vus là-haut. »

Elle ajouta, suçotant son bonbon : « J'aurais quand même cru qu'après ce qui leur est arrivé à Aix... – Ça a servi à rien. Je les ai jamais vus aussi dingues. Surtout Luc. Tu sais que l'autre jour il aurait pu te tuer sur le parking. C'est pour ça que j'ai crié au secours. – Tu as filé aussi. – Et alors? Si j'avais pas crié vous seriez peut-être morts maintenant, toi et Frank. »

Cécile murmura : « Ça m'étonnerait. Ils sont pas si fous. Ce qu'ils veulent d'abord, c'est le fric, et c'est le fric aussi qu'il y a derrière leurs théories de maniaques. – Peut-être... »

Marie-Laure avait répondu mollement. Elle reprit, la voix plus vive. « J'irai plus les voir. Ils pourront m'attendre au Tarquin... J'en ai marre qu'ils me traitent comme ça... » Ce qui fit rire Cécile. « Rigole bien... Tu crois avoir tout compris parce que tu lis tes gros bouquins mais moi, je les connais mieux que toi... Isabelle aussi, elle croyait qu'il lui arriverait rien. » Cécile dit : « Si elle n'avait pas été tout raconter à son frère... »

Frank pensa : « Il faut que Mataro écoute ça. Il va sauter de joie. »

Elles parlaient maintenant d'une robe qu'une fille, Christine, devait revendre à Marie-Laure pour pas cher. Elles en discutèrent interminablement jusqu'à ce qu'il entende un bruit de pas puis celui d'une porte qui s'ouvrait. La voix de Marie-Laure : « Tiens, il a rallumé... Il doit faire de l'insomnie. Il est comme toi, il dort pas bien... Je vais aller le voir, il sera content. – Et puis lui au moins, il te baisera, il est pas comme Thierry. »

La porte se referma doucement et il entendit un bruit de pieds nus et la voix soudain très proche de Marie-Laure : « J'en ai marre de prendre la pilule. Christine m'a encore dit que ça rendait stérile à la longue. J'aimerais pas ça. – Tu écoutes n'importe qui... Amuse-toi bien. – Oh! il est pas pire qu'un autre, Frank. Au moins, lui, il est gentil. Tu crois qu'à son âge on peut encore avoir des enfants? – Jusqu'à cent dix ans chez les hommes. – Ne te moque pas de moi. – Oui, il peut. Pourquoi tu me demandes ça? – Pour savoir. Il est plutôt gentil, Frank. » Cécile dit sèchement : « Non, il n'est pas gentil, arrête de répéter ça, je te l'ai dit cent fois. Il est même tout le contraire. »

La porte se referma. Un briquet claqua. Soudain, dans le silence faiblement ronronnant de l'appareil, la voix de Cécile éclata : « Oh! ce que j'en ai marre, marre! Je voudrais crever... »

Frank se dégagea vivement du fauteuil. Il y eut un bruit léger, un reniflement, elle pleure, pensa-t-il. Il écoutait, tendu. Cécile renifla encore, le briquet claqua, il y eut un souffle d'air violemment expulsé puis ce fut de nouveau le silence, un silence traversé de froissements légers, celui des pages qu'on tourne.

Elle ne pleurait plus, elle lisait. Pourquoi avait-elle pleuré? Parfois, le matin, elle avait les paupières rougies et cela arrivait aussi à Marie-Laure. Il n'avait jamais osé leur poser de questions. Il s'était dit : « Elles sont à la fois dures et fragiles, elles ont des chagrins dont j'ignore la cause. Des garçons peut-être, des amours qui se portent mal, ou bien ces chagrins ont-ils des raisons moins définies, le goût amer que prend la vie quelquefois. A moins qu'elles n'aient eu la larme facile, qu'elles y aient puisé un soulagement. » Lui aussi, de temps en temps, il aurait bien pleuré, seulement ça ne venait pas, ça tournait tout de suite en colère.

Il arrivait à sa femme de pleurer et ce ne fut jamais au début mais vers la fin de leur mariage. Elle ne lui donnait pas de raisons ou de mauvaises raisons, et ce n'est que beaucoup plus tard qu'il avait compris que c'était sur lui et sur elle qu'elle s'apitoyait.

A partir du jour où elle avait gardé les yeux secs, elle était devenue intraitable. Il aurait dû savoir qu'on cesse de pleurer quand on a de l'espoir, mais à cause de lui, parce qu'il s'était senti humilié ça avait failli tourner au drame.

A partir de ce jour, il avait eu le sentiment que sous les mots, les gestes quotidiens courait quelque chose de violent, de barbare. Il y avait l'écoulement du temps, sa couleur variable, grise ou chatoyante, son imagerie et au-dessous courait une trame rude, indestructible qui était la part sauvage, primitive de l'homme et à ce niveau les engagements étaient terrifiants de cruauté. Il se jouait une tragédie muette qui affleurait fugitivement dans un regard, un geste, ce qui n'excluait pas la tendresse, les emmêlements sentimentaux/affectifs.

Il arrivait aussi que ce tragique de la vie surgisse comme un monstre qui jaillit des vagues, et c'était alors le coup de folie, l'enchaînement brutal, la mort, celle des faits divers. La vie venait de basculer. Après on expliquait. Enfin on essayait. On excusait même, c'était la nouvelle tendance, autant dire qu'on voulait minimiser, réduire à un schéma connu, inoffensif, « humaniser » en somme le mufle de la bête. C'est là que les mots devenaient utiles. Eux seuls pouvaient travestir le tragique, le transformer en spectacle ou en une de ces fables si souvent racontées qu'il ne reste plus que sa parabole, histoire légendaire pour les uns, parcours symbolique pour les autres.

On renvoyait le monstre à l'abîme. On ne niait plus qu'il était là en attente, on prétendait qu'on finirait bien par en venir à bout. Enfin, c'était l'opinion qui avait longtemps prévalu. Aujourd'hui, on n'en était plus aussi sûr, on faisait de moins en moins confiance à l'homme. On ne le disait pas franchement, on prétendait même le contraire mais on multipliait les barrières, les règlements. Jusqu'aux régimes politiques qui rendaient compte de cette grande méfiance.

Frank avait arrêté le magnétophone. Il alla boire un verre d'eau à la cuisine. De la fenêtre, il regarda le ciel. Il n'était plus gris et blanc. Le mistral l'avait balayé, il était d'un bleu léger et on distinguait maintenant en mer le rocher long et crénelé, son épaisse pierre rouge et aride couleur d'Afrique.

Il remit l'appareil en marche. Il écouta le silence frémissant. On ne percevait plus le froissement des pages tournées. Cécile dormait ou peut-être rêvait-elle, immobile, et à quoi?

Pendant ces minutes, Marie-Laure était venue auprès de lui. Il voyait son long corps sinueux, ses doigts frêles qui couraient sur sa poitrine, sa belle bouche rose où l'émail des dents avait des reflets bleus.

La porte s'ouvrait. Marie-Laure demandait : « Tu dors? » Cécile bâillait en grondant comme un petit lion heureux et le livre tombait sur le sol avec un grand bruit qui n'en finissait pas. Il croyait la voir qui s'étirait, émergeait de son petit somme bienfaisant qui lui donnait une voix brouillée d'après-dormir. « Quelle heure est-il? – Minuit et demi. – Vous avez fait vite. – On a rien fait, il était crevé, le pauvre vieux... Enfin, c'est ce qu'il m'a dit. »

Elle était de mauvaise humeur. Le briquet claqua. Marie-Laure dit : « Donne-moi une cigarette », et aussitôt, sa voix, furieuse cette fois : « Tu n'aurais jamais dû coucher avec lui. Maintenant tous mes projets sont en l'air. – C'était pas dans la poche. – C'est toi qui le dis... Je me demande quelquefois... – Tu te demandes quoi? » C'était au tour de Cécile de se montrer agressive. « Oh! rien, rien. »

Elles fumaient sans rien dire et à la façon brusque dont elles rejetaient la fumée, il devina leur tension. Cécile expulsa un peu d'air : « Tu ne connais même pas son adresse à Paris. – Si, je la connais, je l'ai vue sur ses relevés de banque. – Et tu l'aurais attendu devant chez lui, la rencontre surprise, ah! Frank quelle coïncidence! – Et pourquoi pas? ça arrive tous les jours. Je le connais, il m'aurait invitée à prendre un verre dans son appartement. – Vous auriez fait l'amour et... – Oh, ça va! Je me serais bien arrangée pour qu'on se revoie. – Tu oublies qu'il a déjà une fille à Paris, cette Lisa qui lui écrit. – Je sais, j'ai lu ses lettres. Une vieille, elle lui parle que de son bureau et de son chat. Je la vois d'ici, une mémère à problèmes. Elle lui téléphone jamais et lui non plus. »

Elle reprit : « Il gagne bien sa vie, Frank, il me l'a dit. – Il a même pas de quoi finir les vacances, il a tout claqué pour nous. – Je suis sûre qu'il a de l'argent de côté. A son âge tout le monde en a. – Sauf ta mère... –

Oh! ma mère! Me parle pas d'elle... Rien que son appartement à Frank, ça vaut une fortune. Tu sais combien d'après Régis qui connaît les prix ici? – Non et je m'en fous... Qu'est-ce qui t'a prise d'en parler à Régis? – C'est pas moi, c'est Jean-Paul... Il m'a dit : plus d'un million... nouveau... »

Le briquet claqua une fois puis une autre. « Et alors? Tu le vois déjà sous terre et toi en héritière? – Parle pas comme ça, ça porte malheur. Et puis Frank il est fait pour vivre cent ans. – Tu ne comptes pas l'épouser quand même? »

Cécile avait posé la question avec indignation. « Et pourquoi pas? Même, si je sais m'y prendre, c'est lui qui me le demandera. – Tu as vraiment tout de la pute! Il est vieux, il est pas beau...! – Il est pas pire qu'un autre... De toute façon, moi la baise, ça sera jamais mon truc... Ce que je vois, c'est que j'aurai plus de soucis. Rien que le métro, le matin... » Elle ajouta, sincère : « Et puis je l'aime bien, moi, Frank. »

Cécile se taisait. Marie-Laure reprit et sa voix vibra : « Et tu viens tout flanquer en l'air! » Cécile continuait de se taire. Marie-Laure demanda, insidieuse : « Sois franche... Tu n'aurais pas l'intention de prendre ma place? – Déconne pas! – Ça se voit que tu lui plais. Il deviendrait vite fou de toi... – Arrête ou je te tape... Tu n'oublies qu'une chose, c'est que le fric, moi, j'ai jamais été fana... – On dit ça... Il y en a des façons d'aimer le fric. Et puis ce qui compte c'est ce qu'on peut faire avec... Après tout, il y a un mois, tu m'as bien dit que tu reprendrais peut-être tes études, ton machin sur les nègres, les tribus africaines qui te passionnaient. Tu te ferais payer un studio, il viendrait te voir... »

Cécile rit : « La vraie poulette au nid! Cot, cot! – Oui, oui, ne fais pas l'innocente, et toi tu te laisserais faire. Pour rien lui devoir. Par plaisir peut-être. Tu me l'as bien dit que ça t'avait pas déplu de coucher avec lui. – N'invente pas. Je t'ai dit que j'avais voulu voir, c'est pas la même chose. – Tu me racontes ce que tu veux. »

Elle était réticente, pas convaincue. Elle grognonna après un silence pendant lequel on l'entendit soupirer : « De toute façon, maintenant après les histoires que fait Jean-Paul, tout ça... »

La voix de Cécile était dure : « Il t'a reparlé des vingt mille francs? Tu ne me l'avais pas dit. Qu'est-ce qu'il compte faire exactement, ce tordu?... Il ne t'a rien dit? – Non, ils ne me disent jamais rien mais c'est surtout Luc qui est enragé. Il en veut à mort à Frank, et toi aussi il t'en veut... Frank, je lui ai dit que s'il voulait pas payer, il ferait mieux de rentrer à Paris. – Tu lui as dit ça? – Oui, j'ai pas envie qu'ils le tuent ou qu'ils l'estropient. – Faut toujours défendre son capital. – Ce que tu peux être mauvaise... En plus que c'est pas vrai... – Et il a refusé? – Oui. – Moi aussi je lui ai conseillé de partir. » Cécile n'ajouta pas qu'elle lui avait proposé de l'accompagner. Pas seulement à Paris. N'importe où.

Marie-Laure ne fit pas de commentaire. Cécile lui en avait donc déjà parlé. L'amitié des femmes le déconcertait toujours. Elle allait plus loin, elle était plus impudique que celle des hommes et cependant elle avait quelque chose d'irréel, de factice. Bizarrement, ces rapports entre Cécile et Marie-Laure ne l'avaient jamais gêné, bien au contraire. A un certain niveau, qui n'avait rien de sexuel, il les aimait toutes les deux et il ne les avait jamais séparées.

La bande cessa de tourner à vide. Marie-Laure dit et il sentit que sa rancune était retombée : « Qu'est-ce qu'il est agaçant, Frank. C'est pas difficile pour lui de vendre ses armes pourtant. Tu crois que c'est par radinerie, Cé? Pourtant il est pas radin d'habitude, il donne tout ce qu'il a, c'est rare. Tu sais pourquoi il s'obstine? – Il n'aime pas céder aux menaces. – C'est rien pour lui vingt mille francs. C'est pas moi qui... – Non, c'est pas toi qui, comme tu dis... – Oh! je t'en prie, ne reviens pas là-dessus, je t'ai assez expliqué que je pouvais pas faire autrement... »

Cécile rit sans répondre. Marie-Laure proposa, la voix vive : « Et si tu prenais deux ou trois pièces, des petites boîtes en laque, si tu allais les vendre à un antiquaire de Nice ou de Cannes? – Tu es folle. Il appellerait tout de suite les gendarmes. – Pas sûr. Quand il y a gros à gagner, les gens sont plus coulants. Regarde, les petites boîtes japonaises, Régis les a bien revendues à Marseille et l'antiquaire, un gros pourtant, n'a pas posé de questions et il a payé en liquide. Régis a dit qu'il avait été bête de pas les prendre toutes, il y en avait plus de cinquante. »

Cécile objecta : « Tu oublies Frank. Il a l'air de rien voir mais il a l'œil. – Tu sais bien qu'il te pardonne tout. Tu lui raconterais une histoire... Oh! et puis si tu n'as pas envie, n'en parlons plus... »

Cécile n'avait pas répondu et la conversation s'interrompit. On n'entendait qu'un petit frottement rapide. Marie-Laure devait se polir les ongles. Dès qu'elle avait un moment, elle s'occupait d'une partie ou d'une autre de sa personne. Elle murmura : « Je ne mangerai plus de moules, ça me donne des rougeurs... »

De nouveau le petit frottement frénétique puis Marie-Laure : « Tu sais que j'ai revu Alain... Il pense qu'à coucher, celui-là... – C'est un con fini, un obsédé... – Oui... Ses parents ont de l'argent. Tu as vu leur voiture? – Qu'est-ce qu'il fricote avec Régis et Jean-Paul? – Je ne sais pas. En tout cas il connaît beaucoup de monde, des gens riches... C'est normal avec la situation de son père... Je me demande si... » Elle abandonna, changea de voix pour dire : « C'est dommage que ta robe bleue ne m'aille pas. Je m'en serais bien fait payer une pareille mais je sens que c'est pas le moment. Il me jette parfois de drôles de regards, Frank... Qu'est-ce qui te fait rire? – Ta connerie fondamentale. – Ne te crois pas si maligne. Moi, je ne risque pas de me retrouver à l'hôpital ou infirme pour la vie. Tu sais qu'ils ont toujours leur bouteille de vitriol dans la jeep. – Je sais. – Suppose qu'ils te la jettent à la figure, tu serais défigurée pour la vie. D'après Luc, ils l'ont déjà fait à une fille qui leur cherchait des histoires. Il m'a dit qu'elle était aveugle maintenant et ne pourrait même pas les reconnaître. Luc et Jean-Paul ça les faisait rigoler... Tu crois que c'est vrai? – C'est possible. – Tu aurais jamais dû leur refuser. Après tout c'était un service de rien du tout. »

Cécile regimba : « Tu trouves que c'était rien? Si on m'avait prise... Et puis ça me dégoûte, leur trafic, maintenant. Qu'ils volent, qu'ils cassent, passe encore... – Ça ne t'a pas empêchée d'y goûter... – Ils t'ont redemandé de faire un voyage? – Non... Depuis l'autre jour, ils n'ont plus confiance... C'est ta faute... »

Elles se chamaillèrent encore un moment mais sans aigreur. On entendit de petits claquements secs. Marie-Laure rangeait son outillage. Elle dit, la voix molle, pas agressive : « Au fond, ça ne te déplairait pas de te faire entretenir par Frank dans un studio. » Cécile répondit : « C'est mon rêve! » Elle eut un petit rire heureux : « Tu me vois en cocotte Belle Epoque, j'achèterais des sous-vêtements à trou-trou, des mules à pompons... » Elle rit encore.

Marie-Laure murmura, rêveuse : « Pauvre Frank... » puis : « Peut-être qu'on n'aurait jamais dû venir ici. Maintenant ça sera plus jamais comme avant... » Cécile demanda, la voix vive : « Qu'est-ce que tu veux dire? Il y a rien de changé. – Tu trouves pas qu'on n'est plus pareilles, toi et moi? – C'est à cause de Jean-Paul et des autres que tu dis ça? – Pas spécialement. – De Frank alors? – Peut-être, je ne sais pas... »

Il y eut un long silence et Frank les imagina rêvant comme elles rêvaient parfois quand ils étaient ensemble, sans rien à se dire, rien de particulier à faire, et que le temps devenait immobile.

« Tu regrettes? » C'était Cécile. « Je ne sais pas... Et toi? » Il sentit que Cécile hésitait et évoquait il ne savait quel souvenir dont elle ne lui parlerait jamais. Elle dit brusquement : « Ne parlons plus de ça, ça sert à rien. Non, je ne regrette pas », mais sa voix était brouillée, incertaine.

Marie-Laure étouffa un bâillement. « On éteint?... » Il y eut un froissement d'étoffe, le bruit sourd d'un oreiller martelé du poing et la voix déjà ensommeillée de Marie-Laure : « Demain, on change les draps, ceux-là commencent à sentir », puis le silence, définitif cette fois.

Frank resta enfoncé dans son siège. Il réfléchissait, les yeux clos. Mataro passerait vers deux heures.

Il se leva, alla prendre dans une valise le magnétophone qu'il avait acheté la veille en ville. Il était japonais lui aussi.

Frank enregistra la conversation. Sur la bande qu'il allait remettre à Mataro, il effaça tout ce qui était personnel. Il ne conserva que ce qui avait trait à Jean-Paul, Luc et ce mystérieux Régis qui semblait porter des plumes de chef. Qu'est-ce qu'il espérait, Mataro? Qu'on allait le régaler de confidences, de propos échauffants? Il aurait juste l'essentiel, du matériau pour flic.

CET après-midi-là, Cécile rentra vers trois heures. Elle alla droit à la cuisine, fit claquer les portes des placards et du réfrigérateur.

Elle apparut sur le seuil de la salle de séjour. « Il n'y a plus rien. Tu ne fais plus le marché maintenant? Tu t'en fous, tu te désintéresses... Qu'est-ce que tu as mangé? » Il n'avait pas mangé, il avait traîné d'une pièce à l'autre, indécis. Il y avait des jours comme ça où il ne valait rien.

« Donne-moi de l'argent, je vais aller au centre. Du corned-beef avec des oignons et des cornichons, ça te dirait? Non?... Une pizza alors? » Il secoua encore la tête. « Ah! tu deviens difficile! »

Elle était vive et dorée, les jambes élégantes, les paupières battues jusqu'à la transparence mais plus ardente, plus robuste que dans sa mémoire, et arraché à sa songerie, il était déconcerté par le décalage entre la vision qu'il gardait d'elle et son éclatante réalité.

Campée devant son fauteuil, elle l'examinait, lui et le livre qu'il tenait entrouvert. « Tu te dorlotes, hein? Tu flemmardes, tu te caches au fond de ta niche, le museau entre les pattes?... Et si tu te rasais au lieu de lire des bouquins que tu ne comprends pas? »

Elle lui caressa la joue du bout des doigts. Soudain, elle se pencha, et l'embrassa avec tant de fougue qu'il eut un sursaut de recul. Il tendit la main pour la retenir mais elle s'était déjà écartée avec vivacité. « Allez, va te raser. On croirait un pépé qui s'est échappé de sa maison de retraite, il ne te manque qu'une petite canne. » Elle riait, son joli cou si souple rejeté en arrière.

Elle lui saisit la main, le tira hors du fauteuil, le lâcha aussitôt. « Je vais te prendre du fromage et de la saucisse sèche, de la bouffe de vieux célibataire, d'accord? Et une tarte aux fraises? » Il dit oui. Et brusquement – et c'était à une question qu'il s'était posée dans l'après-midi qu'elle répondait : « Il faut se foutre des choses, Frank. Des choses et des gens, de soi aussi. Tu ne crois pas qu'il y a des moments où il y en a marre de dramatiser et de se prendre pour le nombril du monde? On est deux petites mouches, Frank, deux petites mouches heureuses qui vont mourir quand l'hiver viendra. »

Elle s'en alla sans attendre sa réponse, ou plutôt, pensa-t-il, elle ne souhaitait pas qu'il lui répondît. Elle n'avait parlé ni de Jean-Paul, ni de Marie-Laure, ni des vingt mille francs. Elle était en proie à un bonheur un peu rageur qui lui faisait les dents grinçantes et la voix ironique, un bonheur dont il essayait vainement d'imaginer la cause, comme s'il s'était passé quelque chose dont elle ne voulait rien lui dire.

Une demi-heure plus tard, après qu'il eut fait sa toilette, elle était de retour. Elle l'appela et face à lui dans la cuisine, des gouttes de sueur sur son front où le sparadrap tournait au gris, le teint avivé par la course, elle mordait dans un morceau de saucisse sèche. « Allez, raconte-moi ce qui ne va pas... Ce sont les vingt mille francs qui te tracassent? » Il fit non. Il enlevait avec soin la peau d'une rondelle. « Quoi alors? »

Il faillit répondre : « C'est toi. Toi qui m'occupes, toi dont je ne peux m'écarter, me défaire. » Au lieu de quoi il demanda en souriant : « Qu'est-ce qui te rend si joyeuse? Si... si mordante? »

Accoudée à la table, elle haussa ses épaules nues : « Le beau temps peut-être, les vacances... Il ne reste plus beaucoup de jours... Trois exactement. – Trois? – Oui, c'est décidé. Vendredi, je rentre à Paris. J'ai téléphoné. Une amie m'a trouvé un travail dans sa boîte, je commence mardi. Et toi, qu'est-ce que tu vas faire? Rester? »

Il eut un geste d'indifférence. « Tu vas te retrouver tout seul sur la plage avec des vieilles dames à ombrelle et en robe à fleurs. Tu ferais mieux de remonter avec moi, ça m'économiserait le prix du voyage. – Et je te déposerai porte d'Italie. – C'est ça. »

Elle rit : « Tu ne manges plus? » Elle reprit de la saucisse, mâcha avec vigueur et dit, la bouche pleine : « Je voudrais que tu viennes avec moi. L'idée de te savoir seul ici ne me plaît pas. Ils vont probablement laisser tomber, mais comment être sûr. »

Il grogna. « Et Marie-Laure? – Elle remonte, elle aussi. On fera sans doute le voyage ensemble. Tu pourrais la prendre en voiture avec moi, comme ça on ne se quitterait qu'au dernier moment. »

Un pétillement moqueur passa dans ses yeux bleus. Elle se moque encore de moi, pensa-t-il. Oui, à sa manière, elle était aussi ambiguë que Marie-Laure, aussi contradictoire. Même sa gaieté, sa joyeuse humeur incisive, il n'y croyait pas.

Elle se levait, s'époussetait : « Va te reposer, je rangerai tout. » Elle découvrit une tache sur son corsage blanc, humecta son doigt de salive et frotta pour la faire disparaître. Elle murmura : « Il faudra que je passe à la teinturerie pour prendre mes affaires. Je n'ai plus rien de propre », et elle se remit à frotter la tache.

Il s'en alla. Coquettes et sales. Futiles et irresponsables. Irremplaçables. « Frank!... » Il se détourna. Elle lui sourit : « Ne fais pas cette tête-là. C'est pas

Macbeth... Tu es beau, tu sens bon, tu es rasé de près, ton patron te paie bien et tu as la Sécu... »

Elle éclata de rire, son coin de corsage taché entre le pouce et l'index qu'elle tira vers sa bouche et se mit carrément à sucer, ses yeux qui riaient dirigés sur lui qui, ne sachant quoi répondre, la trouvant un peu folle, ravissante mais folle, haussa les épaules et tourna le dos. Est-ce qu'elles étaient toutes semblables? Et il fallait qu'il soit amoureux de l'une d'elles, la plus cynique, la plus insaisissable, la plus tendre aussi.

Il alla s'asseoir et il resta là, dans un fauteuil, la tête, un désert, et juste çà et là, entre deux bouffées de cigarillo, cactus qui dressaient leur aride chandelle, ses regrets inutiles et secs aussi, et elle qui était à trois pas, ouvrait et refermait des placards, faisait jaillir de l'eau sur l'évier, Cécile, présente à en crier, et qui par son indifférence lui paraissait aussi abstraite, aussi lointaine qu'un souvenir, et c'était cette absence, cette transparence limpide qui l'emportaient sur sa chaude petite présence bruyante et vive. Il n'avait jamais cru au souvenir, aux évocations, il était ainsi fait. Quoi qu'on prétende, le passé est toujours triste, c'est sa nature qui le veut, et il n'y a que les imbéciles qui aiment leur nostalgie.

Elle était devant lui, souriait, un sourire à dents serrées, presque cruel, elle lui prenait le cigarillo des doigts, l'écrasait dans le cendrier. « Si on faisait l'amour? »

Elle ôtait son corsage, sa jupe, les jetait sur le divan. « Ici? – Pourquoi pas? Il te faut des endroits spéciaux, des lits à baldaquin... Allez, déshabille-toi... » Elle était nue, mince et robuste. Elle le bousculait : « Presse-toi. » Il faillit tomber en retirant son pantalon, ce qui la fit rire. Elle le rattrapa, le serra contre elle, et il reçut le choc de sa masse fraîche et douce.

Ils firent l'amour sur le sol. Elle se montra brutale et lui bientôt tout autant. Ils haletaient et la sueur jaillissait de leurs pores comme de milliers de petites sources, ils grognaient comme des enragés, elle surtout qui criait, les larmes aux yeux et tandis qu'il la chevauchait, se plantait au fond d'elle, qu'elle tendait son corps en arc pour le recevoir plus profondément, les larmes roulèrent sur son visage comme une pluie.

Ils se disjoignirent aussi brusquement qu'ils s'étaient joints. Il gagna le divan à la rame, s'y étendit à bout de souffle, s'y ébroua comme un cheval. Debout, elle s'épongeait les seins et le ventre avec son corsage en bouchon. Elle essuya ensuite son visage, expirant avec force puis elle s'en alla vers la salle de bain. De la voir disparaître il en aurait crié et ses mains se tendirent, s'ouvrirent pour la retenir. A la place, elles saisirent le corsage à demi trempé dont il se frotta le corps, respirant son odeur de sel.

Elle revenait, s'asseyait nue au bord du divan, elle l'enveloppait de son regard en suçant ses lèvres, en les mordant et elle avait encore des larmes prises dans les cils.

Elle lui ordonna : « Pousse-toi. » Il lui fit une place. Elle se logea au plus près, remuant les hanches, les épaules pour s'accommoder au mieux au relief de son corps, l'épouser plus étroitement. Elle brûlait maintenant.

Elle orienta son visage vers le sien, secoua ses cheveux et il sentit sa main qui se refermait sur son cou, le serrait. « Oh! si tu te voyais! On dirait un matou qui a bouffé le canari... C'est ridicule, stupide, ce n'est pas possible que je t'aime, que tu me plaises, c'est une histoire de cons... »

Les larmes roulaient de nouveau sur son visage. Il les voyait qui arrivaient, retenues par les cils et elles roulaient sur sa joue jusqu'à ses lèvres. « Tu es un type fini, sur la touche, tu es complètement rétro avec tes idées à l'envers, tu viens d'une planète que je déteste... »

Elle plantait ses doigts dans sa nuque. Il lécha une

larme sur sa joue puis une autre à la naissance de son petit nez parfait. « Mais je suis bien avec toi, je n'arrête pas d'être bien, je suis heureuse et je ne peux pas m'en empêcher. C'est la part la plus bête, pas libérée, la part idiote de moi-même qui t'aime. Je t'aime par paresse, par bêtise, par lâcheté, parce que j'ai peur aussi... C'est déshonorant la peur. – Tu as peur de quoi ? »

Il couvrait son visage de minuscules baisers, il l'explorait avec minutie, prenait possession un à un de tous ces fragments de sa personne qu'il aimait depuis si longtemps.

Il répéta : « Peur de quoi ? – Peur de vivre probablement, de vieillir, d'être seule, d'être déçue, toujours déçue, peur en fait de n'être qu'une petite idiote sans importance, une fille comme il y en avait des milliers autrefois, peur de ne pas faire le poids et de vivre pour rien. – Peur d'être flouée... – Oui, c'est ça, flouée. »

Elle lui caressait l'épaule, y posait ses lèvres, la mordillait. « Et tu préfères être heureuse... – Je ne serai jamais heureuse avec toi, ce qui s'appelle vraiment heureuse. Je passerai mon temps à regretter, à me dire que... Je me sentirai toujours coupable. Est-ce que tu te rends compte de ce que tu es, de ce que je suis ? Et je ne parle pas seulement des années, de tout ce que nous n'aurons pas fait ensemble et ne ferons jamais... Non mais il y a de quoi rigoler, se rouler dans le coaltar ! Et me dire que je t'aime et que je ne sais même pas pourquoi, enfin, si, je sais... »

Elle s'accouda sur sa poitrine, le dominant, son visage empourpré au-dessus du sien. « Mais parle, dis-moi que c'est idiot, que ça n'a aucun sens. » Il répéta, obéissant : « C'est idiot, ça n'a aucun sens. – Tu te moques de moi. »

Il dit : « Non, je pense sincèrement que c'est idiot, que ça n'a aucun sens. A hurler. Que c'est sans avenir. Pour toi. Pour moi. Mais je suis quand même heureux. Heureux que tu m'aimes, heureux de te tenir comme en ce moment dans mes bras... Si tu savais comme tu es belle! Pour tout dire, je suis un vieux con heureux. Je serais un chat, je ronronnerais. »

Elle le gifla, l'embrassa sur les lèvres, soupira : « Qu'est-ce que je peux faire? » Il ne répondit pas. Elle le regardait, ses yeux bleus tout près des siens, elle secoua la tête, fut prise d'un fou rire nerveux. « Je ne sais plus où j'en suis, je ne me reconnais pas, moi qui me croyais si sûre que... » Elle rit encore mais gentiment, lui passa ses doigts sur les joues, les paupières, et il n'y avait plus de colère dans ses yeux, seulement de la surprise.

Elle dit : « Ça ne durera pas. Je sais que ça va me passer... Dis-moi que ça ne durera pas. – Ça ne durera pas. – Et que j'en rirai dans un mois... Allez, répète. »

Elle lui pinça cruellement la joue. Il hésita. « Allez, répète... – Tu riras de tout ça, tu penseras : qu'est-ce qui m'a prise, qu'est-ce que je peux avoir de commun avec ce vieux mec? » Il rit. Elle l'observait, sérieuse, sourcils froncés. Il poursuivit : « J'étais folle... A cause des vacances, du soleil. » Elle approuva gravement : « Oui, du soleil. » Il rectifia : « Juste une expérience que je me suis offerte parce qu'il faut goûter à tout, tout essayer, une vie c'est tellement court, enfin la partie qui compte... »

Elle fit : « Oui oui, continue... – C'était avant que je rencontre ce garçon que je devais aimer vraiment celui-là... Oui, juste une expérience pour voir, pour qu'il ait un peu de plaisir aussi, ce vieux type, il me faisait pitié à tirer la langue... »

Tout en parlant il avait détourné la tête et caressait la nuque trempée de sueur de Cécile. Il revint à elle, chercha son regard, demanda : « Ça va? » Elle répondit mollement : « Ça va... » puis : « Tais-toi, Frank. » Elle laissa aller sa tête contre lui, mit ses bras autour de son cou, murmura : « Oui, ça va, ça va même très bien. Je suis vraiment la reine des connes, la reine des pommes, des pommes heureuses. » Elle ferma les yeux et ne dit plus rien.

Beaucoup plus tard, encore ensommeillée, elle demanda : « Alors tu ne veux vraiment pas qu'on parte ensemble? – Non. – On irait où tu voudrais. » Sa main caressait son long cou mince, son épaule fuyante, toute cette partie de sa personne si élégante qui semblait parfois la hisser hors d'elle-même et lui donnait une grâce surprenante. « Ils te tueront, Frank, et peut-être me tueront-ils moi aussi. – Pour ces vingt mille francs? – Non, parce qu'ils ont peur. Peur de la police, de ton copain, peur de toi, de ce qu'on pourrait découvrir. – Quoi par exemple? – Des choses qu'ils ont faites... Ils ne peuvent plus revenir en arrière maintenant, ils sont allés trop loin... »

Elle tourna son visage vers lui. « Ils ne sont pas comme nous, ils n'attachent pas d'importance à la vie des autres. Je les ai entendus. Pour eux, les gens ce n'est que de la viande, rien de plus. »

Il pensa à la femme de Bernier. « C'est Marie-Laure qui leur a dit pour mon ami? – Je crois... Je crois aussi qu'elle ne pouvait pas faire autrement. Elle a dû en parler par hasard et puis... Elle est vite effrayée, Marie-Laure, elle n'aime pas souffrir. – Et toi? – Moi, je peux. J'ai peur, bien sûr, mais je peux. »

Elle ajouta, passant sa main dans les cheveux de Frank : « Je suis comme toi. – Qui te l'a dit? – Ça fait des semaines que je te regarde, que je t'écoute. » Elle sourit : « Et puis tu appartiens à une race très connue : le mâle occidental judéo-chrétien, un spécimen archi-banal, répertorié, avec ses tabous, ses préjugés... »

Elle pouffa contre sa joue. Il rit lui aussi. Il n'était pas vexé. Jeune, il se voyait promis à un destin éclatant. Il avait mis vingt ans à s'apercevoir qu'il ne différait pas du commun et que ce qui lui était arrivé était aussi arrivé au plus grand nombre. Il en avait été déçu, et plus tard bizarrement, ça l'avait rassuré. Il avait été plutôt heureux d'appartenir à un vaste ensemble comme si ça lui permettait de mieux comprendre les autres et d'échapper à la solitude.

Cécile disait : « Tu penses par exemple qu'il faut toujours payer d'une manière ou d'une autre, comme s'il existait une loi de compensation. C'est idiot. – Tu veux dire que c'est une superstition comme chez tes primitifs? Mais il fallait que je te mérite et que pour cela je souffre, que je sois humilié, menacé, blessé, que je me batte aussi. »

Elle haussa les épaules : « Le fameux schéma du parcours initiatique, toujours le même : souffrance, agonie, mort et résurrection... Des foutaises venues du fond des âges, séduisantes mais douteuses. » Il dit ingénument et elle se serra contre lui : « Ça m'a plu de te mériter... Il y a des moments où je n'ai plus envie d'être raisonnable, civilisé ou même intelligent. – Tu veux dire démystifié, clairvoyant? »

Elle riait. « Si tu veux... Que je t'aime n'a pas de sens dans le monde où nous sommes. Ça ne résiste pas à l'analyse, c'est condamné d'avance. Pas par les autres, non, ni peut-être par toi et moi mais par le jeu de la vie, son mécanisme, ses lois. Je voudrais qu'on soit au début des temps, on aurait une caverne. On serait d'épaisses brutes... Hon, hon... juste bonnes à chasser, à se reproduire. Tu me ferais la cuisine. – Après l'invention du feu, alors? – Oui, je préfère, je n'aime pas le froid. Et toi en bonne femelle abrutie, tu ne saurais même pas que je suis un vieux mâle noueux promis à une mort prochaine. »

Elle dit avec agacement : « T'en as pas marre d'attacher tant d'importance à ton âge? – Les autres me le rappellent sans cesse. La vieillesse, c'est les autres. Leurs regards, leurs égards. Et le reste. Ce n'est qu'à l'intérieur que je suis jeune, pour mon seul usage. J'en suis malade d'une telle contradiction. – Jeune, ce n'est pas sûr que tu m'aurais plu. Tu devais être sérieux et un peu bête, avec des idées comme des manches à balai, que tu croyais à toi et qu'on t'avait fourguées en douce. Ça t'a plutôt arrangé de vivre. En marchant, tu as laissé tomber un tas de breloques, de trucs inutiles. »

Elle se pencha au-dessus de lui, lui prit le visage dans ses mains : « Oui, usé, raboté, flapi et paumé, ne sachant jamais très bien où tu en es, pas superman pour un rond, hésitant et sûr de rien à part deux ou trois trucs très négatifs, tu me plais... On se boit un thé? – Oui... Tu es la première femme que j'aime. » Elle rêvait. « Tu m'écoutes? – Oui, je t'écoute... ça me plaît que tu m'aimes. Je crois même que c'est ça qui me plaît le plus. A cause de toi, je me sens unique, indispensable. C'est comme si je m'étais soudain mise à exister, moi qui passais mon temps à me demander ce que ça pouvait bien signifier, une fille comme moi, à quoi ça pouvait correspondre, un si beau ramassis d'inaptitudes, de malaises, de colère. Je me sentais si paumée, si inutile que je voulais tout le temps me foutre en l'air. Tu ne peux pas savoir comme c'est déprimant, Frank, de savoir qu'on vit juste pour entretenir la machine et qu'on ne sera jamais bonne à rien. »

Elle avait posé sa joue sur son épaule. Il dit : « A Paris, tu pourrais reprendre tes études. Tu pourrais t'occuper tous les jours de tes peuplades primitives et plus tard, tu pourrais aller les étudier sur place, enfin celles qui restent... » Elle murmura, ironique : « Tu me louerais un studio, tu me donnerais de l'argent et tu viendrais me baiser le samedi soir... »

Il pensa aux paroles de Marie-Laure, et Cécile aussi devait y penser à cet instant. « Si tu n'en as pas envie, on ne couchera pas. – Pourquoi tu ferais ça? – Si tu continues comme tu es, dans dix ans, dans quinze ans, tu seras foutue, malheureuse, tu ressembleras à toutes ces bourriques que je vois et qui saccagent si bien leur vie... » Il ajouta : « Et puis moi aussi, j'aimerais bien être utile à quelqu'un au moins une fois dans ma vie, même pour une seule personne. »

Elle posa ses lèvres sur les siennes. « Marie-Laure a raison : tu es un vieux maquereau très rusé... Alors on le fait ce thé? » Mais serrée contre lui, elle ne fit rien pour se dégager et resta immobile, sa tête au creux de l'épaule de Frank, et elle poussait parfois un soupir de plaisir, partie dans un petit rêve qui lui donnait un visage ravi.

L'ascenseur s'arrêta à l'étage. Cécile fut debout d'un bond, elle rafla ses affaires, chuchota à Frank : « C'est Marie-Laure, va dans ta chambre », et elle courut dans la salle de bain où elle s'enferma.

Il s'assit et se rhabilla, surpris par tant d'affolement. Il remettait ses chaussures quand Marie-Laure entra. Son regard alla du livre d'ethnologie ouvert sur le sol à Frank qui disait en étouffant un bâillement : « Je m'étais assoupi. »

Pas dupe, elle l'observait sans sourire, dressée sur ses talons hauts dans sa robe à grands losanges noirs et roses. « Où est Cécile? » Elle appela : « Cécile! » et marcha vers la salle de bain. « Cécile, tu es là? – Oui. – Tu t'enfermes maintenant? Je t'ai attendue à cinq heures, tu n'es pas venue. »

Cécile ouvrit la porte. Il y eut un bref silence pendant lequel elles se dévisagèrent puis Cécile passa dans ses cheveux la brosse qu'elle tenait à la main. « Alain et Patrick n'étaient pas contents. – Ils s'en remettront. »

Frank qui avait observé la scène de loin ramassa le livre, redressa une page froissée et le posa sur la table basse.

Il n'avait pas aimé le regard de Marie-Laure. Ce n'était pas celui d'une femme jalouse ou soupçonneuse. Il exprimait quelque chose qu'il essaya de définir, de l'amertume, c'était sûr, de l'hostilité. Il avait envie de dire de la haine mais le mot allait si mal à Marie-Laure qu'il le repoussa.

Elles avaient refermé sur elles la porte de la salle de bain. Elles se querellaient maintenant et on entendait surtout la voix véhémente de Marie-Laure. Que reprochait-elle à Cécile? D'avoir dérangé ses projets comme elle disait? L'imbécile. Avec ou sans Cécile, il ne l'aurait jamais revue.

Une pêche dans une main, un couteau dans l'autre, il pensa : « Non seulement je ne l'aime pas mais je la déteste. » Il en fut abasourdi, s'interrogea : « A cause de Cécile? » Non, pas à cause de Cécile.

Il tendit l'oreille. Après quelques mots plus criés que dits, Marie-Laure s'était tue. Cécile n'avait pas répondu.

C'était venu insidieusement. A partir d'un certain dédain qu'il avait conçu d'elle? Il examina cette idée, la rejeta et chercha dans une autre direction. Elle était douce, séduisante et gaie, toujours prête à faire plaisir. Alors? Son projet de le vamper? Banal, enfantin même. Il montrait simplement qu'elle n'avait rien compris à sa nature mais ça il le savait. Restait la sourde connivence qu'il avait devinée entre Marie-Laure et les garçons. C'était dans cette direction qu'il fallait chercher, bien qu'il pressentît que l'aversion qu'il éprouvait aujourd'hui pour Marie-Laure avait d'autres racines. Elle venait plutôt d'une certaine façon de prendre les choses et les gens qui était toujours un peu basse comme si toute liberté en était exclue et qu'elle était quelque chose de passif et d'informe, pas tout à fait une personne humaine donc, sous la chaude enveloppe de la tendresse, d'une sentimentalité facile, et au-dessous, rien, le vide, et ce vide, n'importe quoi pouvait le remplir, le mal, le bien, ça ne faisait pas de différence.

Tout à l'heure, Cécile avait peur. Peur de Marie-Laure, ce qui paraissait saugrenu pour lui qui aurait juré que dans leur duo Cécile tenait le rôle dominant. Qu'est-ce qui avait tant effrayé Cécile? Elle ne critiquait jamais son amie, elle la défendait même, à l'encontre de Marie-Laure qui insinuait le pire sans aucun scrupule.

Oui, c'était cela, elle n'avait pas de scrupules, aucune structure morale donc – il constata que sa réflexion l'avait ramené à son point de départ – et sous ses façons aimables, elle préférait le mal. Ou elle le laissait entrer, elle l'acceptait, ce qui revenait au même et elle en était à peine gênée.

Il s'arrêta sur cette idée qui le satisfaisait obscurément, pensa : « Je dramatise, elle n'est pas si mauvaise. » Mais est-ce qu'une des faces du mal, la plus équivoque, n'était pas cette éternelle irresponsabilité, cette faiblesse, son négatif en fait? Faire le mal, c'est l'aimer, c'est éprouver pour lui une sourde attirance. « En somme, pensa-t-il, plus je vieillis moins je crois aux fautes par omission. Elles sont comme les lapsus et tous les oublis, elles en disent trop long. » Personne mieux que Marie-Laure en effet ne savait dire : « Je ne sais pas... », « Comment aurais-je pu prévoir... », « Mais il fallait bien que... », toutes excuses qui signifient qu'on ne se sent jamais coupable, et que ce qui est arrivé c'est la faute au destin, la faute à personne. Il avait toujours détesté les gens qui parlent de fatalité.

De sa chambre, il jeta un coup d'œil sur l'esplanade. Il s'était attendu à voir la jeep verte. Elle n'était pas là.

Il revenait vers la cuisine quand elles sortirent de la salle de bain. Cécile annonça : « On va en ville. On rentrera peut-être tard, ne nous attends pas. » Il ne put s'empêcher de demander : « Qu'est-ce qui se passe? – Mais rien, dit Marie-Laure, on a rendez-vous, c'est tout... Cécile n'est pas venue alors je me suis arrangée pour qu'on y aille plus tard. » Et parce qu'il n'avait d'yeux que pour Cécile qui remuait les hanches pour rajuster la ceinture de son jean elle observa, peu aimable : « Tu as vu tes cheveux? Tu ferais bien de te donner un coup de peigne... Tu viens, Cécile? »

Il proposa : « Je vous accompagne? – Ce n'est pas la peine. »

Il les escorta jusqu'à l'entrée, espérant quelque chose, un mot, un regard de Cécile mais elle suivit Marie-Laure et sur le palier en attendant l'ascenseur, elle lui tourna à demi le dos et ce fut Marie-Laure qui lui dit : « Repose-toi, tu as l'air d'en avoir besoin. » Cette fois, elle souriait. Il rabattit la porte un peu brusquement.

De sa chambre, il les vit qui traversaient l'esplanade et s'engageaient dans le chemin de terre. Il les suivit jusqu'à ce qu'elles disparaissent, pensif, inquiet aussi. L'inquiétude l'emporta soudain. Il rafla son portefeuille, ses clefs.

Il roula de plus en plus vite jusqu'au carrefour où il immobilisa la voiture. Il ne les avait pas vues. Où étaient-elles? Elles n'avaient pas pris le bus, il le voyait qui attendait là-bas à cinq cents mètres devant le centre commercial. Quelqu'un les attendait donc qui les avait prises.

Il démarra, accéléra, espérant voir la jeep verte. Elle n'était ni sur le front de mer ni en ville. Depuis une semaine, elle ne s'était pas montrée. Où étaient-ils passés ceux-là aussi?

Il rôda encore à petite vitesse dans les rues moins encombrées en cette fin de saison. Elles avaient disparu. Ce n'était pas la première fois, elles avaient toujours eu l'art de s'escamoter. Nerveux, ne sachant comment occuper son temps, il décida d'aller rendre visite à Mataro.

Il était sûr qu'il serait de mauvaise humeur. Il l'était et lui reprocha d'entrée : « Alors, on efface, on censure, on barbouille les bandes? J'ai failli te téléphoner et puis je me suis dit ce qui est fait est fait. – Ne te plains pas de ce que je t'ai donné. – A part que tu as peut-être supprimé un indice essentiel. – Ça m'étonnerait... Tu as découvert qui est l'antiquaire de Marseille? – Je crois le savoir. Il y a une vérification en cours... Bien sûr, j'ai dû avertir la police. Quant à Régis, personne ne sait qui c'est et pour le savoir, je compte sur tes filles... Tu ne t'es pas montré trop soupçonneux avec elles? – Pourquoi? »

Mataro releva ses lunettes. « Il y a du remue-ménage dans la secte. Trois filles et un garçon qui ont brusquement disparu. – Disparu? – Oui, volatilisés. Une voiture qui les aurait pris, comme ça, au bord de la route. Le chef, le grand sorcier, est parti lui aussi. On pense qu'il a pris un avion à Nice... Ça n'a peut-être aucun rapport. A moins qu'il ne soit allé voir à Paris des amis très influents... »

Frank regardait distraitement un groupe de jeunes en maillots de bain qui riaient en criant. Mataro proposa : « Viens dîner à la maison, ça te changera les idées. On t'a à peine vu cette année. Zeila a acheté des langoustines. – Non. – Elle trouve que tu as l'amour triste et que ce n'est pas normal... C'est ta gamine qui te tracasse? – Non, elle me rend heureux. »

Il leva les yeux vers Mataro. « Heureux et craintif. – Je vois... Demain, tu m'apportes la suite du feuilleton et ne coupe pas trop. Tes amours ne m'intéressent pas. » Et parce que Frank ne disait rien : « Méfie-toi de tes deux petits anges. Si j'en crois ce qui m'est tombé dans l'oreille, elles ont des griffes d'un kilomètre et la plus jeune n'a pas froid aux yeux. – Explique-toi. – Je le ferai dans un jour ou deux. C'est encore vague. »

Frank eut beau le presser de questions, il ne voulut rien dire. C'était sa façon de lui rendre la monnaie de sa pièce. Il n'insista pas, il connaissait Mataro. Il lui demanda en le quittant : « Tu crois que le diable existe, enfin, je veux dire le mal? – Oui, il existe, j'en suis sûr. » Il avait répondu sérieusement. Il cria à Frank qui s'en allait : « Eh! reste un peu. Je pourrais t'en parler pendant des heures du diable... Je crois même que je l'ai rencontré. »

IL attendait Cécile. Au ronronnement de l'ascenseur, il était déjà dans l'entrée, des questions aux lèvres. C'était Marie-Laure. Marie-Laure qui disait – elle avait sa petite voix gaie : « J'espère que tu ne nous as pas attendues pour dîner? – Où est Cécile? »

Elle laissait tomber son sac dans un fauteuil, lui jetait un regard vaguement attendri, souriait de sa jolie bouche claire : « Je n'en sais rien. On était avec des copains et elle nous a quittés. – Pour aller où? » Il était insensible à ce déploiement de charme. « Mais je n'en sais rien! Tu es drôle, Frank, tu crois qu'elle me dit tout. Pourtant tu la connais, Cécile, enfin tu devrais... »

Il ignora l'allusion. « Qui étaient ces garçons? – Des amis. Ceux avec qui on avait rendez-vous en ville. » Il s'approcha : « Tes amis, ce n'étaient pas Jean-Paul et Luc? – Qu'est-ce que tu vas chercher? Non, c'est des copains, des garçons que tu ne connais pas... »

Il lui saisit le poignet. « Tu mens... Depuis que je te connais, tu n'as jamais cessé de mentir. » Il lui criait les mots au visage avec tant de hargne qu'elle eut un recul. « C'est la vérité que je veux savoir, ce qui se passe, pourquoi tu es venue la chercher, ce qu'il y a entre vous et ces garçons, de quoi ils la menacent... »

Il serrait son bras avec tant de brutalité qu'elle grimaça. « Tu me fais mal. » En réponse, il le tordit si violemment qu'elle cria de douleur. « Parle ou je t'assomme... C'est pour ces vingt mille francs? – Lâche-moi... Non, ce n'est pas pour les vingt mille francs. Ils s'en fichent maintenant de tes vingt mille francs... Ton argent, tes sabres, tu peux bien les garder... »

Elle était aussi hargneuse que lui maintenant, folle de colère elle aussi. Il la relâcha et elle frotta son bras endolori, le berça contre elle comme un enfant. Elle dit : « C'est ton ami », et devina qu'il résistait à l'envie de la frapper, fit un pas en arrière puis un autre, affolée, serrant toujours son bras contre sa poitrine.

« Tu veux parler de Mataro? Qu'est-ce qu'ils lui veulent? Ils ont déjà bousillé sa voiture. – Justement. » Elle lui lança un regard vindicatif, les yeux pleins de larmes.

Il fit un pas vers elle. Elle dit hâtivement : « Ça n'a servi à rien, il a même averti la police... Il faut que tu lui dises de cesser d'embêter tout le monde. – Qu'est-ce que vient faire Cécile là-dedans? – Ils voulaient qu'elle te parle... »

Il fronçait les sourcils alors elle jeta, et des larmes roulèrent sur son visage : « Si tu crois que je ne suis pas au courant... Comme si ça ne se voyait pas que tu es fou d'elle, que tu te moques de moi maintenant et que c'est à cause d'elle que tu me détestes... »

Elle allait poursuivre ses plaintes. Il les balaya avec irritation. « Qu'est-ce qu'il a trouvé, Mataro? » Elle cria, hystérique, le visage frémissant : « Mais j'en sais rien! Il les embête, c'est tout, avec ces vieux d'Antibes et puis il y a un garçon chez qui la police a perquisitionné... – Qu'est-ce qu'on a trouvé? – Mais je te répète que j'en sais rien. » Exaspérée et geignarde. A l'entendre, elle ne savait jamais rien, elle allait dans la vie les yeux bandés et les oreilles pleines de cire. « Il ne s'appelle pas Régis, ton copain? »

Elle essuya ses larmes. « Qui t'a parlé de lui?...

Non, c'est pas Régis... » Elle était stupide. Stupide et malfaisante.

Il revint à son souci, son unique préoccupation en fait. « Qu'est-ce qui s'est passé avec Cécile? » Elle frottait interminablement son bras, le dorlotait : « Tu veux que je le casse, ton bras? Comme ça tu pourrais t'en occuper. » Il avait vraiment envie de le lui casser.

Elle le regarda avec horreur. « Tu l'aimes. Ah! tu l'aimes! Si tu voyais ta tête en ce moment! J'aurais jamais cru ça de toi. Quand je pense que... »

Il fit un pas en avant, les yeux sur son bras replié. Elle dit vivement : « Ils se sont disputés. Elle refusait de te parler, elle voulait qu'on te fiche la paix, elle les a insultés... »

Il regardait son bras avec une telle fixité qu'elle cria folle de peur : « Mais enfin, tu sais comment elle est, Cécile. J'y peux rien, moi. Elle les a traités de tous les noms, alors ça devait arriver, ils lui ont donné des baffes. »

Elle contourna un fauteuil, se réfugia derrière sans lâcher son bras. « ... Il faut toujours qu'elle provoque. Même moi... – Toi? A quel propos? – Elle aime que je sois malheureuse. » Elle avait dit cela d'une voix pitoyable. Il en souffla de mépris, demanda : « Ensuite? »

Marie-Laure haussa les épaules. « Elle est partie en courant. Ils l'ont un peu poursuivie avec la voiture... Oh! ne t'inquiète pas, ils ne l'ont pas abîmée! Elle a sauté dans un fossé et elle est partie dans le petit bois. – Quel petit bois? – Là où il y a le supermarché. »

Brusquement, tandis qu'il réfléchissait, elle fondit en larmes, poussant de petits gémissements plaintifs. Il la regardait, l'esprit ailleurs. Elle se méprit sur son attitude car elle murmura entre deux hoquets : « Tu as changé, Frank... C'est à cause d'elle que tu as changé. Elle t'a dit du mal de moi, j'en suis sûre. Elle aussi, elle est plus pareille. Moi, je... »

Il l'interrompit plutôt calmement : « Fous le camp dans ta chambre... » Elle ravala ses larmes et s'en alla vers la salle de bain. Du supermarché à l'appartement, il y avait à peine une demi-heure de marche.

Marie-Laure sortait de la salle de bain. « Viens ici... Qu'est-ce que tu as fait toi après? – Eh bien, j'ai mangé. – Avec les deux salauds? » Elle tergiversa : « Non... Oui, on a juste pris un croque... – Et ils ne sont pas retournés la chercher? – Non, ils allaient à Sainte-Maxime. – Qu'est-ce qu'ils t'ont dit? – Mais rien! »

Elle mentait encore. Il avait envie de lui taper dessus. Elle vit qu'il allait le faire. « Ils ont parlé de ton copain flic. – Et de Cécile? – Non, non... »

Elle mentait sans arrêt, elle ne pouvait pas s'en empêcher. Il aurait fallu la bourrer de coups, lui casser un ou deux os. Il prit une profonde inspiration. Il lui venait d'étranges pensées depuis quelque temps... Il souffla avec force. « Et tu n'as pas essayé de la retrouver? – Et comment j'aurais pu, je savais même pas au juste où elle était? Et puis pour ce qu'ils lui ont fait! »

Peureuse mais tenace. Il abandonna. « Va dans ta chambre. » Elle y trotta, étreignant toujours son bras meurtri. Elle laissa la porte ouverte. C'était Cécile qui refermait soigneusement la porte et donnait même un tour de clef, jamais Marie-Laure. Il s'arrêta un instant sur cette bizarrerie, n'y trouva pas d'explication, se laissa choir dans un fauteuil et bâilla de nervosité plus que de fatigue. Il n'allait tout de même pas se lancer sur les routes sans savoir où...

Il se releva d'une détente. Si, il le ferait. Il ne se sentait pas de force à rester ici à l'attendre.

Il alla à la fenêtre de sa chambre. L'esplanade était vide à part trois voitures et la sienne. Il fit porter son regard le plus loin possible sur le chemin mais il ne vit que les petits tas d'ombre des buissons et au loin de longues lueurs jaunes et mouvantes qui venaient des voitures sur l'avenue.

Il revint dans la salle de séjour et demanda du seuil de la chambre. « Où l'ont-ils laissée exactement? – Je te l'ai dit, tout près du supermarché. Mais elle risque rien. Ils lui ont rien fait, ils voulaient juste lui faire peur. Je la connais, en ce moment, elle est en ville en train de manger... »

Elle avait ôté sa robe et s'était couchée, ses longues jambes nues étroitement serrées. Frank l'observa férocement pendant quelques secondes et elle replia ses jambes, une joue sur l'oreiller, son œil inquiet posé sur lui. Elle lui rendit son regard, un regard qui voulait faire la paix. Il pensa : « Je la prends dans mes bras, elle fond et dans trois minutes, elle me lâche au visage son irrésistible sourire. » Il ne l'aimait pas, il la détestait même, ce qui ne l'empêchait pas d'éprouver pour elle cette tendresse un peu louche qu'on a pour ceux qui ne valent rien mais sont faibles et en même temps très beaux.

Il la quitta et de la cuisine il jeta encore un coup d'œil sur le chemin, aux aguets d'un mouvement. Il prit la torche accrochée près du compteur électrique et partit sans plus s'occuper de Marie-Laure qui lui cria d'une faible voix suppliante – et il se demanda pourquoi : « Reste, Frank... Ne t'en va pas. »

Jusqu'à la route, il roula à petite vitesse, freinant pour mieux explorer du regard les petits sentiers tortueux qui escaladaient le remblai et se perdaient entre les bouquets de roseaux. A l'embranchement, il accéléra et mit pleins phares pour mieux voir les bas-côtés de l'avenue.

En quelques minutes il fut à l'entrée du vaste parking désert du supermarché. Il en fit le tour et s'engagea sur la piste goudronnée qui traversait le bois. De temps en temps, ses phares illuminant le sous-bois, il s'arrêtait, descendait de sa voiture et appelait : « Cécile!... Cécile!... » les mains en porte-voix.

Il ne rencontra qu'un homme là où les arbres se clairsemaient et faisaient place à un terrain vague, grande surface boueuse qui ondulait mollement, hérissée d'entassements hétéroclites, creusée de trous d'ombre. L'homme, qui portait un sac à dos, n'avait vu personne mais il parlait si mal le français que Frank se demanda s'il avait compris ses questions.

Il immobilisa la voiture à l'issue du chemin qui donnait sur une grand-route. Des autos passaient en trombe, leurs phares éclairant fugitivement le terrain vague. Un instant, Frank crut voir quelque chose. Il fit quelques pas sur le sol spongieux mais ce n'était qu'un animal qui prit la fuite à ras de terre. Il fit demi-tour, revint vers le parking, s'arrêtant pour appeler Cécile jusqu'à ce que la gorge lui fasse mal.

Il rentra par la route qui longeait la voie ferrée, roulant lentement, examinant au passage les promeneurs qui étaient rares à cette heure tardive. Dans le chemin qui le ramenait à l'immeuble il vit deux hommes qui bavardaient. Eux non plus n'avaient pas vu de jeune fille et quand Frank les interrogea ils échangèrent un regard entendu comme si on leur avait parlé de lui.

Quand il ouvrit la porte, il était certain qu'elle serait là. Il cria : « Cécile! » Ce fut Marie-Laure qui répondit : « Elle n'est pas là. » Elle était toujours couchée, son profil sur l'oreiller. « Tu es sûre que c'est dans le bois du supermarché que tes amis l'ont laissée? – Oui. – Explique-moi comment ça s'est passé exactement. – Ils l'ont poussée hors de la voiture. C'est à ce moment-là que Luc est descendu et lui a donné des gifles. – Et tu n'as rien fait? – Qu'est-ce que je pouvais faire, il avait sorti son couteau. – Et après? – Elle s'est mise à courir et il l'a poursuivie mais comme c'était plein de boue il est revenu... »

Elle se souleva sur un coude : « Tu sais où elle est en ce moment, Cécile? En ville, dans un snack, en train de se bourrer de spaghettis... » Il regardait sans les voir ses longues jambes claires. Et s'il allait dans le centre? Il tourna le dos à Marie-Laure. Dans la cuisine, il but un verre de vin et se posta devant la fenêtre pour surveiller le chemin.

Il revenait vers Marie-Laure pour lui demander dans quel snack-bar elles avaient l'habitude d'aller à cette heure-là quand il entendit le bruit d'une clef qu'on introduisait dans la serrure. Il courut vers l'entrée.

Cécile se tenait sur le seuil, les jambes de son jean noircies de boue, une large traînée sombre sur son corsage dont une manche était déchirée jusqu'à l'épaule. Elle lui cria de loin, la voix enrouée : « Reste où tu es, n'avance pas. » Elle riait : « Je pue comme trente-six chiottes, je suis pleine de merde, j'en ai jusque dans les cheveux. Il n'y avait que ça, des étrons, toute la ville doit venir chier dans ce terrain-là... Allez, recule, Frank, et bouche-toi le nez, je vais passer... »

Elle riait. « Je ne veux pas dégueulasser ton beau carrelage. » Elle se penchait pour dégrafer la boucle de ses chaussures qu'elle expédia loin d'elle à coups de pied. Elle chassa Frank de la main : « Allez, écarte-toi, la tinette passe... Oui, oui, je suis bien, ne prends pas cet air de catastrophe, on m'a même pas violée... »

Ses dents éclataient dans son visage doré. Il la contemplait, médusé, remarquait du sang sur son bras là où le corsage était déchiré, et la suivait dans la salle de séjour où elle courait sur la pointe des pieds.

Elle se détourna : « Ils m'ont aussi pété une dent, une fausse heureusement, comme toi », et elle éclata encore de rire parce qu'il la regardait avec inquiétude, qu'il l'inventoriait avidement, de ses pieds noirs de gadoue à ses cheveux agglutinés en mèches grasses. Et tandis qu'elle se tenait dans l'encadrement de la porte de la salle de bain, il fut plus sensible qu'il ne l'avait jamais été à l'incroyable force qui se dégageait d'elle, une vitalité dure et joyeuse dont il n'avait à peu près rien soupçonné jusqu'à ce jour, lui qui la voyait fragile, de médiocre santé à cause de ses paupières meurtries et de ses cafardeuses périodes.

« Où est Marie-Laure? » Il indiqua la chambre. Marie-Laure ne s'était pas montrée. « Je vais prendre un bain et me laver les cheveux... J'ai faim... Tu as fait un peu de marché? »

Il secoua la tête. « Tu ne t'en sors pas, mon pauvre Frank. Tu marines toujours dans le coaltar. » Elle rit, heureuse. Heureuse et forte, petit projecteur puissant qui l'éclaboussait de ses milliers de watts. « Arrête de te faire du souci... Recule aussi, recule près du fauteuil, sinon tu vas sentir la merde toi aussi. Ah! tu es bien de ton époque, toujours à dramatiser. Mais c'est sans importance, juste une balade qui a mal tourné. » Elle le couvrait de son chaud regard bleu où il ne lut que du bonheur. Elle referma la porte.

Il fit sans but le tour de la salle de séjour, jeta au passage un coup d'œil à Marie-Laure. Il vit son œil sombre et fixe. « Tu l'as retrouvée, ta Cécile. Ils ne te l'ont pas cassée, à peine un peu salie. » Il ne répondit pas, encensa comme un cheval. Il revint sur ses pas pour l'étudier pensivement, se demandant s'il allait la mettre à la porte immédiatement ou un peu plus tard.

Elle cria soudain, ramenant ses belles jambes, sa tête bouclée à demi soulevée au-dessus de l'oreiller : « Ah! ne me regarde pas comme ça, je ne suis pas une bestiole... Et puis, j'ai rien fait, moi. Va-t'en et ferme la porte. Elle pue, ta chérie, on la sent d'ici. Tu feras bien de la vaporiser avant d'y toucher... »

Elle était enragée, plus du tout apeurée ou prête à faire la paix, tout ça proféré quand même d'un ton un peu geignard.

Il reprit son va-et-vient et se demanda encore mais distraitement pourquoi il ne la flanquait pas dehors. Ensuite, il alla à la cuisine, fit le tour des placards, ouvrit le réfrigérateur où il découvrit le reste de saucisse sèche et une boîte de corned-beef qu'il entreprit d'ouvrir.

Il sortit une assiette, des couverts, après quoi il resta là, les yeux posés sur l'esplanade où le petit troupeau de voitures était sagement rangé, flanc contre flanc, dans la molle lumière des lampadaires, comme des chevaux à l'écurie et tandis qu'il les contemplait un léger sourire errait sur ses lèvres. Cécile se trompait. Il était heureux. Heureux qu'elle soit née, qu'elle existe. Il avait failli le lui dire tout à l'heure mais il était bien trop occupé à récupérer chaque partie de sa personne, à les assimiler l'une après l'autre, son nez, sa bouche, ses yeux, ses hanches, son cou, bien trop occupé à déglutir tous ces fragments adorables, vieux crétin transi qui ne savait plus où donner du regard.

Il se secoua. Elle le rendait idiot. Il voulait dire bête, ravi de bêtise. Et l'autre garce avec ses façons de chienne qui montre les dents sans oser mordre. Qu'elle fasse un geste de trop et il la casserait, la méchante poupée. Il haussa les épaules, déplaça l'assiette, les couverts et les remit à la même place. Il finit par aller dans la salle de séjour. Assis dans le fauteuil le plus proche de la salle de bain, frottant machinalement du pouce sa barbe qui avait poussé et grésillait sous son doigt, il attendit Cécile en écoutant les bruits de l'eau.

Plus tard, après qu'elle eut mangé à sa manière habituelle, engouffrant, affamée mais tout de suite rassasiée, se jetant aussitôt sur son briquet pour allumer une cigarette, avaler la fumée avec un profond plaisir, le meilleur moment, ça se voyait, le corps détendu, épanoui, elle lui avait dit : « Arrête de me poser des questions, je n'ai pas envie de parler de ces deux salauds. C'est sans importance, tu comprends, Frank, sans importance. – Ils t'ont frappée, menacée, et tu imagines que je vais les laisser faire? »

Elle chassa la fumée de la main. « Je suis une grande fille, c'est mon affaire, pas la tienne. Et puis qu'est-ce que tu pourrais faire, mon pauvre Frank? »

Elles se relayaient maintenant pour lui donner du pauvre Frank. Il n'en était pas humilié. La vanité n'avait jamais été son fort. Il y voyait simplement la preuve qu'elles le comprenaient mal.

Elle se levait, souriante, venait près de lui, passait ses bras autour de son cou et l'embrassait, rien de sensuel, de passionné, juste l'élan de tendresse qu'une fille aurait eu pour son père. « Va dormir. » Il la prit dans ses bras. « Si on partait? – Tu n'en as pas envie et moi non plus. »

Elle se pressait contre sa poitrine, respirait sa peau, murmurait : « De toute manière, il est trop tard. – Trop tard? – Oui, trop tard. » Elle était lointaine, un peu triste maintenant. Elle se dégagea, le repoussa plutôt et s'en alla vers sa chambre sans se retourner. Elle ne se retournait jamais. Il vit la porte se refermer, entendit la voix de Cécile puis celle de Marie-Laure, des mots indistincts, rien de véhément en tout cas.

Il réfléchissait à ce qu'elle avait dit. Elle avait raison. Elle avait toujours raison. Il n'aurait su dire pourquoi mais il était d'accord avec elle. D'autres auraient parlé de destin, de fatalité, pas lui. Il percevait sa liberté, il en distinguait le contour, seulement il n'en avait pas l'usage. Il pensa : « Pour moi, la liberté n'aura jamais beaucoup servi. »

De sa chambre, il jeta par habitude un coup d'œil sur l'esplanade. Morte et nue, jonchée de blocs de pierre grise, avec sa terre sèche et pulvérulente, elle avait quelque chose de lunaire, d'irréel, à cause du silence peut-être et de l'immobilité.

Il alla regarder les bobines. Elles tournaient avec une fascinante lenteur et il se demanda de quoi les deux filles parlaient.

Il était au bord du sommeil quand il devina une

présence. « Fais-moi une place, je ne peux pas dormir. » Elle se glissa près de lui, bougea pour se faire une niche confortable. Elle murmura : « Il faut qu'on parte. » Il ne répondit pas. Qu'est-ce que Marie-Laure lui avait appris? Elle sentait la lavande, celle du flacon qu'il n'utilisait à peu près jamais. « Qu'est-ce que t'a dit Marie-Laure? – Que veux-tu qu'elle dise, la pauvre chèvre... – Tu es bien indulgente. Ce soir, elle était avec eux, elle t'a abandonnée. »

Cécile rit contre son cou. « Tu es drôle, Frank, comme si Marie-Laure... » Elle posa ses doigts sur son visage, sur ses lèvres. « Je ne veux plus que tu me parles d'elle ni des autres. – Pourtant... » Elle se souleva, cria : « Ils n'existent pas, Frank! ils n'ont jamais existé, il faut que tu comprennes cela. – Oui. »

Elle mit sa main sur son ventre, sur son sexe, le caressa. Ils firent l'amour, doucement d'abord puis avec emportement ainsi que les autres fois, comme si le simple contact de leurs corps les jetait hors d'eux-mêmes, haletants, pleins de rage, avec une violence qu'ils ne pouvaient contrôler. Il lui aurait arraché la peau. Pour mieux la posséder, il l'aurait démolie, mise en pièces, et elle était aussi brutale, aussi avide, criait, s'écartant parfois pour mieux revenir et s'abattre sur lui avec une telle force qu'il en était ébranlé jusque dans ses os.

Ils reposaient, immobiles maintenant, membres entremêlés, ruisselants de sueur et leur souffle haletant emplissait la chambre. Je la dévorerai, je la détruirai, jamais aucune fille, aucune femme... « Avec ta femme et cette Lisa? – Ne me parle pas d'elles. » Il l'avait interrompue avec tant de hargne, d'un ton si offensé qu'elle se tut puis se mit soudain à rire. « C'est pas croyable, pas croyable... » Elle était en plein fou rire maintenant, les bras en croix, l'un d'eux en travers de sa poitrine, le corps secoué de sursauts.

Elle se retourna d'une détente, retomba à plat sur la

poitrine de Frank, son ventre trempé contre le sien. Elle lui couvrit le visage de baisers, riant encore, roula sur le côté et dit : « Quelle carne, Marie-Laure, elle inventerait n'importe quoi. » Il ne demanda pas ce qu'elle avait inventé. Lui non plus n'avait pas envie de parler de Marie-Laure.

Il demanda : « Qu'est-ce que tu faisais pendant toutes ces journées où je ne te voyais pas? – On était avec des amis, des copains qu'on s'était faits sur la plage ou en boîte. – Tu t'amusais? – Bien sûr... Les vacances c'est fait pour s'amuser. – Des hommes? – Oui... Allons, ne sois pas triste, Frank. – Je ne suis pas triste, je suis jaloux... Tu couchais avec eux? – Quelquefois... je pensais aussi à toi »

Elle revint vers lui : « Trop souvent. Se payer un type, c'est une technique qui en vaut une autre, enfin c'est ce que je croyais. Après, j'ai laissé choir, ça ne menait à rien. Baiser pour baiser, j'ai jamais pu longtemps. Au fond, je dois être une sentimentale refoulée... » Ça la fit rire. « J'allais à la biblio à Nice... »

Il dit, amer : « J'en étais malade de ton absence. – J'étais jalouse, moi aussi. – De qui? – De Marie-Laure... Je lui aurais arraché les yeux. – Tu savais que je t'aimais. – Et alors? Tu t'imagines que ça arrangeait les choses? Ça les compliquait plutôt. J'avais envie de tout planter là, j'ai failli le faire. C'est Marie-Laure qui m'en a empêchée, c'est drôle, non?... C'est con, les filles, même quand ça se croit libre. Moi, je me serais battue de te préférer à tous ces garçons. En fait, je ne te préférais pas, je ne savais plus où j'en étais, je n'arrêtais pas de me poser des questions idiotes. C'est ça qui m'agaçait le plus : ne pas comprendre et voir que ces préjugés, ces principes imbéciles que j'avais mis des années à larguer se retournaient en fin de compte contre moi... »

Elle l'embrassa : « Libre, je l'étais tellement devenue que je n'avais plus de défenses. Plus c'était dingue, sans avenir, condamné d'avance et plus j'étais d'accord. » Elle rit : « Des tabous et des idées toutes faites comme protection morale des jeunes filles... Je devrais présenter une thèse là-dessus... »

Elle mit ses deux mains autour de la gorge de Frank, serra : « Parce que tu sais que c'est râpé, cuit, foutu d'avance notre histoire? – Oui. – Et tu t'en fiches? – Oui... Je préfère quinze jours avec toi et ensuite plus rien. – Tu veux dire vraiment rien? Etre malheureux, désespéré jusqu'à ton dernier jour? »

Il hésita, finit par dire : « Oui, c'est un peu cela... C'est même tout à fait cela. – Ça n'a aucun sens. – Non, ça n'a aucun sens. »

Elle resta silencieuse puis l'embrassa. Il dit, lui jetant un coup d'œil de biais ironique : « Ne t'attendris pas. De toute manière, c'est moi le gagnant. – Oh, je ne m'attendris pas, je pense seulement qu'on est aussi con l'un que l'autre. »

Elle appliqua ses lèvres sur les siennes, secoua ses cheveux sur son visage, soupira : « Je suis bien avec toi, Frank, j'ai jamais été aussi bien. Je ne sais pas si je t'aime, enfin, si, je le sais, et je ne veux pas y penser, ça me rend folle... » Elle soupira encore : « Je voudrais que ça dure tout le temps. » Il eut un petit rire : « Le temps... C'est ce qu'on met dedans qui compte, pas lui. – Tu veux dire qu'en ce moment on est éternels? » Il approuva : « C'est ça, éternels. – En somme, d'après toi, le temps, c'est le contraire de l'éternité. Tu dis vraiment n'importe quoi... »

Elle pouffa, joyeuse, l'enveloppa de tout son corps, se roula sur lui, s'écarta d'un coup de reins pour retomber sur le drap, s'y faire toute plate et souple. « Je suis crevée... On dort? » Elle lui prit la main, la serra contre sa poitrine et ferma les yeux.

ELLES étaient là, dans la cuisine, attablées dans le chahut du transistor et dans la belle lumière compacte qui tombait de la fenêtre. Vingt fois il les avait vues ainsi, pas de différence, Marie-Laure et son sourire d'accueil, Cécile, les paupières mauves, toute à son bol de café, si, un changement, elles ne se parlaient pas, ne se tiraient pas la gueule, elles affichaient plutôt le détachement des gens qui se sont longuement expliqués et sont allés au bout de leurs arguments, maintenant que je t'ai tout dit, tu fais ce que tu veux, moi, je m'en désintéresse.

Cécile leva les yeux vers lui. Il se sentit enveloppé par un flot de chaleur, rien de doux, une joie forte et moqueuse. « Marie-Laure a raison, tu devrais te laisser pousser la moustache, une grosse en balayette, ça te donnerait le genre british... Tu m'emmènes chez le coiffeur? » Elle prit ses cheveux, les tortilla et dit, plus à Marie-Laure qu'à lui : « On dirait des queues de rat. » Marie-Laure haussa les épaules : « Je t'ai déjà expliqué qu'il ne faut pas mettre ce shampooing-là, il abîme. »

Elle se dégagea de la table d'un souple mouvement sinueux. « Tu m'emmènes aussi, Frank? » mais elle ne lui effleura pas la joue du bout des doigts comme elle en avait l'habitude.

Il reposa sa tasse, dit tranquillement, pure provocation : « C'est ce matin, à midi, que je dois payer. » Marie-Laure haussa encore les épaules. « Mon pauvre Frank... » Cécile sourit. « Elle veut te faire comprendre qu'on n'en est plus là et que ce n'est pas toi qu'ils visent maintenant mais ton copain détective. N'est-ce pas, Marie-Laure? C'est bien ça qu'ils t'ont dit?... Allez, ne te cache pas sous le tapis. Raconte-lui... »

Marie-Laure contourna la table. Elle était toute rose sous son hâle. Cécile hurla : « Allez, parle, grande vache, parle! »

Déboussolée, Marie-Laure les couvrait d'un regard un peu fou. Elle dit, la voix aiguë : « Qu'est-ce qui te prend? Je t'ai rien fait moi... » Il la vit telle qu'elle était, frêle et incassable, resserrée sur un petit centre dur, indestructible, le reste des rubans qui flottaient. Elle avalait un peu d'air, récupérait, encore effarée mais têtue et criait à son tour : « Vous êtes assez grands pour savoir ce que vous avez à faire. Je vous aurai assez prévenus. » Elle était pleine de rancune, de rage aussi, il lui en venait de petites larmes, et derrière, dans sa voix plaintive, toute sa pauvre nature en dérive, bonne à prendre. Elle cria, sa petite tête bouclée projetée vers eux : « C'est quand même moi qui... », fit brusquement demi-tour et partit en courant.

Un peu plus tard, ils la retrouvèrent sur le chemin de terre. Elle trottait, son sac sur la hanche. Cécile posa sa main sur le bras de Frank. « On la prend. » Elle ne demandait pas, elle décidait. Marie-Laure n'avait pas détourné la tête. « Allez, monte. » Elle hésitait, perchée sur une butte d'herbe sèche, les examinait l'un après l'autre, soupçonneuse, pas emballée.

Dans la voiture, elle dit soudain et elle était près des pleurs : « Ça serait si simple... Frank va trouver son copain, il lui dit : “ Laisse tomber ” et Jean-Paul ne parle plus de rien, même les vingt mille francs, il les oublie... » Elle supplia : « Frank, va voir ton copain, va le voir... Tu es gentil, je sais que tu es gentil, je leur ai dit cent fois... »

Il ne répondit pas. Elle l'ennuyait. Il rêvait de Cécile. Il pouvait rêver d'elle même quand elle était à portée de sa main. Il se demandait pourquoi elle avait fait monter Marie-Laure. Cécile qui riait en ce moment, qui disait, à demi tournée vers Marie-Laure : « Ils sont bien emmerdés, tes copains, avoue? »

Marie-Laure saisit Cécile par l'épaule. « C'est pas vrai ce que tu m'as dit, Cé, c'est pas vrai? Tu n'as pas pu faire ça. » Frank demanda : « Qu'est-ce qu'elle a fait? » Il observait Marie-Laure dans le rétroviseur. Elle paraissait bouleversée, se mordait les lèvres. « Qu'est-ce que tu peux être traqueuse, dit Cécile.
– Jure que tu ne lui as pas dit. »

Elle étreignait l'épaule de Cécile, la secouait. Cécile se dégagea avec brusquerie : « Je peux te jurer n'importe quoi et si je le dis à Frank dans cinq minutes, qui est-ce qui aura l'air d'une pomme? Toi... Depuis que je te connais, tu vis dans la peur de ceci ou de cela... Tu me dégoûtes. Allez, largue-moi cette bourrique, elle a la trouille dans les os... »

Frank vira pour suivre le front de mer. « Qu'est-ce qu'elle aurait pu me dire? » Il ne quittait plus Marie-Laure des yeux dans le rétroviseur. « Des inventions. » Il insista : « Lesquelles? Les saloperies de tes copains? Elles sont faciles à imaginer, vols, combines, trafics, drogue... » Il allait poursuivre mais Cécile lui prit le bras. « Ne parle plus de ça... Range-toi, c'est ici qu'elle descend. Au Reading. »

Il jeta un coup d'œil au restaurant. « C'est ici qu'elle les retrouve. » Elle ajouta, le visage dur : « Ou qu'elle leur téléphone pour leur rapporter ce qu'elle a appris... Pas vrai, Marie-Laure, que tu vas tous les matins au rapport? »

Marie-Laure descendait sans un au revoir. Ils la virent s'éloigner de sa longue démarche élégante, dépasser le Reading et s'engager dans une ruelle bordée de lauriers-roses.

« C'est vrai cette histoire de rapports? – Plus ou moins. – Hier, j'aurais dû la flanquer dehors comme j'en avais l'intention. – Toujours ta vieille manie... ça n'aurait rien résolu. – Elle nous déteste. » Cécile dit : « Oui et après? Elle nous déteste et elle nous aime et nous on est pareils. Toi aussi tu l'aimes, sinon tu l'aurais virée depuis longtemps... » Elle ajouta – et il la regarda : « Elle a été élevée dans sa cambrousse, avec des péquenots pourris, ça ne pardonne pas... Elle a fichu le camp à Paris pour s'en sortir et elle a pris ce qu'elle pouvait trouver, une place de vendeuse... Elle connaît rien, Marie-Laure, elle se débat comme elle peut... »

Il dit avec vigueur : « En tout cas, je ne te quitte plus. – Tu ne vas quand même pas rester avec moi chez le coiffeur? » Elle riait. « Pourquoi pas? » Elle posa sa main sur la sienne. « Qu'est-ce qu'elle voulait dire tout à l'heure? demanda-t-il. – Oh! je lui ai fait peur en lui disant que je savais un tas de choses sur Jean-Paul et les autres. – Quelles choses? »

Elle écarta sa question. « Elle a cru que je te les avais racontées alors elle a pris une pétoche noire. J'en avais marre aussi de l'entendre geindre... Arrête-moi là, le coiffeur est dans la petite rue à droite. – Je me gare et je viens te retrouver. – Non, non... Repasse dans une heure et demie et profites-en pour faire un peu de marché, il y a plus rien dans le frigo. »

Elle le prit aux épaules, l'embrassa sur les lèvres avec force. « A quoi tu penses, Frank?... Ne te mêle pas de ça... – Je pensais à toi. » Il avait planté son regard dans ses yeux bleus qui étaient presque clairs dans la lumière. Ils restèrent ainsi plusieurs secondes, chacun plongeant jusqu'au fond de l'autre. Elle hocha la tête, sérieuse : « Je te connais mal. Je t'imagine, ce qui n'est pas pareil. Ça doit être ça le fameux fossé des générations... A quoi tu penses, Frank? – A toi, je t'ai dit, seulement à toi. »

Elle abandonna, lui sourit de ses belles lèvres qu'elle ne fardait jamais. « Tu me caches quelque chose mais on a le temps, on a tout le temps devant nous maintenant... »

Il la suivit des yeux jusqu'à ce qu'elle disparût dans la ruelle.

Il fit quelques courses et passa chez Mataro. Zeila était seule. Elle lisait une revue de mode, assise dans le fauteuil directorial. « Zorro est à Marseille, dit-elle. Et les amours, comment ça va? – Qu'est-ce qu'il fait à Marseille? – Il s'occupe du petit gang avec Cerroquier. Il m'a téléphoné hier soir, on s'attend à un beau coup de filet. – Il a découvert quelque chose? »

Elle referma la revue. « Le trafic habituel... Des voyous. Il n'y a plus que ça ici, ils pullulent comme des rats. Mais ce qui l'intéresse, c'est la drogue. Hier soir, il rugissait comme un lion... »

Pas un lion, pensa Frank, un bouledogue avec d'énormes mâchoires, un horrible con qui ne téléphonait jamais et gardait ses informations pour lui.

« Tes garçons sont des dealers et tes filles aussi. » Elle annonçait ça tranquillement du haut de ses trois mentons. Frank demanda, inquiet : « Tu parles de Cécile et de Marie-Laure? – Oui... D'après Raphaël, elles ont passé une partie de leur été à aller livrer à droite et à gauche. Elles faisaient partie de l'équipe, Frank, tu sais bien ce que c'est... »

Non, il ne savait pas. Il était atterré. « Qu'est-ce qu'elles risquent? – Trois ou quatre mois... Si c'est la première fois, bien sûr... – Cécile... – Celle avec qui je t'ai vu? Elle est ravissante. Je n'ai jamais vu une femme se détourner si gracieusement... C'est elle qui se droguait? – Oui mais c'est fini... Je suis sûr aussi qu'elle ne travaille plus pour eux. Elle est contre tous ces garçons et ces filles. Elle se débat comme elle peut... Si je pouvais... »

Il leva les yeux vers Zeila qui le regardait, attendrie. « Qu'est-ce que tu pourrais faire, mon pauvre Frank. » Voilà qu'elle s'y mettait, à son tour. Elle ajouta : « Et puis qu'est-ce que ça change qu'elle soit aujourd'hui contre eux. »

Il objecta : « Tout de même... – S'ils sont pris comme le pense Raphaël, ils parleront. – Ce n'est pas sûr. – Non, ce n'est pas sûr mais si elle est contre eux comme tu dis, ils ne doivent pas l'aimer et ils essaieront de se venger... D'un autre côté... »

Elle hésita. Elle n'aimait pas ce qu'elle allait dire. « ... D'un autre côté, si elle en sait si long... Tu vois ce que je veux dire. » Il voyait. Elle dit tranquillement : « Il vaudrait mieux qu'elle fasse un peu de prison... »

Il dit : « Tu es bien la femme de Mataro, tous en taule et que ça saute. » Elle se mit à rire. « Mais non, Frank, ce n'est pas ce que je veux dire... Et puis Raphaël, je vais le bassiner jusqu'à ce qu'il ne sache plus où se mettre... Je lui parlerai de la brebis égarée qui revient dans le sein du Seigneur. Il est sensible, Mataro... » Oui, sensible comme une vieille semelle, pensa-t-il. Elle suggéra : « Et si tu l'emmenais, ta Cécile... N'importe où... tu la cacherais et pendant ce temps-là... »

Elle ramait en pleine idylle. Elle fouilla dans un tiroir, en sortit un paquet de pop-corns. « Je n'aurais pas dû la quitter, ce matin... surtout après ce qui s'est passé hier... »

Zeila offrit le paquet de pop-corns à Frank qui refusa du doigt. « Qu'est-ce qui s'est passé hier? » Il lui raconta ce qui était arrivé près du supermarché, le retour de Cécile. Zeila croquait son maïs. « Pars, Frank, ne traîne pas... Même s'ils la rattrapent, même si elle va en prison... – Je me fiche qu'elle aille en prison. Je l'attendrai... » Elle fit oui, la bouche pleine, elle approuvait, l'amour il n'y a que ça de vrai, elle était bien d'accord.

Il s'en alla, pressé de revoir Cécile, tandis qu'elle lui criait : « Raphaël, je m'en charge... Emmène-la, ta Cécile. Un endroit chaud avec des palmiers... Ah, je vous envie! » C'était une grosse dame tendre et sentimentale qui croyait que Juliette ne quitterait jamais Roméo.

Il revint vers la gare pour prendre Cécile au salon de coiffure. Elle n'y était pas. La jeune femme à la caisse expliqua à Frank : « On ne pouvait pas la prendre alors elle est partie tout de suite. Elle a rendez-vous cet après-midi à deux heures et demie. – Elle n'a pas laissé de message? – Non. »

Sur le seuil du salon de coiffure, il hésita. La chercher dans la foule parmi la cohue de midi? Mieux valait rentrer à l'appartement. C'est là qu'elle était probablement. Mais pourquoi ne l'avait-elle pas attendu? Folle, folle. Toujours impatiente, courant au-devant de sa vie, provoquant le destin.

Elle n'était pas à l'appartement. Il consulta sa montre, alla à la fenêtre de la cuisine. Il avait peur et s'en voulait d'avoir peur, se répétait qu'il n'y avait pas de raison et en même temps que si, qu'il y en avait, trop même, et il se massait le plexus, l'endroit chez lui où la peur se localisait toujours, petit nœud serré où ses angoisses se donnaient rendez-vous pour lancer des flèches.

Il entra dans sa chambre, avisa la penderie, consulta encore sa montre et se donna une demi-heure avant de retourner la chercher en ville.

Il apporta le magnétophone dans la salle de séjour. Il manipula les touches, n'entendit rien qu'un mousseux chuintement et emballa la bande. Il perçut un murmure intermittent qu'il mit du temps à identifier, un bruit léger de sanglots contenus qui s'atténua peu à peu. Une longue plage vide et la voix brouillée de Marie-Laure : « Tu es contente? Tu l'as cherché, hein? » Le rire de Cécile. « Ils te défigureront, ils l'ont dit hier encore qu'ils trouveraient bien l'occasion. » C'était Marie-Laure. « Je sais, je sais. Au vitriol, tu me l'as déjà dit. Ils m'ont même montré la bouteille, ils la trimbalent dans la boîte à gants. – Et ça ne te fait rien? – Si, ça me fait, et drôlement même, mais c'est pas pour ça que je vais chier dans mon froc. Je sais ce qu'ils veulent : me compromettre jusqu'au cou dans leur trafic, comme ça ils seront sûrs que je parlerai jamais, mais c'est fini, fini, tu entends... – Je ne te comprends pas... Alors pourquoi tu ne pars pas avec Frank? – Non. – Tu l'aimes? – Ne me parle pas de ça. – Si tu me l'avais dit... – Te dire quoi, pauvre idiote? Et puis j'en sais rien si je l'aime. Demain matin peut-être que je n'y penserai plus. – Si, tu y penseras... Emmène-le. Ils lui veulent du mal à lui aussi depuis... – Non. »

Encore une plage de silence puis Marie-Laure : « Pourquoi tu me regardes comme ça? – Tu leur as tout raconté, c'est ça? Pourtant tu m'avais promis... – Non, non. – Je sais que tu leur as parlé de Frank et de moi. – Je te promets... – Tu mens. Hier soir, Luc m'a dit : « Si tu crois que ton vieux mec nous « échappera. Où qu'il aille on le retrouvera et d'après « ce qu'on nous a dit, où tu seras, il ne sera pas loin. » – Je te jure que je ne leur ai rien dit. »

Soudain Marie-Laure poussa un cri de terreur. « Mais tu es dingue! » Cécile cria : « Oui, je suis dingue. C'est pour t'apprendre qu'il n'y a pas qu'eux qui peuvent te faire du mal. – Tu es folle, tu aurais pu me crever les yeux. – Je te les crèverai peut-être. »

Cécile riait. Il pensa : « Elle est heureuse, heureuse. Elle croit qu'elle peut défier le monde entier. » Lui aussi, il lui était arrivé de le croire autrefois.

Il entendit un frottement de pieds nus puis le grincement léger d'une poignée de porte, Marie-Laure qui disait, rancunière et plaintive : « Va, va tout lui dire », et suppliante : « Je ne t'en veux pas. Pourquoi je t'en voudrais? Viens... Ecoute, tu sais ce qu'on devrait faire? Laisser tomber Frank et partir toutes les deux... »

Un bruit de pieds nus rapides, un choc, un cri, un autre encore puis une voix, il ne sut laquelle tant elle était déformée : « Salope, salope! » et de nouveau un claquement, celui d'une gifle, Marie-Laure qui filait une plainte aiguë en serrant quelque chose entre ses dents et ensuite le silence qui se prolongeait.

Il accéléra la bande. La voix nette, lavée de Marie-Laure : « Tu lui as parlé? Tu lui as dit pour son ami? » Le rire de Cécile. « Pourquoi tu ris? – Oui, je lui ai parlé, je lui ai tout raconté, les vols, la drogue, ce type qu'ils ont à moitié tué, l'histoire de la bagnole jetée dans la flotte, tout, je lui ai tout raconté, même pour Isabelle... – Isabelle! Mais tu es complètement folle! Ah! je le savais, je le savais bien... Pourquoi as-tu fait ça? – Parce qu'il faut que ça finisse, qu'on n'en parle plus, qu'on les enferme, ces sadiques... – Avant, ils te tueront et lui aussi. »

Cécile dit : « Et alors, c'est pas ce que tu souhaites? – Oh! tu es horrible! Mais Cécile, c'est justement parce que je veux qu'il vous arrive rien que je t'ai demandé de lui parler. Je ne veux pas qu'ils vous fassent du mal. Je voudrais qu'on retourne tous à Paris, qu'on soit tranquilles, même si on doit jamais se revoir... Tu me comprends au moins? Tu me crois, Cécile? Dis-moi que tu me crois... – Oui, je te crois... »

La voix de Cécile était lasse. « Oh! c'est pas vrai, Cécile, que tu as tout raconté à Frank. Il dira tout à son ami. – Oui. – Qu'est-ce qu'on va faire maintenant? »

Cécile ne répondit pas. De nouveau la voix de Marie-Laure : « Jamais j'aurais dû t'amener ici. Ce que je m'en veux... – Qu'est-ce qu'ils t'ont promis? – Promis? – Oui, tu leur rends service, tu te défonces pour eux... » Marie-Laure cria : « T'as pas le droit, t'as pas le droit... Oh! et puis tant pis, j'ai fait ce que j'ai pu. – C'est ça, va leur dire que tu as bien rempli ta mission. Ils te fileront peut-être même encore du fric... »

La porte se referma, des pas s'éloignèrent. Cécile murmura : « Je suis con, qu'est-ce que je suis con! » Le transistor se déchaîna.

Frank était à la fenêtre de la cuisine et surveillait le chemin quand le téléphone sonna. Il courut décrocher et sa hâte était si grande qu'il faillit laisser choir l'appareil sur son socle. « Allô! Le centre Laennec. – Cécile! » Il avait hurlé son nom. « Ne vous inquiétez pas, monsieur. Votre fille a été attaquée par des voyous. Rien de grave, une blessure au bras et quelques morsures à l'épaule. – Des morsures? rien d'autre? » Il en tremblait. « Non, ils ont lancé leur chien sur elle. Par chance des touristes sont intervenus à temps. Ce sont eux qui l'ont transportée au centre... »

Elle en parlait calmement comme d'un incident banal. Il l'écoutait et ne savait que souffler avec force dans l'appareil, incapable d'émettre une parole. « ... Ne vous affolez pas. Quelques points de suture et dans huit jours on n'en parlera plus. C'est elle qui a insisté pour que je vous appelle après l'intervention... »

Il reposa le téléphone, épongea sur son visage et sur sa poitrine la suée qui l'avait inondé des pieds à la tête. Hors de danger, avait-elle dit. Ils étaient toujours rassurants.

Il ne reprit son calme qu'au volant de sa voiture. Des morsures. Cette saloperie de berger allemand. Et s'il était enragé? Non, non, il n'était pas enragé.

Elle dormait, ses cils noirs posés bien sagement en petit arc sur ses joues, un gros pansement autour du cou, son visage un peu plus pâle que d'habitude, ses belles lèvres presque blanches. En haut de l'escalier, l'infirmière qui montait la garde avait voulu l'empêcher d'entrer. « Je suis son père. » Elle avait dit :

« Bon, bon. » Elle était seule dans son box vitré et il avait l'air prêt à tout.

Il lui prit le pouls, contrôla en comparant avec le sien. Celui de Cécile était plus lent. Il est vrai qu'il avait toujours battu vite, les médecins le lui avaient souvent dit. Il souleva le drap, examina le pansement qui entourait son bras droit, et souleva le drap plus haut encore pour scruter son corps mais on l'avait vêtue d'une longue blouse. Il ne vit rien de suspect, et soupira de soulagement. Dans la voiture, il n'avait pas cessé de penser à la bouteille de vitriol.

Assise dans le lit voisin, une femme suivait en hochant la tête chacun de ses gestes. Il remarqua à son intention : « Elle n'a rien, presque rien... Juste quelques morsures... »

La femme ne répondit pas. Il pensa : « Elle est demeurée ou quoi, celle-là? » puis : « Vous étiez là quand on l'a amenée? » La femme fit oui. Elle reposa le verre de lait qu'elle tenait à la main sur la table de chevet, dit avec gravité : « C'est un chien qui l'a mordue... » Il attendait suspendu à ses lèvres mais elle se recoucha et ferma les yeux.

Il resta assis au chevet du lit. Il regardait Cécile. De temps en temps, il touchait sa joue, son front, son poignet. Elle lui parut fiévreuse mais il n'en fut pas sûr. Après un quart d'heure, il se leva, passa dans le couloir où il ne vit personne. Il n'y avait personne non plus dans le box vitré. Qu'est-ce qu'ils faisaient dans cet hôpital? La sieste?

Il arpenta le couloir, jetant un coup d'œil dans les chambres dont les portes étaient toutes ouvertes. Des malades, presque tous couchés ou assis dans leur lit, presque tous âgés aussi. Ils regardaient droit devant eux avec cet air de stupeur assommée qu'ils ont dès qu'on les hospitalise.

Il revint s'asseoir près de Cécile. Dans son dos, la femme dormait, la bouche ouverte, avec de petits ronflements.

Il ne vit l'infirmier que beaucoup plus tard et il n'en apprit rien sinon que Cécile allait bientôt s'éveiller et qu'on avait dû lui faire au bras vingt-deux points de suture. Il demanda : « Pour une morsure de chien? – Non, au bras, c'est un coup de couteau. »

Elle émergeait. Des mots incohérents, de la farine plein la bouche, les yeux flous, délayés, et sa main qui se soulevait, retombait, molle, un chiffon de doigts. Il attendait, l'enveloppait de regards, la touchait craintivement. Elle parla, des bouts de phrases, des mots agglutinés, des sourires, des essais de sourires plutôt qui allaient avec le pétillement heureux dans ses yeux. Il lui avait pris la main.

Derrière lui, la femme tétait quelque chose avec des bruits aigres. Il ne se détourna pas. La femme dit : « Elle est réveillée. » Il pivota pour lui jeter un regard noir. Elle suçait le fond de son verre de lait.

Cécile émit un petit rire, un gargouillis joyeux plutôt. « Frank... Frank... Tu sais à quoi je rêvais? A des planches à voile, des milliers de planches à voile de toutes les couleurs... Elles cachaient la mer, il y en avait jusqu'au ciel... Qu'est-ce que ça veut dire toutes ces voiles?... » Puis, soulevant son bras, étonnée : « Je n'ai pas mal. »

Il demanda : « La jeep? » Elle fit : « Pftt... – Ils t'attendaient? – Non... Ils étaient en bas du chemin... Je crois qu'ils m'ont suivie. – C'est Marie-Laure qui leur a dit où tu étais. Elle savait que tu allais chez le coiffeur. » Elle fit non de la tête, sourit à Frank. Elle n'était pas intéressée, elle n'avait pas envie d'en parler, elle tâtait doucement le pansement autour de sa gorge, inquiète maintenant.

Elle allait parler quand l'infirmière entra, une blonde, majestueuse, très empesée qui dit aussitôt : « Il ne faut pas rester ici, monsieur... Vous reviendrez ce soir à l'heure des visites », et elle passait entre sa chaise et le dit, le bousculait, si bien qu'il se leva, alla de l'autre côté. « Quand pourra-t-elle sortir? – Dans quelques jours, je pense. Vous pourrez voir l'interne ce soir... » Cécile dit : « Mais... »

Son plateau à la main, l'infirmière attendait que Frank sorte. Il hésita, pensa à ce qu'il allait faire et se pencha sur Cécile. Il posa ses lèvres sur les siennes et elle enroula son bras valide autour de son cou, se souleva un peu pour le serrer contre elle. Quand il se redressa, l'infirmière les observait, mécontente, mais le regard de Frank était si brutal qu'elle détourna la tête.

Du couloir, il la regarda encore un long moment. Il ne se décidait pas à partir, il demanda à la femme qui écrivait dans le box vitré à l'entrée du couloir : « Il y a une garde de nuit? – Bien sûr. » Il insista : « Toute la nuit? » Il examinait le couloir, l'arrivée de l'escalier, cherchait une autre issue. Il n'y en avait pas. La femme attendait, surprise, son stylo en l'air.

Dans le hall, au rez-de-chaussée, il téléphona à Mataro. Il n'était pas chez lui ni à son bureau. Et Zeila? Il y avait dans ce silence quelque chose de suspect.

Une heure plus tard il était à Nice mais il n'obtint une place dans un vol qu'en fin d'après-midi. Il appela de nouveau Mataro. L'absence de Zeila l'inquiétait plus que celle de son ami et il ne pouvait s'empêcher d'y voir un signe de danger comme si Mataro avait écarté sa femme, l'envoyant à Nice ou ailleurs.

Il faillit téléphoner à Cécile, résista à son envie. Elle devait avoir l'esprit clair maintenant et il avait peur qu'elle n'ait deviné ses intentions.

Il déjeuna d'un sandwich et d'un verre de vin, les yeux sur le panneau qui annonçait les départs. A neuf heures, il était à Paris et une heure plus tard dans son deux-pièces de la rue du Rocher. De là, il appela Mataro toujours absent puis le centre hospitalier. Une infirmière lui répondit qu'elle ne pouvait pas faire venir Cécile à une heure aussi tardive et que les malades dormaient depuis longtemps. Il insista :

« Mais vous êtes sûre qu'elle va bien? – Bien entendu, répondit l'infirmière. Pourquoi n'irait-elle pas bien?... Rappelez demain à partir de huit heures. » Et elle raccrocha aussitôt.

Frank retira de la penderie de sa chambre la valise plate qui contenait la carabine. Il remonta l'arme, la vérifia, caressant la crosse de bois sombre. C'est avec elle qu'il avait gagné le concours de Bruxelles et deux ans plus tard, à Turin, il avait eu cette troisième place qui l'avait rendu si heureux contre le Russe et le Tchèque.

Il ajusta l'arme en direction de la fenêtre. Il l'avait bien en main comme autrefois, lourde et obéissante, la gâchette répondant vite et net. Il la démonta et remit les pièces dans leur logement molletonné recouvert de soie rouge. Ensuite, il tourna dans l'appartement et une fois de plus il imagina avec minutie ce qu'il ferait le lendemain.

Il n'éprouvait aucun sentiment de doute et voyait dans son attitude quelque chose d'évident et d'inéluctable dans la mesure où il aimait Cécile – c'est-à-dire qu'il la préférait à lui-même. A partir de là, les choses allaient de soi. Bien sûr, il savait aussi que tout cela était dépourvu de bon sens mais le bon sens, la raison n'avaient rien à faire ici. Que son avenir en soit gâché, il le regrettait mais c'était secondaire et juste un aspect de sa responsabilité. A la limite, il aurait même dit qu'on doit payer le prix fort – mériter en somme – ce qui est très précieux.

C'est un peu pour la même raison qu'il ne téléphona pas à Lisa. Il y pensa comme à une éventualité qu'il rejeta immédiatement, comme si, ayant accédé à une autre manière de voir, de sentir, il était entré dans un pays différent avec ses lois propres où Lisa n'avait pas de place. Elle en était exclue comme étaient exclus – provisoirement peut-être – des pans entiers de son ancienne vie qu'il ne reniait pas mais dont il n'avait aucun usage pour l'instant.

Il avait réfléchi à tout cela calmement et il était bien d'accord avec ce qu'il avait décidé. Il avait toujours su que vivre ne tenait qu'à un fil. Il voulait dire par là vivre d'une façon exigeante ou intense, la seule acceptable pour lui, et qu'il suffit d'un peu de peur, d'une trop grande prudence, d'une minute d'indifférence pour passer à côté et ne jamais saisir ce à quoi on tient vraiment et sans lequel vivre n'est qu'une insignifiante énigme.

Il alluma un cigarillo, rangea quelques affaires, ouvrit le réfrigérateur qui ne contenait que deux yaourts et des œufs. Il le referma et reprit sa marche, allant de la cuisine à sa chambre où il s'arrêta un long moment pour contempler ses masques de théâtre nô et ses inros japonais préférés. Cependant il n'ouvrit pas la vitrine et ne toucha pas aux pièces. Il tenta simplement d'évaluer combien de temps Cécile pourrait vivre tranquille si elle les vendait. Deux ans, trois ans? Un peu plus peut-être si elle faisait attention.

Il continua de penser à Cécile, à se dire qu'il aurait dû rester à l'hôpital et passer la nuit dans un fauteuil du hall, ensuite que c'était ridicule et qu'elle ne courait aucun danger dans un tel lieu, et puis il pensa à Zeila, à la prudence de Mataro et il s'en voulut.

Vers onze heures, il descendit et alla dîner dans une brasserie de la place Villiers mais il n'avait qu'une fausse faim et il abandonna après quelques bouchées pour fumer et boire de la bière.

Il dormit mal. A six heures et demie, il était à l'aéroport. Il avait réservé pour le vol de neuf heures dix, le seul où il restait des places, avec l'espoir qu'en arrivant tôt, il bénéficierait d'un désistement de dernière minute. La malchance voulut que personne ne se désistât, si bien qu'il était plus de midi quand il arriva au centre Laennec et ce fut pour s'entendre dire que Cécile venait juste de partir avec une amie malgré l'avis du médecin.

Il demanda à quoi ressemblait l'amie. Grande,

mince, avec des cheveux blonds bouclés, lui répondit-on. Il reconnut Marie-Laure, ce qui redoubla son inquiétude. Dans le hall, il téléphona à Mataro mais il n'y eut pas de réponse et il maudit Mataro et son goût du secret. Il se demanda aussi ce que signifiait un silence si persistant.

Cette fois, il avait franchement peur et il s'en voulait plus que jamais d'avoir laissé Cécile si longtemps seule. Il se fit tout un discours raisonnable pour reprendre son calme, n'y parvint pas, et sa peur tourna à la panique quand, après avoir enfilé le chemin de terre à toute allure, il vit la jeep verte sur l'esplanade. La grande fille était assise à l'arrière. Elle était seule. A la vue de Frank, elle se leva d'une détente et le chien qui était couché à ses pieds sauta sur la banquette et aboya férocement.

Frank descendit de sa voiture et passa à l'arrière. A l'abri du coffre levé, il ouvrit la valise et monta l'arme. Des suppositions, toutes dramatiques, se bousculaient dans sa tête mais ses mains qui étaient dissimulées à la vue de la fille s'activaient avec précision tandis qu'il emboîtait les pièces et garnissait le chargeur.

La grande fille qui était descendue de la jeep ne le quittait pas des yeux. Il la sentait sur le qui-vive, pas du tout arrogante comme il l'avait toujours vue. Il jeta encore un regard sur les fenêtres de son appartement qui renvoyaient le soleil en éclats éblouissants. Tout était paisible et on n'entendait qu'un bruit faible de musique rock qui le rassura plutôt.

Il referma le coffre et elle vit l'arme dans sa main. A son regard, à sa raideur soudain, il sentit son affolement. Elle recula de deux pas et, sur le siège, le chien qui s'était recouché grogna et montra les dents. En se dirigeant vers l'immeuble, sa carabine posée sur son bras plié, Frank s'arrangea pour ne pas les perdre de vue. Le chien aboyait maintenant à pleine gorge dans sa direction et près du volant sur lequel elle avait posé la main, la fille ne faisait plus un geste.

Il traversait le hall quand elle klaxonna et elle continua de klaxonner à coups pressés tandis qu'il était dans l'ascenseur. Les deux garçons étaient là-haut, Cécile et Marie-Laure aussi probablement sinon qui leur aurait ouvert? Il poussait en hâte la porte de la cabine pour sortir quand il entendit tout un remue-ménage et un bruit de course dans l'escalier.

La porte de l'appartement était entrebâillée. Il en jaillissait un terrible raffut qu'il avait perçu en traversant les étages, le transistor donnait à pleine puissance et une chanteuse rock que Frank connaissait pour l'avoir cent fois entendue clamait qu'elle ne quitterait jamais l'homme de sa vie. Le cœur battant, il se précipita dans la salle de séjour, appela, et le transistor couvrit sa voix enrouée par l'émotion : « Cécile!... Cécile!... »

D'abord il ne vit rien que des sièges renversés et le corps de Marie-Laure près de la table basse, ses longues jambes éparses et son visage contre le dallage. Il allait vers elle quand Cécile surgit. Elle cria, si mal assurée sur ses jambes qu'elle se rattrapa au dossier du divan : « Depuis le temps qu'on te cherche... Mais où est-ce que tu étais? On a même téléphoné chez toi à Paris ce matin... » Autour de son cou, le pansement était à demi défait et elle tenait un gros cendrier de cristal à la main.

Elle avisa la carabine : « Qu'est-ce que tu trimbales là? » Elle s'inquiéta soudain : « Où est Marie-Laure? », la découvrit sur le sol, courut vers elle, s'agenouilla, appelant : « Marie-Laure... Marie-Laure... Réveille-toi... » Elle la secoua, la retourna, lui prit le visage entre ses mains. Marie-Laure ouvrit les yeux.

Frank fit taire le transistor posé sur la table basse. Il examina encore Cécile agenouillée. Elle lui parut un peu sonnée avec quelque chose de fébrile, d'éreinté mais intacte, pas endommagée, les jambes, les bras, la voix, tout cela en état de marche, alors il fit vivement demi-tour et courut à la cuisine.

Il ouvrit la fenêtre. Sur l'esplanade, les deux garçons s'installaient dans la jeep. Il leva la carabine. La première balle traversa la tête du chien qui aboyait sur la banquette arrière. Il s'écroula, foudroyé. La jeep démarra en force, pilotée par la fille. La seconde balle toucha le pneu arrière qui explosa. La voiture fit une embardée, elle en fit une autre plus violente quand le pneu avant éclata et elle fila en direction du talus à l'entrée du chemin. Là, elle cahota, faillit verser en escaladant la pente abrupte et s'immobilisa après un sursaut. Les deux garçons et la fille qui avaient sauté en voltige et roulé à terre se relevèrent aussitôt et se mirent à courir.

Frank releva la carabine. Il tenait l'un des garçons dans sa ligne de mire quand Cécile arriva en courant dans la cuisine. Elle hurla : « Frank! Frank, arrête!... » Elle se jeta sur lui, le bousculant et le projectile alla se perdre en plein ciel. Elle cria encore, lui arrachant l'arme : « Arrête! Je veux vivre avec toi, je ne veux pas que tu ailles en prison pour ces deux salauds. Je t'aime, Frank, je t'aime! Tu comprends, pauvre débile!... J'ai besoin de toi, que tu sois avec moi. Je n'ai pas envie de passer ma vie à t'apporter des colis... »

Elle posa l'arme sur la table. Il dit : « Je ne veux plus qu'ils te menacent, je ne veux plus qu'ils te blessent, je veux qu'on en finisse une fois pour toutes avec ces deux fumiers... »

Encore égaré, un reste de folie dans les yeux, ouvrant et refermant nerveusement ses mains vides, il la regardait puis il regardait Marie-Laure debout dans l'encadrement de la porte, les épaules de guingois, un filet de sang sur son visage assommé de stupeur et il y avait aussi du sang qui rougissait le pansement défait de Cécile, Cécile qui s'était accrochée à lui des deux mains, qui n'accordait pas un regard aux deux garçons et à la fille qui filaient dans le chemin en pente, Cécile qui disait : « On n'a rien, Frank, on n'a rien du tout, on s'est défendues, ils nous ont juste un peu tabassées... »

Il s'était tourné vers la fenêtre pour voir les deux garçons et la fille qui n'étaient plus que de petites silhouettes au bout du chemin. Cécile le secoua, lui prit la tête entre ses deux mains pour qu'il la regarde : « C'est fini, ils reviendront jamais, n'y pense plus... »

Elle l'entoura de son bras valide : « Viens... Tu es tout blanc, tu as l'air crevé... » Il murmura, l'esprit encore ailleurs : « Je n'ai pas beaucoup dormi. » Il se sentait frustré, dépossédé, comme si on lui avait volé quelque chose. « Tu es allé à Paris chercher ton fusil, c'est ça? » Il fit oui. « J'étais sûre que tu ferais une bêtise, je l'ai dit à Marie-Laure. » De la porte, Marie-Laure approuva. « Mais c'est des trouillards, Frank, des minables! Ils savent que taper, on risquait rien que des coups... »

Elle entraîna Frank dans la salle de séjour. Il se laissait mener. Marie-Laure suivait, abattue, en tâtant délicatement son cou.

Ils prirent place sur les sièges éventrés. Frank contemplait distraitement l'appartement saccagé, les sabres sur le dallage, un vase en cristal qui étincelait de tous ses fragments dans le soleil qui venait de la terrasse. Il passa sa main sur sa barbe râpeuse. Cécile qui s'était assise près de lui et ne lui avait pas lâché le bras dit en s'adossant : « Je suis lessivée moi aussi, je tiens à peine sur mes cannes. Surtout qu'on est comme toi, on a mal dormi. Hein, Marie-Laure, qu'on n'a pas fermé l'œil de la nuit? On n'arrêtait pas de se demander où tu étais passé, ce qu'on t'avait fait ou quelle connerie tu allais faire... »

Elle le surveillait, inquiète de son air absent, poursuivait : « C'est pour ça qu'on est venues si vite ici. Quand on est arrivées, on était mortes de trouille, on avait vu cette grande salope en bas avec le chien et on se disait qu'ils t'avaient peut-être assommé. On les a trouvés dans l'appartement en train de tout casser... C'est à cause de moi, Frank, qu'ils sont entrés, parce qu'ils m'avaient fauché mon sac où j'avais mes clefs. Si tu les avais vus! Ils étaient enragés. On a voulu les empêcher mais ils étaient dingues, ils avaient poussé le transistor à mort... »

Elle parlait, parlait pour le ramener à elle. « ... Regarde-moi, Frank... » Il la regarda, troublé, lui fit un vague sourire, dit : « Oui, oui... » puis : « J'ai eu tellement peur qu'ils ne te... »

Elle dit avec force : « On n'en parle plus. » Marie-Laure qui s'était posée au bout du divan, genoux joints, les regardait avec un air de soumission triste. De temps en temps, elle touchait sa nuque et bougeait la tête pour vérifier si elle fonctionnait. Cécile lui dit : « T'as rien. Il t'a juste donné un grand coup sur la tête quand tu as voulu l'empêcher de casser la table », puis, tournée vers Frank : « C'est hier soir qu'elle m'a retrouvée après m'avoir cherchée partout. On lui a installé un lit de camp près du mien... Tu n'as pas envie de boire quelque chose? Moi, si... »

Il la suivit des yeux tandis qu'elle allait vers la cuisine. A sa démarche traînante, à son visage plus pâle et resserré comme s'il était devenu plus petit, il se rendit compte à quel point elle était à bout de force.

Ils burent leur orangeade en silence. Marie-Laure dit timidement sans oser regarder Frank : « On devrait ranger et balayer un peu. » Le téléphone sonna. C'était Mataro. Il s'exclamait, joyeux : « Il paraît que tu flingues les chiens maintenant? » Il avait l'air en pleine forme. Frank demanda : « Qu'est-ce qui t'a dit ça? – Tes voyous. Dommage que tu n'aies pas liquidé ce petit monde, ça nous aurait évité de les arrêter au péage de Cannes. Ils tentaient de fuir en Italie... Ils ont raconté aux gendarmes que tu avais tué leur chien et que tu voulais les tuer eux aussi... C'est vrai que tu circules maintenant dans ton quartier avec une carabine à la main comme un cow-boy? » Il riait.

Frank dit mollement : « Je voulais juste leur faire une petite peur... Et les autres? – On en a attrapé quelques-uns mais comme d'habitude les gros ont pris le large, le gourou entre autres. Le commissaire et ses hommes ont mis la main sur un beau paquet de drogue. Même tes deux voyous en avaient dans une cache de leur jeep. Sans compter une bouteille de vitriol qui devait servir à mettre au pas les récalcitrants, tes deux filles en particulier si j'ai bien compris. A partir de la secte ils avaient monté tout un réseau de petits distributeurs sur les plages... Enfin si tu passes au bureau, je te raconterai tout ça. Je te rendrai aussi tes petites boîtes japonaises, on les a retrouvées... »

Cécile qui avait pris l'écouteur chuchota : « On leur avait bien dit qu'ils se feraient épingler mais ils nous ont répondu que dans une heure ils auraient passé la frontière et qu'on ne les retrouverait jamais... »

Elle passa son bras autour du cou de Frank : « Tu es fou, tout à fait fou... ça me plaît que tu sois fou. » Elle l'embrassa et ils restèrent un moment immobiles sans rien dire, mêlant leur souffle, appuyés l'un contre l'autre tant ils étaient épuisés.

Il revinrent dans la salle de séjour. Après un coup d'œil sur le gâchis, Frank proposa : « On pourrait aller déjeuner en ville? » Cécile secoua la tête. « Non, on est trop crevés, on tient pas debout. On va faire un peu de toilette et après, si on a faim, on ouvrira des boîtes et puis on rangera un petit peu. » Marie-Laure approuva.

Frank regardait Cécile qui avait fermé les yeux et soutenait son bras blessé de son autre main. Il dit : « Demain... » Elle ouvrit les yeux, enchaîna vivement : « Demain, on remonte à Paris. »

Il approuva et se laissa aller au fond de son siège. C'est vrai qu'il était crevé. Crevé et heureux.

DU MÊME AUTEUR

TU RÉCOLTERAS LA TEMPÊTE, *roman* (Del Duca - Plon).
RAGE BLANCHE, *roman* (Del Duca).
SOLEIL AU VENTRE, *roman* (Del Duca - Plon).
MORT EN FRAUDE, *roman* (Del Duca - Plon).
LES ASIATES, *roman* (Del Duca - Plon).
LA TERRE DU BARBARE, *roman* (Del Duca - Plon).
JE REVIENDRAI A KANDARA, *roman* (Del Duca).
PAR QUI LE SCANDALE, *roman* (Del Duca).
LES PORTES DE L'AVENTURE, *nouvelles* (Del Duca).
LE SIGNE DU CHIEN (Denoël).
LES HUMILIÉS, *nouvelles* (Stock).
LA GUEULE PLEINE DE DENTS (Plon).
L'HOMME DE PROIE (Plon).
HISTOIRE DE GEORGES GUERSANT, *roman* (Plon).
L'ANTI-JEU (Plon).
LE NAGUEN (Plon).
LA CHAMBRE (Hachette Littérature).
COUP DE SOLEIL (Hachette Littérature).

IMPRIMÉ EN FRANCE PAR BRODARD ET TAUPIN
58, rue Jean Bleuzen - Vanves - Usine de La Flèche.
LIBRAIRIE GÉNÉRALE FRANÇAISE - 14, rue de l'Ancienne-Comédie - Paris.
ISBN : 2 - 253 - 03810 - 5

30/6149/6